U0823809

我的对面是你

新闻发布会背后的故事

傅莹　著

中信出版集团·北京

图书在版编目（CIP）数据

我的对面是你：新闻发布会背后的故事 / 傅莹著
.--北京：中信出版社，2018.9（2025.9 重印）
ISBN 978-7-5086-8786-5

Ⅰ．①我… Ⅱ．①傅… Ⅲ．①全国人民代表大会－新
闻公报Ⅳ．①D622

中国版本图书馆 CIP 数据核字（2018）第 054279 号

我的对面是你：新闻发布会背后的故事

著　　者：傅　莹
出版发行：中信出版集团股份有限公司
（北京市朝阳区东三环北路 27 号嘉铭中心　邮编　100020）
承 印 者：北京盛通印刷股份有限公司

开　　本：787mm×1092mm　1/16　　印　　张：20　　字　　数：260 千字
版　　次：2018 年 9 月第 1 版　　印　　次：2025 年 9 月第 13 次印刷
书　　号：ISBN 978-7-5086-8786-5
定　　价：69.00 元

版权所有・侵权必究
如有印刷、装订问题，本公司负责调换。
服务热线：400-600-8099
投稿邮箱：author@citicpub.com

献给我的母亲包立茹

目 录

第二章
国防费、个人信息保护、反腐败

第三章
妇女儿童保护、中国的国际角色

第二部分
新闻发布会背后的故事

第四章
一切为了大会

第五章
“炼”成新闻发言人

第三部分

新闻发布会之外的故事

第六章
国际论坛上的和风与疾雨

第七章
英伦追忆

写在前面的话

2017 年 3 月 4 日中午，北京，人民大会堂新闻发布厅，墙上时钟的指针滑过 12 点 08 分，第十二届全国人民代表大会（以下简称“全国人大”）第五次会议的新闻发布会已经持续了 68 分钟，主持人宣布发布会结束。

我刚一起身，许多记者就拥到发布会的台子前，高声提着各种问题，期望再得到一些回应。一般这种“无序”的场面是比较难掌控的，发言人一旦接上话头，就很容易陷入顾此失彼的困境，不仅会失去对时间的把握，人多的时候还可能导致踩踏。我看着他们，尽管面对的是一双双饱含期待的眼睛，仍然抱歉地摆了摆手，快步离开现场。

走过厚重的回廊，来到人民大会堂南门外，阳光灿烂，天清气爽，所有一切都豁然开朗起来。

我做过三十多年的外交官，走南闯北，经常面对国内外媒体和接受采访，但是，做全国人大会议新闻发言人所承受的压力和付出的努力，是我人生中全然不同的新体验。

习近平总书记在党的十九大报告中说，我们生活的世界充满希望，也充满挑战。我们不能因现实复杂而放弃梦想，不能因理想遥远而放弃追求。没有哪个国家能够独自应对人类面临的各种挑战，也没有哪个国家能够退回到自我封闭的孤岛。

面对信息技术和新媒体的快速发展，以及人民群众求知、求真、求实的强烈愿望，新闻发言人的工作挑战性越来越大。于我而言，每年的全国人大会议新闻发布会都如同一场严苛的考试，不仅在现场答问要字斟句酌，而且还有背后海量和艰苦的准备工作，这个过程有时甚至是痛苦的。每次发布会结束时总觉得如释重负，以至于之后相当长的时间里，我都不愿去看现场的视频。

2013 年 1 月，我在家乡内蒙古自治区人民代表大会上当选为第十二届全国人大代表，2013 年 3 月 4 日在第十二届全国人大第一次会议主席团第一次会议上，我被确定为大会副秘书长兼大会发言人。时至 2017 年 3 月 4 日，我已经是第五次担任全国人民代表大会会议新闻发言人。

还记得 2013 年 3 月 4 日第一次步入新闻发布会现场时，能够容纳五百多人的发布厅被记者挤坐得满满的，后排和两侧也站得人挨人，电视摄像师、拍照记者架着“长枪短炮”严阵以待。突然面对如此强大的媒体阵势，我心中的压力感陡然上升，那种感受终生难忘。我的一言一语、举手投足，都被镜头盯得紧紧的，无数的聚光灯在我眼前频频爆闪，灿如星河，估计这一刻自己被拍照的次数比一辈子都多，不可能不深深感到惶恐。我在发布会上虽然讲得口干舌燥，却硬是一口水都没敢喝，因为一端起水杯就会引发相机咔嚓咔嚓响成一片。对于我来讲，重要的是不能分散注意力，要保持镇定和专注，实现新闻发布会预设的传播目标。

每年全国人大的新闻发布会都由中央电视台直播，其他许多电视台和网络也会转播，收视率比较高，传播面很广。2013 年 3 月上阵之初，我既有陌生中的仓促不安，也有“无知者无畏”的闯关勇气。到了 2014 年 3 月，我第二次做新闻发布会时，开始更加意识到把握社会焦点和学习立法知识的重要性和难度，压力感不是减少而是增加了。再到第三个年头，我对于准备发布会的方式方法、思路构建和立场表述，都有了改进。经过后来不断积累经验，准备工作更加专业化，目标更加清晰，我对人大工作的认识也更加全面和深入。

回想这五年，我从外交岗位转向聚焦国内问题的立法机关；从参与双边和多边对外谈判，到了解、认识和回应国内民生和社会问题；从亲历国与国之间的斡旋博弈，到学习和参与人大的立法和监督，这个转型并非坦途，我始终都怀着敬畏职责、敬畏人民之心，攀山般地学习，努力适应这份重任与使命。

大致统计，我在五年的五场新闻发布会上回答了来自 11 个国家和地区的 67 位记者提出的 126 个问题，涉及的领域广泛，按照提问次数多少排序，分别是：人大职能与社会主义法治建设（19 次）、外交（9 次）、税收与经济运行（7 次）、社会热点（7 次）、国防费预算（5 次）、环保议题（5 次）、反腐败（4 次）、妇女权益（4 次）、政治体制改革（4 次）、中国香港（3 次）。这些问题基本上涵盖了我们国家的一个极其重要的历史阶段，公众和国际社会关注的焦点。能够亲身参与对时代大课题的诠释和对党情、国情、民情变迁的直接反映，是我的莫大荣幸。

很多人对新闻发布会背后的故事感兴趣，总有人向我提议，为什么不把这些经历写出来，让更多的人了解呢？

现在我用文字回望，把我担任全国人大新闻发言人期间的一些工作和体验整理出来，对背后的准备过程进行一个拆解，尽可能客观、真实地还原这个过程。

我的讲述将以 2017 年 3 月 4 日的第十二届全国人大第五次会议新闻发布会为主线展开。第一部分聚焦 2017 年全国人大新闻发布会，我会通过对一些答问的解构，展现背后的思考，也会穿插对此前四次发布会的一些回顾。第二部分则转向幕后的故事，分别呈现了大会新闻工作筹备的过程，以及我作为新闻发言人对发布会的准备。第三部分是关于我在国际交往中的一些经历和经验，并追忆了担任驻英国大使期间在国际传播方面的探索。

希望这些综合起来的画面能让大家从一个侧面了解我国的制度和做事方法，也希望其中的一些经验和教训能够对我的同行或者未来的同行有所助益。我也想以此作为当选第十二届全国人大代表的一个回馈和纪念。

中国特色社会主义进入了新时代，这是我国发展新的历史方位。我国日益走近世界舞台中央，终将微笑着面对如星河般闪烁的聚光灯和镜头背后的世界。

傅莹

2018 年 1 月 20 日

第一部分

解析 2017 年全国人大新闻发布会

人民大会堂外正在入场的记者们

3 月 4 日，匆匆走进十二届全国人大一次会议新闻发布厅

记者“挤爆”发布厅

初次担任发言人

2013 年 3 月 15 日，进入人民大会堂金色大厅，主持总理记者会

2014 年

3 月 4 日，在第十二届全国人大二次会议新闻发布会上回答记者提问

现场记者踊跃提问

2015 年

3 月 4 日，与主持人一同进入十二届全国人大三次会议新闻发布厅

回答记者提问

离开新闻发布会现场

2016 年

3 月 4 日，走进十二届全国人大四次会议新闻发布厅

“哦，把两家媒体搞混了……”

2017 年

十二届全国人大五次会议新闻发布会前最后一刻的准备

走进新闻发布厅

新闻发布厅全景

在十二届全国人大五次会议新闻发布会上回答记者提问

新闻发布会之后与同事合影

第一章
走进新闻发布会

准备工作进行到最后一刻

2017 年 3 月 4 日上午 10 点 58 分，人民大会堂台湾厅。

“准备好了吗？可以开始了。”担任新闻发布会主持人的全国人大常委会办公厅新闻局局长何绍仁走进来问我。他已经去过发布厅，并且例行性地向现场出席发布会的记者们介绍了会场规则和要求。负责直播的央视导播也站在了台湾厅的门口，示意我们可以入场了，他对时间的把控精确到秒。我看看手表，此刻距离预定的发布会开始时间 11 点还有两分钟，我深呼吸了一下，最后定定神，向绍仁和等在一旁的翻译韩磊点了点头，我们三人一起步出台湾厅，朝着发布厅的大门走去。

发布会开始前的最后准备

两天前，2017 年 3 月 2 日下午，全国政协的新闻发布会结束之后，我和同事们到人民大会堂踩点儿。选择台湾厅作为等候区很合适，因为这里距离发布厅最近。我们沿着台湾厅到发布厅的路径试着走了一遍，计算好时间。那天，我还根据央视导演的建议选定了服装，试了直播镜头和麦克风。

任何一场重要活动之前，对程序的细致检查是活动成功不可或缺的重要环节。就拿主席台上电脑的摆放来说，每次都需要提前调整好位置。我使用的是触屏电脑，里面储存了大量数据和资料，在新闻发布会上可以随时查找。这次我发现，发布厅的主席台换了新桌子，为电脑预留的连线通道改到了右手一侧，而我需要用右手记笔记，用左手在屏幕上调取资料，如果电脑也放在右手一侧，会很不方便。幸好提前发现了这个问题，工作人员立即做了调整，把连线改回到左手侧。

发布会这天，在台湾厅的还有我的团队的几位助手，他们也早早来到这里做最后的准备工作，此刻正忙着在网络上跟踪国内外最新动态和新闻，神情略显紧张。我知道此时他们最关心的是，还遗漏了什么信息，有什么突发事件？

新闻发布会的关键词是“新闻”二字。无论之前怎样认真准备都难以万全，总会有意想不到的情况，尤其是在新闻发布会前24小时内，发生的任何国际国内事件，都有可能成为发布会的新热点。对于我和我的团队来说，如果漏掉重要新闻或者信息，没能做好回应的准备，就有可能在发布会上陷入被动。所以，助手们不仅要帮助我充分了解和准备与本次大会议程相关的各方面内容，还要高度关注国内外新闻热点，尤其从发布会前一天晚上开始，大家对各类信息平台保持更加密切的关注。我和团队的准备工作要持续到上场前的最后一刻。

新闻发布会之前的突发事件可能来自任何方面，例如，2016年我就曾面临考验。那年3月4日上午十点半多，第十二届全国人大第四次会议的预备会议刚刚结束，我走出大礼堂，秘书肖茜迎上来，凑近我耳边说：中纪委网站发布了消息，王珉涉嫌严重违纪接受组织调查。王珉是全国人大教科文卫委员会副主任委员，辽宁省原省委书记。当时距离新闻发布会开始还有二十多分钟，而我不仅对王珉其人没有什么印象，对他的违纪情况更是毫无了解。但可以肯定的是，对这样的重大新闻，记者们会第一时间注意到，并且一定会在发布会上提出相关问题。反腐败一直是公众关心的高热度话题，我对回应这方面的问题已有所准备，然而，对这个涉及全国人大专门委员会组成人员的具体案件，我必须有更具备针对性的回应准备。人民大会堂的于清处长帮我们找到一间安静的小厅，肖茜从备用资料中找出关于反腐败方面的更多资料，我开始调整原来准备的关于反腐败问题的答问要点。同时，助手们从各种渠道收集更多信息。

我事后想，如果是在走向发布台的最后一刻听到关于突发情况的消息，如何在那么短的时间里构想出能让媒体和公众满意的回答，那一定是很困难的事。有了这次“意外”，我和团队更加重视关注发布会之前 24 小时的突发事件，尽可能对任何新出现的问题有所了解和准备。

发言人不能信口开河，对任何问题的回应都需要言之有据，言之有理，这就需要掌握相关政策和信息，不能随意地回应自己不懂或者不了解的问题。在这样一个资讯发达的时代，新闻发言人不能抱有侥幸心理，以为刚刚发生的事媒体记者未必获悉，抑或未必有兴趣，可以忽略。发言人即便因为时间紧，拿不到权威的回应口径或者恰当的解释，至少要了解事实，才能心中有数，考量周全，让自己始终处于进退裕如的地位。

2017 年也并不平静，3 月 3 日晚上八点多，传来美国军舰向我国黄岩岛水域方向行进的消息。我一方面与相关部门保持密切沟通，跟踪和关注美舰动向，另一方面考虑如何回应这方面的问题。如果发布会当天美舰靠近中国南海岛礁，必然会带来比较大的威胁感，从而引发中国公众的强烈反应。出现这种情况，回应记者的提问需要态度鲜明。当然，如何把握分寸也取决于美方行动带有多大的挑衅色彩，对此，我晚上一直在思考，斟酌不同尺度的表述。

2017 年 3 月 4 日早上，距离新闻发布会开始还有十多分钟，造型师美朵抓紧时间为我补妆，我同时翻看着资料。此刻得到的最新信息显示，美舰距离黄岩岛比较远，构不成需要做新闻反应的突发事件，但这并不意味着之后不会出现新状况。团队中熟悉海洋军事问题的助手胡波提醒我，美国在南海的活动对整个局势的走向具有一定的风向标意义。我觉得如果有记者问到南海局势，可以用这个观点作为引子，表达立场和看法。

2017年3月4日上午11时

新闻发布会通常是在全国人民代表大会会议3月5日开幕的前一天，3月4日举行。这天早上10点要在人民大会堂的“大礼堂”举行大会预备会议，由全国人大常委会委员长张德江主持，会议要选举大会主席团和秘书长，并表决会议议程草案。预备会议的主席台上坐着全国人大常委会的委员长和13位副委员长，国家主席习近平和其他领导人以及大会代表们都坐在台下，参加表决。预备会议结束后，主席团组成人员转场到全国人大常委会会议厅，参加主席团第一次会议，推举常务主席和每次大会全体会议的执行主席，通过大会日程等。也就是在这次会议上确定大会副秘书长和大会发言人，会议结束之后举行新闻发布会。

2013年3月4日我第一次做人大新闻发布会时，因为没有经验，加上常委会会议厅与新闻发布厅之间的路径迂回难找，我又不熟悉，导致我赶到新闻发布厅的时候晚了几分钟。所以我作为发言人的第一个亮相，是从迟到道歉开始的。此后我吸取了教训，每次都争取稍微早一点赶到台湾厅等候。

2017年3月4日，我已经对环境比较熟悉，准备工作也更加顺利。10点59分，我们走出台湾厅，前方就是新闻发布厅敞开的大门，一眼望去，人头攒动，门口的通道被各路记者堵得只剩一个狭窄的走道，可以听到照相机快门此起彼伏的声音。会场内座无虚席，挤站在两侧和后面的记者看似比坐着的人还要多。所有的摄像机、照相机和所有人的目光都聚焦在我们进场的方向。随着我们走进大门，闪光灯交替闪烁、快门声连成一片。甚至已经有记者开始喊着提问了。这是我第五次做新闻发言人，这样的场景于我而言已不再那么陌生，然而，内心的紧张感丝毫没有减少。

我微笑着回应记者们的拍照和提问，步入发布会大厅，沿着一个铺着地毯的小斜坡走上发布台。每次走这段路，我最担心的是高跟鞋踩不稳，所以总会小心翼翼。走到发布台的中间位置时，我自己先站好，等主持人何绍仁和翻译韩磊跟上来。眼前是手机的海洋，几乎每个人都举着自己的手机在拍照，后排摄影摄像记者的闪光灯更加频繁地闪烁着，刺激着我的眼睛和神经，刚开始的几分钟，我的大脑几乎处于空白状态……

11点01分，主持人宣布新闻发布会开始，我接过他的话，向在场的记者和镜头背后的观众打招呼。

然后开始宣读本次大会的议程安排，这是每次新闻发布会的例行开场白：

大家好，十二届全国人大第五次会议明天上午就要开幕了，我现在先给大家简单地介绍一下情况。大会预备会议通过了议程，选举了由169人组成的大会主席团，选举李建国为大会秘书长，大会设秘书处。主席团第一次会议推举了常务主席和执行主席，通过了大会日程和表决议案的办法……

新闻发布会是发言人与媒体交流互动的过程，而人与人的交流离不开眼睛的相视。但是，开场白的内容涉及会议程序，用词严谨，很难全部背下来，我只能盯着稿子念，无法抬起头来。难点在于，念稿子抓不住记者们的注意力，更谈不上引起镜头后公众的兴趣，这就容易让发布会从一开始就进入沉闷的气氛。因此，我总是试图记住开场白当中的一些熟悉的内容，念到这样的地方就可以抬起头来，形成与记者们乃至镜头背后公众的眼神交流。

这次，读到大会时间安排时，我抬起头来脱稿讲，这些内容我已经烂熟于心。意想不到的是仍然出现了口误，把“本次大会 3 月 5 日上午开幕”说成“3 月 15 日上午开幕”，而 15 日是闭幕的日子。我瞬间看到一些记者的脸上露出了诧异的表情和微笑，马上意识到自己出现了口误，不好意思地笑了笑，纠正过来：

本次大会 3 月 5 日上午开幕，15 日上午闭幕，有 11 项议程。除了例行要审议的政府工作报告等六个报告，还要审议民法总则草案和三个有关十三届全国人大代表选举的议案……

虽说失误是人类的弱点之一，甚至可以认为是人与冰冷的机器相比之下的美感所在，然而，不出错、少出错仍是人类永恒的追求。这么熟悉的内容竟然出错，实属不可辩驳、不可原谅。但也就是在那一刻，我一直紧绷着的情绪反而得到了释放和化解，我镇静了下来，不再受周围环境的影响，全神贯注地投入到接下来的发布会当中去：

大会将严格按照中央八项规定的精神，勤俭办会。今年大会秘书处新增设了会风会纪监督组，专门负责会风会纪的监督检查工作。大会全体会议向中外记者开放，代表团团组会议也安排一些采访……

过去的一年，在以习近平同志为核心的党中央坚强领导下，全国人大及其常委会牢固树立政治意识、大局意识、核心意识、看齐意识，扎实贯彻中央决策部署，确保党的主张通过法定程序成为国家意志，积极回应人民群众的关切，坚持科学立法、民主立法，提高立法质量，依法行使监督职权，各方面工作取得新的成绩。

本次大会将全面贯彻党的十八大和十八届三中、四中、五中、六中全会精神，深入贯彻习近平总书记系列重要讲话精神和治国理政新理念新思想新战略，认真履行宪法和法律赋予的职责，将大会开成一个民主、团结和求实的大会，动员全国各族人民为实现“两个一百年”的奋斗目标，实现中华民族伟大复兴的中国梦做出新的贡献。谢谢。

念完这段开场白用时 5 分钟，约 880 个字。

见证中国民法典编纂的开篇布局

2017 年 3 月 4 日上午 11 时 06 分，我念完开场白之后，发布会进入问答环节，记者们早已跃跃欲试，希望抢到提问机会。

在新闻发布会上，记者们的提问由我身边的翻译现场做交替传译，我的应答则是由在楼上同传间的翻译做同声传译。早年整个人大新闻发布会都要在现场做交替传译，翻译要占去发布会一半以上的时间。当时做这样的安排主要是为了照顾现场的外国记者，然而近年来大部分外国驻华记者的中文水平提高，这方面的需求也下降了。而且现在中国记者成为大会采访和报道的主力，他们更希望加快发布会的节奏、提升效率，媒体和社会上对将交替传译改为同声传译的呼声一直很高。2013 年开始，人大新闻发布会做了调整。

现场由主持人负责选择提问的记者，这使我可以更加专注，有一定的思考空间，而主持人则可以专心关注会场情况，照顾到各方面记者和提问的多样性，维持会场秩序。新闻发布会的准备期间，何绍仁一直与各家媒体保持着密切的联系，对记者关注的方向比较了解，因此他总能找到大会希望释放的信息与新闻记者关心的问题之间的交集点，让记者有机会提出公众集中关心的热点问题，也让我有机会释放大会的重要信息。

11 点 06 分，绍仁把第一个提问机会给了《成都商报》的记者，这位记者提出的问题是关于此次大会准备审议的民法总则草案。记者问："民法总则草案即将提交本次大会审议，其中涉及的很多问题都是老百姓非常关心的，比如限制民事行为能力的年龄是不是要下调到六岁。请问发言人，民法总则草案有什么特点和重要意义？谢谢。"

一场新闻发布会的第一个问题往往比较关键，所谓万事开头难，头一问具有一定的引导效果。审议民法总则草案不仅是大会的一项重要议程，也是提请本次大会审议的唯一一件法律案。大会新闻发布会的重点之一就是解答好涉及本次大会重要议程的问题，因此绍仁在筹备初期的媒体座谈会上就很注意哪些媒体和记者关心人大立法方面的问题。

中国民法总则的制定实质性地开启了编纂民法典的步伐，对未来民法典的各个分编起着统率性、纲领性的作用。完成好民法典的编纂将有力地助推完善中国法律体系的进程，进一步提升我国民事立法的科学化和系统化水平，完善市场经济和社会生活秩序的法律规范。

发布会第一个问题就提到民法总则，让我有机会向公众介绍这方面的进展。民法总则的内容非常丰富，相比现行的民法通则，它有很多创新，反映了中国社会新的发展和需求。这部民法总则草案从 2016 年 6 月到 12 月在全国人大常委会进行过三次审议，草案也多次向社会公开征求过意见。现在草案已经相当成熟，将提交给本次大会请全国人大代表们审议。在新闻发布会上回答这个问题，既是向人大代表和人民群众做一个汇报，也是向社会的普法宣传。

因此，在准备发布会的过程中，民法总则就一直是我的重点之一。但是，如何在短短的几分钟内，把如此复杂丰富的内容用通俗和简洁的语言表达出来，实现多层的意图，这是我和团队绞尽脑汁、反复商议的难点。最终我在现场的表述是这样的：

这次民法总则草案要提交给本次大会代表们审议，民法大家知道它博大精深，涵盖社会生活的方方面面。总则规范的是民事活动的基本原则和一般性规则，它是国家的基本民事法律，所以要提交给大会审议。我们很多人可能一辈子都不会用到刑法或者其他专门法律，但是每个人的衣食住行、经济活动都离不开民法。我们现行的民法通则是1986年制定的，对国家经济发展、社会进步起到了非常重要的保障作用。

当然，大家也知道30多年中国社会发生了很大的变化，法律也要与时俱进，所以在制定民法总则的时候，也根据新的情况有不少调整、创新。比如媒体很关注的农村留守儿童问题、社会老龄化的趋势，在民法总则里对监护制度做了进一步完善，也扩大了监护范围，尤其是注意到对失能老人的保护问题。再比如，社会实践中法人的形态发生了很大变化，所以也进行了新的科学分类，也增加了法人的类别。比如农村的集体经济组织、村委会、居委会，也都赋予了特殊法人的资格。你刚才提到的这个问题，也还在讨论当中，在限制民事行为能力的时候，年龄的下限到底是应该放到6岁还是10岁，怎么样能更有利于对未成年人的保护，更有利于他们的健康发展，大家的看法也不一样，我想你也有你的观点，有很多问题还会在这次审议当中经过代表们充分地审议、充分地发表意见，进一步完善这部民法总则。民法总则的制定对下一步民法典各个分编的编纂有统领的作用。按照我们现在的计划，应该在2020年完成民法典编纂工作，这对于我们国家全面推进依法治国是具有重要意义的。谢谢。

对这个问题的回答用时3分钟，约620个字。

民法总则成为2017年“两会”报道的一个新闻热点。不少国内媒体以“法律也要与时俱进”作为标题，对大会代表审议民法总则进行了报道，还对监护制度的完善、扩大监护范围以及限制民事行为能力等内容，进行了重点分析。我还看到有的媒体记者采访了法律方面的专家、学者，请他们就民法总则的意义、草案的亮点进行深入解读。媒体对扩大民法总则在中国社会的传播和认知方面，起到了积极的推进作用。

民法典是中国法学界长期推进和呼吁的研究课题。近年媒体和社会一直关注民法典的进程。2014年10月23日，在党的第十八届中央委员会第四次全体会议通过的《中共中央关于全面推进依法治国若干重大问题的决定》中提出编纂民法典的要求，拉开了我们国家制定民法典的大幕。2016年1月，制定民法总则列入了全国人大常委会的立法工作计划。我第一次面对记者提出关于民法典的问题，还是在2016年3月4日的新闻发布会上。

在2016年发布会之前的两天，3月2日下午，我和团队成员一起收看中国人民政治协商会议全国委员会新闻发布会的电视直播，大家不约而同地注意到，我们为人大新闻发布会准备的涉及民生的热点问题，许多在政协的发布会上已经被问到了。可以预期，在两天后举行的人大新闻发布会上，记者们的注意力会转向其他方向，由此判断，新的关注重点应该更多涉及人大立法方面的内容，这原本也是人大发布会希望聚焦的方向。我需要进一步加强对回应这方面问题的准备。

在我和团队成员的商议中，怀胜提出，媒体和公众可能会关心制定民法典的情况，建议我对这个问题给予关注，他是外事委法案室的干部，学法律出身。他对回应的角度给了两点建议：第一，民法典是关于个人私权利的，涉及百姓的日常生活，应该认真宣传一下，引起更广泛的重视，将来在全国人大常委会审议草案公开征求意见时，可以吸引更多人参与和表达诉求，让这部法典更好地体现人民的意愿；第二，民法典是一个国家法治水平的重要体现，制定民法典是中国几代立法者的夙愿和追求，新中国成立以来多次尝试，几起几落，现在再度启动实属不易。如果这次能够完成，对国家的市场经济制度和社会生活影响巨大，是实现法治的必经之路和重要标志。

我从他的介绍中听得出来，编纂民法典这件事的背后有故事，有中国立法人的情怀。我想，如果有一个好的解释和说明，有利于提升公众对这部民事基本法的了解和重视，会很有意义。但是，我原本准备的答问要点显然达不到这个要求。我和团队重新讨论了一下，应该讲什么、怎么讲，然后请怀胜把要点重拟一稿，并且嘱咐他，最好控制在300字之内，希望他能"写出情怀"。他对这个题目充满激情，欣然应允。当天晚上，我也阅读了更多这方面的资料和评论，体会民法典在中国的曲折故事和背后的缘由。

第二天一早，我看到办公桌上摆着怀胜新拟写的要点，虽然还是偏长，但已经有打动人的力量，例如下面几段话：

民法典是国家民事领域的基本法律，以人为本，关系到每一个人、法人的根本利益。民法典的编纂对于推进依法治国和构建现代国家治理体系具有重要意义，它积极回应我们改革开放发展过程中所提出的各种新挑战和新问题。

编纂民法典是中国多少代立法人的心愿。新中国成立以来先后四次启动过这方面的制定工作，但限于当时的历史条件，始终没有能够实现。现在，我们已经有实行了30年的民法通则，还有合同法、物权法、侵权责任法等单行民事法律。

民法典编纂完成后，能更好地维护人的尊严，保障每个人的基本权利，为我国经济和社会发展奠定坚实的民事法律基础。……

我看完这些要点后心里踏实了许多，立刻着手修改和压缩文字，并且使之更加口语化，加进去一些更通俗的概念。我请专家确认了一些措辞的准确性，把关键要点提交给法工委的同事审核并得到认可。至此，这个新的答问要点就比较成熟了。我花时间背下其中的要点，反复练习用自己的话讲清楚，也跟何绍仁做了沟通，请他注意给关心民法典的记者提问机会。

在2016年3月4日的新闻发布会上，当《法制晚报》的记者提出关于民法典的问题时，我是这样回答的：

感谢你提到民法典的问题，很多人可能都不熟悉民法典，我也是到了人大工作以后才了解、学习了民法典这方面的知识。民法典对一个国家来讲，它是民事领域的基本法律，其核心是要保障私权利，就是要让公民在法律的框架内自己解决好问题，通俗地讲，叫社会生活的“百科全书”。

编纂民法典是几代立法人的心愿。你刚才也提到我们不是第一次启动这项工作，应该说新中国成立以来，前前后后四次，第一次是1954年，最近一次是2002年，几起几落，都是因为条件限制没有实现。但是大家也了解，我们国家在民事法律制度的建设方面一直没有停步，这些年制定了合同法、物权法、侵权责任法等，还有很多单项的民事法律。另外，民法通则到今年已经实行了30年，积累了丰富的经验。在十八届四中全会决定中明确提出要加强市场法律制度建设，编纂民法典，这个要求很明确，我认为也显示了我们党要全面推进依法治国的魄力和决心。

现在是再次拉开了编纂民法典工作的大幕，已经启动了，这次我们下决心要把这件事情完成。从做法上来讲，要分两步走，第一步是制定民法总则，第二步是全面整合民事法律。民法总则的征求意见稿已经出来了，正在征求各有关方面的意见，发布会之前我也专门了解了一下，预期6月份能够提请人大常委会进行审议。我们审议时肯定也要张榜公布，向全社会公布法律草案，欢迎大家关注，提出好的建议意见。我相信完成民法典的编纂工作之后，一定能够更好地维护人的尊严、保障人民的根本权利，为我们国家的经济建设和社会发展奠定更加坚实的民事法律基础。谢谢。

回答这个问题用时3分24秒钟，约620个字。其中的主要内容都源自打磨好的要点，虽然现场表达时先后顺序和句式不可能照原稿背诵，但因为核心内容我已经烂熟于心，表达的多点、少点、深些、浅些，就无关紧要了。重要的是向社会传递了民法典的信息和意义。

2016 年新闻发布会之后，也有很多新闻媒体报道了民法典编纂的情况，许多网友留下评论表达了期待。令人欣慰的是，这个回答还得到了人大资深立法者的认可，我表达出了他们的情怀，反映了中国立法者多年来孜孜以求的艰辛努力。能受到大家的认可，我和团队都很高兴，这是一个成功的案例，在六百多字的空间内，提供了必要的信息和事实，又表达了情感，让人们从中认识到民法典之于每个中国人的重要性，体会到中国几代立法人的不易和执着。

了解民法典

我对民法典知识的学习和了解确实是到人大工作后开始的，经常听全国人大常委会的同事谈他们的想法，包括与其他国家的比较。说起民法典，法学界人士常会提到拿破仑，这个身经百战的武将和曾经的帝王是历史上颇具争议性的人物，而他被后世最常念及和肯定的是他在 200 多年前推动制定的《法国民法典》。1799 年，法国大革命爆发后的第十年，法兰西正处在第一共和国时期，拿破仑发动“雾月政变”，成为共和国第一执政官。第二年他就亲自确定人选组建委员会，起草了民法典，提交给立法机关后审议了上百次，拿破仑本人多次亲自参与讨论和修改。最终，人类历史上第一部民法典于 1804 年 3 月 21 日获得通过。自此，法国完成了从封建国家到现代工商业国家的转变。为了纪念拿破仑的贡献，《法国民法典》也被世人称为《拿破仑法典》。

《法国民法典》作为一部早期的资产阶级民法典，服务于当时自由竞争经济的需要，体现了“个人最大限度自由、法律最小限度干预”的立法精神，具有广泛的世界影响。很多国家都或多或少地以其为蓝本或作为参考，例如德国、瑞士、智利、巴西、日本等，都根据国情编纂了民法典。特别是在第二次世界大战之后众多国家实现民族独立，出现民法法典化的趋势。民法是一个国家社会和经济生活的记载和表达，是国家和民族法律传统、法治信仰和法治自信之集大成。民法作用于社会经济运行的深度和广度为诸法之最，是国家法律体系中一个最重要的基石。因此，近现代以来民法典的制定或编纂历来是成文法国家法治建设的基本工程。

中国共产党和中国人民对现代法制文明的追求由来已久。新中国成立后，曾在 1954 年、1962 年、1979 年三次启动民法典的制定工程，都因当时历史条件的限制而中途搁置，1986 年制定的民法通则，起到了“小民法典”的作用。2002 年 12 月，民法典草案第一次提请全国人大常委会审议，但因为条件不够成熟，决定先制定物权法、侵权责任法等单行法，之后再以这些法律为基础，研究制定完整的民法典。

中国民法典的诞生之所以如此周折，有其特定的原因。例如，民法典是市场经济的产物，需要随着经济体制改革比较成熟到位才好推进。再比如，民事法律关系需要有丰富的社会实践和广泛的社会共识，唯此，制定出来的法律才能在实践中行得通，得到社会的认可。而且，制定这部法律也需要有比较充分的理论准备。

党的十八届四中全会提出“建设中国特色社会主义法治体系，建设社会主义法治国家”的目标，要求“加强市场法律制度建设，编纂民法典”。这次启动民法典条件已经比较好，主要任务是对现行民事法律进行系统和全面的整合、完善。当然，民法典涉及的法律法规、司法解释庞杂，如何将它们串联到一起，难度还是很大的，既不能是简单的汇编，也不是要重新制定一套民事法律。需要借鉴国外有益的立法经验，更要从中国的国情和社会实际出发，反映我国社会和经济发展的需要。

我在人大工作的这五年，目睹了民法典编纂工作的稳步推进。2015 年 3 月，张德江委员长在第十二届全国人大第三次会议的讲话中提出，要抓紧研究启动民法典编纂工作。2015 年 4 月，第十二届全国人大常委会通过了调整后的五年立法规划，把编纂民法典列为一类项目；2016 年 1 月，制定民法总则列入了全国人大常委会立法计划。全国人大常委会法工委牵头成立了由多家单位参加组成的民法典编纂工作协调小组，并组织了工作专班开展具体的编纂工作。历经一年多的起草、修改、征求意见工作，民法总则草案终于完成。2016 年全国人大常委会进行三次审议，每次都会将草案审议稿发布到中国人大网上，公开征求意见。根据中国人大网的统计，前后收集到共计 15503 人次提出的 70227 条具体意见和建议，通过这个过程进一步凝聚了各界共识。

根据《立法法》第七条规定，全国人民代表大会制定和修改刑事、民事、国家机构的和其他的基本法律，据此，民法总则作为民事基本法律，需要提请全国人民代表大会审议。通过在大会这个平台上进行更大范围的讨论，更广泛地汇聚社会智慧、寻求最大“公约数”，让这部法律尽可能地完善，切实实现维护人民群众民事权利的目的。

2017 年 3 月 8 日，在第十二届全国人大第五次会议第二次全体会议上，全国人大常委会副委员长李建国受全国人大常委会的委托，做了关于民法总则草案的说明，提请会议审议。大会各个代表团在 10 日的小组会议上对民法总则草案进行了审议，讨论非常热烈，代表们提出的修改意见有 3000 多条，全国人大法律委员会对代表们提出的修改意见进行了逐条研究，尽可能予以采纳，并把标注了修改方案的花脸稿反馈给代表们，再次听取意见。这个工作量是非常大的，最终审议通过的民法总则对提请审议的草案做了 156 处修改。

比如，一个看似不起眼但影响很大的问题，引发热烈争论，就是民法总则草案当中，关于限制民事行为能力人的年龄下限，应该维持在民法通则中规定的 10 周岁，还是下调到 6 周岁？这个问题在全国人大常委会审议时就没有定论，提交给大会代表们审议之后，分歧仍然很大。有代表认为 6 周岁儿童有一定的学习能力，开始接受义务教育，下调为 6 周岁符合中国现在的情况，也有代表认为 6 周岁儿童认知和辨识能力仍然不足，不完全具备实施民事法律行为的能力，还是 10 周岁为宜。显然，一方面中国发展变化快，法律规定需要跟上社会的发展，但也需要认识到，中国人口众多、地域辽阔，各个地方的情况和条件千差万别，全国人大代表们来自不同地方，感受不尽相同。而听取和吸纳来自不同角度的声音正是科学立法和民主立法的含义所在。法律委员会经研究建议，将限制民事行为能力人的年龄下限修改为8周岁，这是在充分考虑代表意见之后的一个折中选择。

至此，总则草案的法条从一审时的186条增加到了206条。在整个制定和审议过程中，草案体现了科学立法和民主立法的原则，不仅尊重全国人大常委会委员和人大代表的审议意见，而且也尊重社会各界意见，把很多有益的建议都吸纳和补充到法案当中。

在2017年3月15日第十二届全国人大第五次会议的闭幕式上，《中华人民共和国民法总则》付诸表决时获得高票通过。会后，国家主席习近平签署第66号主席令予以公布，于2017年10月1日起施行。

我在与一些研究中国的美国学者讨论中国政治制度时，他们对人民代表大会的作用很不以为然。从他们的角度观察，全国人大及其常委会的表决很少否决什么议案，因此只是一个形式，似乎否决才是民主。殊不知，中国的人民代表大会在“通过”之前要经历征询意见和凝聚共识的繁复过程。我常通过介绍一些法案的制定、审议和表决过程，向他们说明中国政治制度的运作方式。人大立法是为了满足人民和社会的需要，在制定和修改法律的过程中没有任何私利，从善如流，对代表们提出来的好的、合理的修改意见都做了吸收。而代表们对经过反复讨论修改后的法案通常是感到满意的，自然会在投票中给予支持。不仅是法案，由国务院总理向大会所作的政府工作报告经过代表们讨论之后，也要进行大量修改。让代表们满意的目的是为了让人民满意。当然，在有的问题上，代表们如果有意见，在表决中也会用反对票或者弃权票表现出来。在有的问题上，如果各方分歧比较大，就说明还缺乏社会共识，可以放一放，而不是急于推进。总之，在中国的政治制度当中，国家机构之间不是对立关系，而是为了一个共同的、服务于人民的目标而努力。

从外交官到立法参与者

我一生所受到的职业培养和熏陶都是在外交领域，对法律的知识局限于基本的公民认知。在外交工作中接触过一些国际法律文书，有一定兴趣，在我看来，法律与数学有重视逻辑的共性，有明确的评判规则和界限。也恰是因为如此，就更需要对法律知识秉持严谨的态度。从2013年开始，我担任全国人大外事委员会主任委员，在全国人民代表大会会议期间担任发言人。新的岗位需要一定的法律知识，对我来说意味着要重新当一名学生。

为了尽快适应新的岗位，我向大学教授请教，他们推荐了不少法律书籍。人大机关法律专家很多，我也常向他们讨教，尤其是在新闻发布会的准备期间，我会拿着各种问题与专家们交流。作为一个年长的初学者，想很快地掌握浩瀚如海的法学知识是不可能的，我只有结合工作，有针对性地学习，在做中学、学中做，慢慢提高。

刚开始参加全国人大常委会对法律案的审议工作时，我因为不熟悉情况，很少发言，审议之后我会通过研读简报，从其他委员的发言中学习。我也经常从网上看社会公众围绕法律议案的评论。比如，全国人大常委会审议反家庭暴力法草案时，我从大家的讨论中进一步了解到这部法律的意义，认识到在中国的国情之下，确立公权力和私权利之间的界限存在什么样的困难。

再比如，2015 年 3 月立法法修正案草案提交第十二届全国人大第三次会议审议时，里面所包含的关于“税收法定”的内容是社会关注焦点之一。修正案草案将“税收”的专属立法权单列，并规定“税种的开征、停征和税收征收管理的基本制度”只能制定法律，即“税收法定”。修改后的立法法将“税收”专设一项作为第八条的第六项，明确要求税种的设立、税率的确定和税收征收管理等税收基本制度必须制定法律。当时社会上围绕这个问题的讨论很多，我多次向全国人大财经委副主任委员郝如玉请教，他专门为我写了几页纸的详细说明，讲述税收法定原则的意义和中国走向税收法定的历程。

他认为，在 20 世纪 80 年代的改革开放初期，全国人大向国务院授权制定税收法规的做法确实有利于快步推进改革，但是，随着中国市场的逐步完善，税收立法应该回归全国人大，落实税收法定原则。他说自己一直在为这条法治原则鼓动和呼吁，对终能看到其成为现实深感欣慰。这位资深立法者的执着令人钦佩，像他这样专业而又有法治理想的立法者在全国人大常委会还有很多。

我逐渐熟悉立法工作，也能把在外交工作中积累的国际视野和思维方式运用到立法工作中。例如，2016 年 10 月 31 日全国人大常委会对公共文化服务保障法进行第二次审议时，我提议增加国际视角。我在发言中说道，中国文化历史悠久，向来善于博采众家之长，兼容并蓄，现代文化的发展也应该是开放性的，因此国内立法应具备一定的“国际视野”。现今中国社会各行各业与外部世界的联系更加紧密而多元，外国在华人员越来越多，也需要遵守中国法律。同时，中国在世界上的作用提升，受到国际社会越来越多的关注，国内立法需要考虑到这些因素。我建议草案中增加关于“开展和加强公共文化领域国际交流合作”的内容。实践中这方面的国际合作已经很多，不少博物馆、美术馆等都开展了大量的对外交流，应在立法中予以肯定。我的这条建议被纳入《公共文化服务保障法》第十二条：国家鼓励和支持在公共文化服务领域开展国际合作与交流。这部法律已在 2017 年 3 月 1 日正式施行。

参与立法，不仅提高了自己的法律知识，也更深刻体会到科学立法、民主立法的重要性。全国人大外事委员会是全国人大的 9 个常设专门委员会（简称专委会）之一，各专委会在不同领域日常性地开展与立法、监督等有关的工作。专委会受全国人民代表大会领导，在全国人大闭会期间受全国人大常委会领导。全国人大常委会是全国人大的常设机关，全国人民代表大会每年 3 月举行一次全体会议，闭会期间由全国人大常委会行使最高国家权力，包括解释宪法和法律、监督宪法的实施、制定和修改除应当由全国人民代表大会制定的法律以外的其他法律、监督“一府两院”的工作等。

通常，全国人大常委会在每个双月的最后一周召开会议，会期一周左右，包括召开全体会议听取报告和召开分组会议审议。每个分组的构成是非常多元化的，而且每隔半年就会轮换一次分组成员。全国人大常委会会议期间还要邀请一些全国人大代表列席和参加审议，他们也会就议题发表意见。这种安排保证了审议参与人员的多样性和专业性。全国人大常委会组成人员有 170 人左右，来自不同领域和不同岗位，例如有的曾任地方的省委书记、省长，有的曾担任国务院部委的负责人，或者是解放军的将领，还有不少法律、科学、教育和农业等多个领域的专家，企业负责人，民主党派和宗教界人士等，还有来自香港和澳门的委员。

每位委员都有自己的专业知识和丰富的实践经验，审议经常是坦诚和热烈的，有时也有分歧与争论。大家从不同的角度，对法律的制定、修改和完善提出自己的意见和建议，相互启发，贡献智慧，从而找到共识的基点。各种声音的存在有利于在立法过程中尽可能全面地吸纳和反映社会各界的意见，找到社会最大公约数，避免忽视某一问题或某一群体的利益。虽然我们在做法上还有许多需要完善的地方，但是，只要我们始终把人民的利益放在首位，就能够坚持不懈地改进自己，努力以实际效果体现人民代表大会制度的独特优势。

随着对立法工作的熟悉，我在新闻发布会上谈到的涉及法律的内容和术语也相应多了起来。粗略统计，我在五次发布会上累计回答的 67 位记者的问题中，与法律有关的问题有 36 个，而我在回应中提及的法律超过 80 个，从《刑法》《刑事诉讼法》到《公务员法》《政府采购法》《反洗钱法》《行政复议法》等等。这个提高过程开阔了我的视野，知识的增加让我获得充实感，也对立法机关之于中国现代国家治理中的重要作用有了更深刻的体会，逐步实现由一名外交官向立法参与者的转变。当然，与那些常年耕耘在立法战线上的立法者相比，我始终是名新生，他们执着的为民、为国和法治精神值得我不断学习。

雾霾是一道“必答题”

从 2013 年到 2016 年，我在每年 3 月的全国人大会议新闻发布会上都要面对关于雾霾和环境的问题，而在每年发布会之前的国内媒体座谈会上，几乎每家媒体关心的首要问题都是雾霾，比如它的成因、如何防范和治理、民众应该怎样预防、对人们的健康到底有什么影响、什么时候才能根治、机动车尾气排放影响到底有多大等。

2016 年底进入冬季以后，出现两次较长时间的雾霾天气。先是 12 月 16 日至 21 日，京津冀地区以及山东、河南等地出现了大范围空气重污染，北京更是达到重度及以上空气污染。北京市政府启动了空气重污染红色预警，采取了机动车单双号限行、小学和幼儿园停课等一系列措施。这样的雾霾天气威胁到人民的健康，社会的生产、生活也受到很大影响，公众情绪压抑。从 2016 年 12 月 30 日开始，更是出现了“跨年霾”，空气重污染橙色预警持续 212

小时、连续9天，直到2017年1月8日北京才迎来新年第一个蓝天。

在这种背景下，可以想见，雾霾治理是记者们在发布会上必然会问到的问题。当发布会进行到 11 点 11 分时，主持人点到来自《人民日报》的记者，他问："雾霾治理是近年来大家一直关心的问题，我们知道，新修订的《大气污染防治法》在去年 1 月 1 日正式实施，去年全国人大也就环境保护法开展过执法检查，请问今年全国人大在环境治理方面还会有哪些动作，如何推动相关工作的解决？谢谢。"

我首先感慨道："我今年是第五次做新闻发布会了，如果是外媒记者提问，第一个问题估计就是问军费，国内媒体的必问题现在就是环境，媒体是年年关注，我们是年年回应，大家也是年年努力。"

在雾霾以及整个环境保护问题上，党中央、全国人大及其常委会和国务院都是和人民群众站在一起的。我作为全国人民代表大会的新闻发言人，对人民群众关心的突出问题必须认真做出回应，哪怕是连续五年。

2013 年发布会上，我第一次遇到记者提出的关于雾霾和环保的问题。当时我对这方面情况的了解和认识很有限，但我的感受与大家是一样的，我说："每天早上我拉开窗帘都要看一下今天有没有雾霾，我家也有两个口罩，我女儿一个，我一个。"之所以这样讲，既是坦承问题的存在，也是表达与大家感同身受、必须正视和面对问题的态度。不得不承认，中国多年来在高速发展的同时，在环境上也付出了巨大的代价。在立法方面虽然从未放松，已经制定了30多部涉及环保领域的法律，建立起基本的法制框架，但是无论是法律的可操作性，还是实际执行效果，都远远不能令人民群众满意。

因此，在2013年3月5日至16日举行的第十二届全国人大第一次会议上表决全国人大资源与环境保护委员会（简称“环资委”）的组成时，代表们用投票明确地表达了人民群众的不满和期待，投票结果显示，环资委是9个专委会中获得赞成率最低的，有850名代表投了反对票、125名代表投了弃权票，这个结果令人吃惊。根据法律规定，超过半数代表同意就是通过了，陆浩成功地当选为环资委主任委员。但是我们当时着实为他捏了一把汗，要知道，本届人大第一次会议有2987名代表出席，对环资委的组成没有投赞成票的比例高达33%，是三分之一的代表啊。

环资委的主要任务是协助全国人大及其常委会开展防治环境污染、生态环境保护、自然资源保护的立法与监督工作。当时，第十二届全国人大刚刚组成，新一届环资委的组成人员还没有开始履职，因此，代表们投出的反对票和弃权票在一定意义上可以看作是对我国环境和资源保护现状表达不满，同时，也是对新一届全国人大常委会和环资委的工作提出更高要求。

新一届环资委明白全国人大代表们所传达的信号，在大会闭幕第二天，2013年3月17日上午，环资委就举行了第一次全体会议，在各个委员会中是最先开展工作的。陆浩主任委员在会上坦诚地说：“相当一部分人大代表投反对票和弃权票，说明大家对当前环境与资源保护工作高度关注、充满期待，也是对新一届全国人大环资委做好工作的激励和鞭策。加强环境与资源保护，大力推进生态文明建设，是我国经济社会发展面临的一个十分严峻的问题，也是全党和全国人民共同关心、广泛关注的重点问题。它涉及人的生存环境问题，所以已成为人们最关注的几个热点问题之一。”

“从目前国内情况看，我国环境保护投入不断加大，污染防治减少和控制主要污染物排放取得一定成效。环境状况局部有所改善，但环境总体恶化的趋势没有根本改变。环境污染突发事件高发频发，由环境问题引发的群体性事件不断增多，水资源短缺、水环境污染也未缓解。农村还有8000多万人饮用水不安全，大气环境质量进一步恶化，一些大城市灰霾天气发生的概率逐渐增多。部分地区土壤污染趋势加重，生态环境质量严重退化，水土流失、草原退化、湿地减少的问题十分突出。环境问题的背后是资源的过度消耗，资源消耗又加大了环境污染，资源相对不足。环境污染严重已经成为我国当前发展中存在的突出矛盾，资源环境问题已经成为严重影响我国可持续发展能力的瓶颈。”

2013年5月24日，习近平总书记在主持中共中央政治局第六次集体学习时指出：“生态环境保护是功在当代、利在千秋的事业。要清醒认识保护生态环境、治理环境污染的紧迫性和艰巨性，清醒认识加强生态文明建设的重要性和必要性，以对人民群众、对子孙后代高度负责的态度和责任，真正下决心把环境污染治理好、把生态环境建设好，努力走向社会主义生态文明新时代，为人民创造良好生产生活环境。只有实行最严格的制度、最严密的法治，才能为生态文明建设提供可靠保障。”

制度和法治，这是习近平总书记为我们提出的明确任务，也是为我们指出的明确方向。

我深知陆浩主任委员的压力之大，每次在会场和食堂遇到他时，总见他眉头紧蹙、面色凝重，似乎总在思考着什么。这五年，我经常向他请教环境立法方面的问题，他很少提成绩，总是谈面临挑战的严峻性和解决问题的紧迫性。我在 2016 年新闻发布会上回答关于雾霾的问题时就说到过，“人大环资委主任委员都很少笑的，我认为他‘压力山大’”，这是我的真实感受。

本届全国人大及其常委会从其组建伊始，就对我国环境和资源保护面临的严峻形势有着深刻的认识，将环境与资源保护方面的立法和监督工作始终作为工作的重中之重。几年来，全国人大及其常委会用钉钉子的精神，在环境和资源保护制度建设和法治建设方面下了很大气力，通过扎扎实实的努力，推动环境与资源保护。

在立法方面，包括对环境与资源保护方面的法律进一步完善和补充，根据现实情况及时修改、制定新的规定，增强法律条款的可操作性。全国人大常委会 25 年来首次全面修订了环境领域的基础性、综合性法律——《环境保护法》，制定了环境保护税法，修改了海洋环境保护法、水污染防治法等。

在监督方面，紧盯法律的实施情况，确保得到严格执行、落到实处，要让法律真的管用，探索走出了一条将立法和监督紧密结合、相互促进的良性循环道路。几年来，全国人大常委会对《可再生能源法》《气象法》《大气污染防治法》《水污染防治法》《水法》

《固体废物污染环境防治法》等开展了执法检查或专题调研，建立了每年听取审议国务院关于年度环境状况和环境保护目标完成情况报告的制度，听取和审议了多项有关生态文明建设的工作报告等。

最终，是这些努力构成了全国人大及其常委会对人民群众必问题的回答。应该说，在过去的五年里，本届全国人大及其常委会在这样一个关键的历史阶段，在生态文明建设方面是尽责的。

因此，在2017年的发布会上，我回答道：

确实，治理雾霾是我们国家面临的一个长期挑战。从人大的角度来讲，我们一是要不断完善环境保护方面的法律制度，二是监督法律的有效实施。去年对新修订的《环境保护法》进行了执法检查，发现的问题包括责任落实不够、执法监督不到位、配套法规不完善，人大常委会提出了整改要求，今年4月份要听取反馈报告。

回顾这四年，党中央、国务院高度重视这个问题，而且也采取了一系列强有力的措施，人大及其常委会也做了大量扎实的努力，连续四年围绕环保方面的法律进行了执法检查，全面修订了《大气污染防治法》和《环境保护法》。另外，我们现在定下制度，每年都要听取国务院关于环境状况和环境保护目标完成情况的报告。总体上看，应该说这些年从中央到地方、到企业、到社会，都做了很多努力，治理也是有效果的，但是距离人民群众的期盼仍有很大的差距，尤其是冬天确实情况比较严峻，所以还是要坚持治理下去，争取实现一个向好的趋势。另外，除了大气问题，在我们国家有部分地区水和土壤的污染问题也是相当严重的，人大常委会现在正在加紧修订《水污染防治法》，制定《土壤污染防治法》，也欢迎社会提供智慧。谢谢。

回应这个问题用时 3 分 21 秒钟，约 460 个字。

我的第五次回答仍然是个“分号”，没有画上“句号”，估计环保问题仍可能是下一届，乃至下下届发言人年年需要做出回应的热点问题。人民向往的美好生活中，包括更优美的环境，只要人民群众的要求没有得到满足，我们的回应就不能停止。

关于环境保护问题的几点想法

首先，怎样看待环境与发展的关系。在过去 30 多年改革开放的快速发展进程中，有相当一段时间人们认为环境与发展是无解的矛盾，保护环境就会限制发展，加快发展就避免不了对环境的破坏，两者是对立的关系，而发展就是实现国内生产总值（GDP）的增长，经济发展好了人民才能幸福。在两个价值选择中，发展往往成为优先选择，环境被忽略甚至漠视。

我曾经在北方一个边远城市看到，被南方城市淘汰的造纸厂搬迁过来，成为纳税大户，同时污染着河流，当地人痛心而又无奈。这种现象近年终于开始改变，正像习近平总书记说的“绿水青山就是金山银山”，“经济完全可以与生态相伴而行，我们要努力发展经济，更要让伴随它的是青山绿水，是鸟语花香，是天朗气清，是经济生活与生态环境的和谐发展”，“那种要钱不要命的发展，那种先污染后治理、先破坏后恢复的发展，再也不能继续下去了”。在党中央的要求和推动以及现实生态环境恶化的触动之下，越来越多的人认识到，两者实际上是内在统一的，保护环境既是发展的需要，也是发展的条件，只有在保护好环境的条件下实现发展，才是可持续的发展。

党的十八大以来，中央提出了关于生态文明建设的一系列新理念、新思想、新战略，将生态文明建设作为“五位一体”总体布局的重要组成部分，从战略的高度加以推进，并明确提出“创新、协调、绿色、开放、共享”五大发展理念，强调坚持可持续发展，坚定走生产发展、生活富裕、生态良好的文明发展道路。围绕环保问题，习近平总书记几年来做出的重要批示指示达 200 多次。李克强总理在 2014 年的政府工作报告中提出，“要像向贫困宣战一样坚决向污染宣战”。2015 年，中共中央、国务院印发了《关于加快推进生态文明建设的意见》，这是继党的十八大和十八届三中、四中全会对生态文明建设作出顶层设计后，对生态文明建设的一次全面部署。几年来，党中央、国务院在解决当前突出的环境问题上，决心是坚定的，行动是坚决的，力度和深度都达到前所未有的水平。

其次，随着对治理环境的重要性、艰巨性和长期性的社会共识逐步形成，大家认识到需要持之以恒地去努力解决问题。过去几十年积累下来的严重污染已经成为一个痼疾，去疾如抽丝。西方发达国家完成工业化之后，用了几十年乃至上百年来解决环境污染。20 世纪 80 年代我在英国留学时，看到许多外表已经暗黑色的教堂等建筑，正在被一点点清洗，清洗出来的局部露出白色大理石的光泽，多年后再访问英国，看到这样的清理工作仍然在进行当中。英国泰晤士河等重要河流自 19 世纪工业革命开始遭受污染，曾经的鱼鸟成群消失了，水质恶化到臭不可闻，英国议会通过了多部法律，下决心综合治理，用了近百年才让这条英国的“母亲河”恢复了生机。我们这么大的国家，这么大的经济体量，各地千差万别，情况也更加复杂，除了必要的攻坚战，更要做好打持久战的准备，就如同李克强总理曾说过的，“解决生态环境问题，贵在行动，成在坚持”。

现任北京市市长陈吉宁是环境工程专家，他曾是十二届全国人大常委会委员，当时他在清华大学当校长。我们在同一个组参加全国人大常委会分组审议，我经常向他请教。他看问题专业、务实，我从与他的讨论中受益很多，我也会把自己写的文章拿给他看，听取他的意见。后来，2015 年他出任环保部部长，每年全国人大会议期间都邀请他做记者会，他从不推辞，态度坦诚，社会反映很好。从陈部长的记者会中不仅能了解到政策和思想乃至专业知识，还可以了解到环保部几年来所作的大量卓有成效的工作。

在 2017 年的人大记者会上，时任环保部部长陈吉宁说：“北京市 2016 年 PM2.5 平均浓度为 73 微克 / 立方米，比 2013 年下降 18%；2016 年，京津冀、长三角、珠三角 PM2.5 平均浓度分别为 71 微克 / 立方米、46 微克 / 立方米、32 微克 / 立方米，与 2013 年相比，分别下降 33.0%、31.3%、31.9%；2016 年 74 个重点城市 PM2.5 平均浓度是 50 微克 / 立方米，比 2013 年下降 30.6%”。

我想，这组数据是在党中央领导下，全国人大、国务院以及社会各界共同努力的结果，也是对全社会共同关注的雾霾问题的最好回答。我身边很多的朋友，包括我在内，近几年已经可以开始感受到北京优良天数在增加，重污染天气发生的频次在逐渐减少。我们应该看到，短短几年就取得这样的进展，已经有很大效果。当然，治理过程不可能一蹴而就，尤其在推进牵一发动全身的治理措施时，也需要考虑到方方面面的利益。但只要我们久久为功，就一定能够取得更大的成就。

最后，也是我想对每一位向我提过环保问题的记者朋友说的，要有信心。记得在 2017 年初与国内媒体座谈时，有一位年轻的女记者情绪激动地说："我去年有了自己的宝宝，听有的专家说解决雾霾问题需要 30 年，这让我很绝望，难道我们的孩子就只能在这样的环境中成长吗？"

我想，应该抱有信心，信心来自哪里？一是在中国共产党领导下的中国特色社会主义制度具有独特的优势，有解决难题的意愿、意志和能力，民之所望就是党和政府的施政所向，只要明确了方向，就能坚定决心，调动出有效的科学技术手段和行动力量。二是要对环保立法及其日益强化的监督机制和问责、追责机制逐步取得成效有信心，对这一套体系的顺利运作给予支持。三是有 13.7 亿中国人民共同的愿望和意志，当我们大家都认识到绿色环境是幸福生活的保障，当我们都强烈地渴望天蓝地绿水清家美时，当每一位国人都认识到自己既是环境的享有者，也是环境的维护者，并用实际行动去选择更绿色、更环保、更健康的生产和生活方式时，我们终将寻觅到一片属于每一个中国人的"桃花源"。

第二章
国防费、个人信息保护、反腐败

世界上哪儿的战乱是中国造成的？

2017 年 3 月 4 日上午 11 时 14 分，发布会在继续进行中。

11 点 14 分，美国有线电视新闻网（CNN）记者提问："我是 CNN 的，就来问一下那个'必答题'吧。您也知道，近年来中国军事实力不断增长，包括航母的打造、南海诸岛的岛礁的建设和军事部署以及武器装备更新等问题，都为包括美国在内的世界各国所关注。由于中国和一些邻国的领土争端尚未解决，中国军力的增长也让许多国家怀有戒心和一定的警惕。我的问题是，中国今年的军费开支会是多少，会有怎样幅度的增长？在经济增速放缓的情况下，军费增长的幅度较大会是出于什么样的考量？和美国总统特朗普最近宣布的大幅增加美国军费开支有没有关系？谢谢。”

CNN 记者用“必答题”来形容他提出的关于中国国防费预算增长幅度的问题，在现场引起一阵笑声，大家听出来他是在接我先前的话茬，对“人大新闻发布会上对外媒记者的必答题是国防费预算”的调侃。确实，在我成为全国人大新闻发言人之前，历任发言人与驻京外媒记者之间似乎形成了一种默契，外媒记者关注的头号问题就是中国国防费预算，年年如此。因此，在发布会上点到的第一个外媒记者，必定要问中国国防费预算的增长幅度。

西方媒体对中国这种由来已久的威胁感和戒备心，我在 2013 年第一次为新闻发布会做准备时，就明显地感受到了。在与外国驻京记者座谈时，我发现他们对全国人大新闻发布会关心的头等大事就是，能否在第一时间得到中国国防费预算数据。

按照全国人民代表大会会议的工作程序，2013 年 3 月 5 日上午大会开幕之后的第一项日程是国务院总理做政府工作报告，当天下午中央和地方的预算草案报告提交给全国人大代表们，准备审议。国防预算的数据是包括在这份预算草案报告里面的，而发布会是在大会开幕的前一天 3 月 4 日上午进行，外国记者期待在新闻发布会上，提前就能得到这个数据。

其实，部分外国记者对“中国威胁论”的表述套路已经轻车熟路，甚至提前就按惯性思维写好了文章，他们在新闻发布会上拿到这个数字之后，做个“填空题”就可以抢新闻头条了。这就是为什么出席发布会的外媒记者，尤其是西方记者，都期待尽早得到提问机会，拿到关于中国国防费预算增长的数据。

国防费预算的数据给不给记者？

一个现实的矛盾是，作为大会发言人，若在出席会议的全国人大代表看到预算草案报告之前，提前一天发布单项具体数据，难免有抢跑之嫌。2013 年 3 月，我在听取相关同事意见之后，决定在新闻发布会上不讲国防费预算数据。记得在那年 3 月 4 日的新闻发布会上，第一个得到提问机会的外国媒体是路透社，记者直截了当地问：中国国防支出规模有多大，增幅有多大？我在回应中重点讲了中国的国防政策和国防建设情况，回避了提供国防费预算的具体数字。2013 年 3 月 5 日，第十二届全国人大第一次会议开幕。当天下午，2013 年的预算报告提交给大会代表的同时，也向社会公布，外媒在这个时间得到了国防费预算数据。

出现的一个结果是，在 2013 年 3 月 6 日的国际新闻报道中，许多媒体的头条把注意力聚焦到了关于中国军力发展的相关问题上，而对政府工作报告和其他重要信息的报道则不那么突出。事后我与一些外国记者探讨，想了解为什么会出现这种情况。看起来，一个原因是，外界对中国军力增长的关注度比较高，关于中国国防费的报道有市场，国际媒体在这方面的压力需要得到释放，因此，外媒在拿到中国国防费预算的数据后，这方面的信息必然充斥媒体报道。另外一个原因是，外国记者拿到政府工作报告之后，短时间内难以理解和消化其中的大量内容，对他们来说，抓军费热点更容易一些。

新闻传播是一个双向互动的博弈，关键是要在我们想传播什么和媒体能报道什么之间找到最佳平衡点，既要争取多释放有效信息，又要适当契合舆论关注焦点，确保信息接口是联通的。我对何时和如何发布国防费预算数据的问题重新进行了考虑，再次与同事进行了研究，我们的结论是，为了避免外媒对中国国防费的集中报道与对政府工作报告的报道发生在同一天，关于国防费预算的信息还是应该提前释放；但是，考虑到程序上的限制，不能提前提供非常具体的数据。基于综合评估，比较稳妥的是在新闻发布会上提供一个大约数据。

经请示和协商，我在 2015 年的新闻发布会上做了新的尝试。那一年的实际国防费预算增长幅度是 10.1%，我在新闻发布会上透露“大概 10%”。这个做法基本满足了外国媒体对中国国防费预算数据的需求，也规避了抢跑之嫌，还能保证大会开幕当天媒体报道总理政府工作报告的注意力不受到大的干扰，之后就延续了这个做法。另外，为了引导外媒记者更好地报道政府工作报告，我们进一步改进了工作，例如，在大会开幕之前邀请国务院研究室负责人向外国驻京记者做介绍，讲解政府工作报告通常的结构和框架；邀请专家介绍中国经济、金融形势等。国务院新闻办公室也会在大会之前连续举办新闻发布会，邀请各部门领导就中国经济社会发展的方方面面向中外记者做说明，在 3 月 5 日总理做完政府工作报告之后，立即邀请各部门领导向记者详细解读报告等。这些做法比较好地增进了中外记者对大会和政府工作报告的了解，便利了媒体的报道。

2017年对国防费预算问题的回答

2017年“两会”开始之前，外界一直在猜测中国国防费预算的增长，不少媒体猜测中国要大幅度提升国防费预算，据说是因为美国新任总统特朗普在2月底发表的讲话中强调，美国新财年预算的重点是军事、安全与经济发展。他将要求国会把国防费预算大幅提高约10%，同时削减非国防领域的支出，对外援助经费也将缩减。外界认为中国为了应对美国在国防费预算上的变化，也会做出相应调整，增加这方面的投入，具体是多少，大家拭目以待。这显然是把中国和美国的军备发展放在对立角度看待而得出的一种结论。

实际上，中国国防建设有自身发展的逻辑和轨迹。2017年中国国防费预算的增长幅度是7%，占国内生产总值的1.3%，这是中国国防费预算自2011年到2015年维持两位数增长之后，连续两年下降到一位数增长，2017年7%的国防费预算比2016年7.6%的增幅还略低了一些。中国国防费预算的制定依据两个主要因素，一是国防建设和发展的需要，二是国民经济发展的水平。在和平的大环境之下，中国历年国防费预算基本上与中央本级预算相适应，不会相差太多。

在2017年的新闻发布会上，CNN记者的提问不仅涉及中国国防费预算，还包含了很多其他内容，可以说是有许多潜台词在里面的。例如，他提到了中国打造航母、提升军备，还提到南海问题和领土争端，从中反映出美国人对中国的疑虑。当发言人面对一个多角度的提问时，需要注意的是不被问题拽着走，避免陷入对记者提问细节一一作回应的境地，那样让人听起来像是在做辩解，显得缺乏自信，而且难免有遗漏。最好能尽快确定问题的中心要点是什么，判断提问的立足点是否成立，如果不成立，可以直接质疑这个提问的合理性，其他附带的问题也就不攻自破。同时要找到合适的切入点，把话头引入自己的轨道，自然而然地释放准备好的信息要点。

对于 CNN 记者的提问，我回答道：

每年中国政府是根据国防建设的需求和我们国民经济发展的水平来确定我们国防费的规模，2017 年中国国防费增长的幅度是 7% 左右。我们国防费在 GDP 中占的比重是 1.3% 左右，这些年一直处于这个水平，这是财政部给我们提供的准确的数据。你刚才提到美国主张要提高经费，美国军费已经很大了，我（上个月）去慕尼黑参加安全会议，北约也在强调要把他们每个成员国的国防费占的比重都提高到 2%，我不知道你们怎么评估这个趋势，是不是也问问他们是什么考量。

你说到对中国的戒心，我想在中国很多人肯定是很不理解的。看看过去这十多年，世界上发生了那么多的冲突，甚至是战争，造成了严重的大量的人员伤亡、财产的损失，那么多难民流离失所，哪个是中国造成的？中国从来没有给任何国家带来任何伤害。你关心的中国周边存在的这些领土主权、海洋权益的争议问题，我们主张要对话和平解决，同时我们要拥有保卫自己主权和权益的能力。尤其你也注意到，我们确实要防范外部力量介入争议问题。中国能力的增强是有利于维护这个地区的和平和安全的，而不是相反。现在在这个争议问题上，最近的趋势很明显，中国和东盟一些国家已经回归了对话商谈的轨道，南海的局面也是趋于缓和的，未来形势如何发展要看美国的意图，美国在南海的活动具有一定的风向标意义。

在南海问题上，拿南海航行安全说事，我认为是误导。去年7月我到英国去访问，对这个问题议论很多，我们同行的一位法律专家专门查了一下，英国伦敦金融城的信息显示，南海没有被列为高危地区，而且没有任何数据显示有哪个国际上大的保险公司对途经南海的航船、商船增加保费，南海航行安全的担心是从何而来？

我们去年在那儿访问的时候也了解到，路透社调查显示，有一些航运公司认为中国在这个区域的存在实际上是有利于安全的。所以我想，从根本上讲，不知道你同意不同意，美国恐怕还是担心中国从能力上赶上或者超过美国。实际上中国作为一个发展中国家，跟美国在能力上差距是很大的，但是中国的军队发展建设是要继续下去的，这是我们保卫国家主权、安全的需求。

军队跟军队之间是不是构成威胁，是不是要有戒心，关键要看他们的战略意图，这是要认真探讨的关键问题。也就是说，是要追求共同安全还是排他性的安全。习近平主席提出的中国的理念是维护共同的安全，这也是许多亚洲国家的一个共识。谢谢。

回答这个问题用时 4 分 49 秒钟，约 940 个字。

这段回答，特别是关于国防费增长幅度和南海问题的内容，当天被国内外媒体给予了比较充分的报道。我可以对当时的应答思路做个详解。

虽然 CNN 记者的这个提问的风格是批判性的，甚至具有一定的攻击性，我选择首先心平气和地给出中国国防费预算的大致数据，然后用对国防费占国内生产总值比重的对比，破解了 CNN 记者提问中预设的质疑。而这个回应中的关键点是，到底是谁给世界带来了威胁："世界上发生了那么多的冲突，甚至是战争，造成了严重的大量的人员伤亡、财产损失，那么多难民流离失所，哪个是中国造成的？"这一问把美国放在了被质疑的位置上，给我要表达的其他内容赢得了一个反客为主的立足点。

对于涉及中国在周边和南海等问题上的政策和立场，我过去在国际场合多次回应过，一些事实和数据基本上可以信手拈来。所以，在回应时找好了立足点，就可以顺势表达，用具体事实来说明我的观点。讲到结论的时候，我把话头收回来，放在了中国主张的共同安全的理念上。

外媒向中国人提问时，常常会采取质疑和批评的态度，我每次面对这样的情况时心里总觉得憋闷，为什么总把中国推到一个被诘问的位置？而中国对这个世界做过什么损人利益的事情吗？冷战结束后的这些年，美国及其盟友一而再、再而三地动用武力，给多少国家带来了不可挽回的损害，为什么还能站在道德高地上质疑其他国家？在与团队的讨论中，大家都有这样的情绪和不满，我相信镜头背后的中国公众也会有相同的看法和感受。问题在于，在全国人大新闻发布会这样庄重的场合，面对外媒的攻击性提问时，如何以理服人，同时又能表达中国人的内心感受。我经常在散步时思考，在心里编排出一些表达的"意群"，设想外媒提问的各种角度和我的回应方式。我的经验是，面对错误的质疑，可以选择的方式之一是用质疑来回应质疑。当然，首先要掌握信息和知识，对任何问题都需要不仅知其然，也要知其所以然，争取以理服人。

中国国防费

在冷战期间的相当长时间内，中国一方面与"美帝国主义"相抗衡，另一方面面临苏联"霸权主义"大军压境的威胁，国防费的增长一直处于高点。进入冷战后期和中国改革开放之初，大国关系缓和，中国的外部环境得到改善。1984 年 5 月，邓小平提出，现在世界上问题很多，有两个问题比较突出。一是和平问题，二是南北问题，南北问题就是发展问题。党的十三大确认和平和发展是世界"两大主题"。

当时，为了集中保障改革开放和经济建设的需要，国防建设要让位于经济建设的需要，国防费在国家财政支出中的比例由 1978 年的 17.37% 递减至 1984 年的 10.63%，国防费占国内生产总值的比例由 1978 年的 4.6%，下降到 1984 年的 2.13%。1978 年中国国防费为 168 亿元人民币，到 1985 年上升到 192 亿元，8 年间只增长了 24 亿元，年平均增长率为 1.78%。随着中国国内生产总值的持续增长，国防费在其中所占比重继续下降，1996 年降到 1.01% 的低水平。

有学者把 1986 年到 1998 年看作中国军队的“忍耐期”，这个时期的年度国防费基本上处于维持军队日常开支的水平，很多装备常年得不到更新。我曾经多次在访问地方省份的时候去部队座谈和参观，看到他们自己养猪种菜，搞自给自足。从 1999 年开始，随着中国经济恢复和进入高速发展的轨道，也考虑到国际环境的变化和维护国家安全的需要，中国开始调整国防费的增长幅度，以弥补此前增长幅度过低的“欠账”，国防费年平均增幅提高到 10% 以上，一段时间甚至略高于国内生产总值的增长幅度。但仍然属于补偿性增长，重点是满足军队提高人员待遇和更新装备的需要。

进入 21 世纪，伴随着中国经济的增长和中国国防费的逐步增加，中国军队无论从武器装备、人员素质，还是战备水平等方面，都开始取得长足的发展和进步，国防现代化成就显著。中国军队的主要作战平台，例如舰艇、飞机、坦克等，都开始跻身世界一流行列，海外行动能力显著增强，在维和、国际护航、撤侨、救援等方面开始发挥重要作用。2015 年，在党中央和习近平总书记的战略部署和决策指引下，中国国防和军队改革正式拉开帷幕。根据改革总体方案确定的时间表，2020 年前要在领导管理体制、联合作战指挥体制改革上取得突破性进展，在优化规模结构、完善政策制度、推动军民融合发展等方面的改革要取得重要成果。可以预见，军改后的中国军队将在专业化、职业化和能力水平上得到更大的提升。即便如此，整体而言中国军队的装备水平仍远远落后于西方发达国家，与美国的差距更大，国防现代化仍然在路上。

目前中国国防费的增加与国民经济发展的基本趋势是相吻合的，而且，有鉴于中国经济总量的扩大，虽然国防费在增长，其占国民生产总值的比重并没有大的增加，长期维持在 1.5% 左右。近年中国经济增速放缓，国防费的增长幅度也随之相应调整。根据《2016 年预算草案报告》，2016 年中国国防费预算为 9540 亿元，同比增长 7.6%，低于 2015 年的 10.1%。到了 2017 年，中国财政拟安排国防支出 10443.97 亿元，比 2016 年执行数增长 7%。其中，中央本级拟安排国防支出 10225.81 亿元，比 2016 年执行数增长 7.1%。

外界，尤其是西方战略界和媒体对中国的实际情况缺乏了解，也不愿认真研究，对中国国防费增长幅度和军备发展一直缺乏客观理性的态度，热衷于片面炒作。例如 2015 年 3 月 4 日法新社的报道称，中国军费延续每年两位数的增长，反映出中国巨大的军事雄心，北京“在与日本和其他国家的一系列领土纠纷中展示自身的军事和经济实力”。同日路透社发表“中国军费增长不受经济增长放缓制约”的报道，声称随着中国加大对潜艇和隐形战机等高科技装备的投入，本财年军费增幅达到 10%，超过经济增长速度，“引发地区担忧，特别是当中国在东海和南海主权纠纷中采取强硬立场之际”。西方媒体对中国军费的报道搞“双重标准”，不考虑中国的实际情况，更不了解、恐怕也不关心中国国防建设的需要和实际情况。他们的说法也难免会影响到西方社会公众的看法。

关于“中国威胁论”

“中国威胁论”作为西方世界观察中国的一个习惯性视角，多是源于对中国的不了解和错误认识，甚至是刻意地曲解。苏联解体、东欧剧变之后，美国领导的西方世界自以为赢得了冷战，可以独行天下了。然而，共产党领导下的中国不仅没有垮掉，反而实现经济快速增长、综合国力显著提升、军事力量逐渐增强，国家日益强盛起来。对此，美国、日本和欧洲一些国家感到很不适应，一直找各种说辞批评中国，关于“中国威胁论”的版本很多。

其中，“中国军事威胁论”是近年对中国关注的重点。进入21世纪，中国军力的发展开始引起美国战略界高度关注，媒体报道也增多。自2000年以来，美国五角大楼每年都向国会提交中国军力情况报告，国会研究局自2008年以来，每年发布《中国海军现代化对美国海军的影响》报告，渲染中国的挑战与威胁。美国国会为此频频举行听证会，提出各种针对性提案，在这个过程中，中国人的观点和立场基本是听不到的。美国智库每年发布数十份关于中国军力发展的报告，炒作多种多样的“中国军事威胁论”，包括太空、潜艇、网络和信息安全威胁，等等，最多被引用的概念是中国“反介入/区域拒止”威胁。

所谓“反介入”是指通过反舰弹道导弹、反舰巡航导弹、高性能战斗机、先进水雷、静音潜艇、反卫星武器、网络武器等手段，迫使美军不得不在远离中国大陆或这些武器的有效射程之外活动，从而丧失对中国近海危机的介入能力。“区域拒止”指的是第二层次的选择，即，若战时不能阻止美军自由进入，则争取迟滞，或者通过袭扰来降低美军的行动效率。近些年来，这些概念在美国观察家的评论、军方的各类报告中被越来越频繁地使用，被美国战略界上纲上线，成为置于最优先关注的威胁。奥巴马政府 2009 年实施“转身亚洲”和“亚太再平衡”战略后，这些概念进一步成为美国批评中国国防政策的重要舆论抓手。

进入 21 世纪第二个十年，所谓“海上威胁论”成为“中国威胁论”的核心议题。美国媒体对中国在领土主权和海洋权益上的合理主张和要求鲜有报道。大量的美国政要讲话、官方文件、国会听证会、智库报告等，都是从“中国威胁论”的视角看待和评论中国与邻国的海上争议，指责中国在南海、东海搞“海上扩张”和“海上胁迫”，批评中国改变现状和破坏地区秩序。

日本安倍政府上任以来，从未认真面对与中国的钓鱼岛领土争议问题，而是借题发挥，把领土争议放大成中国对整个日本的威胁。日本在每年的《防卫白皮书》等官方文件中，用大量篇幅谈论中国“海上扩张”、日本安保环境日趋恶劣等。我在美国出席一个研讨会时，曾与日本驻纽约总领事同台发言，他的讲话通篇都是“中国威胁”，列举的事情似是而非，当我问到具体事实时他却说不上来，显然是在依照口径讲。而据说他是当地各种场合的常客，到处这样讲。一些美国国会议员的助手也告诉我，他们得到的来自日本、越南和菲律宾的关于中国海上威胁的信息资料“相当丰富”。在美国、日本等国舆论的大力推动之下，关于中国“海上威胁论”的说法影响很大，也波及世界其他地方的舆论。在欧洲的媒体上也充斥了关于中国威胁周边国家的说法。

2014年关于“中国威胁论”的国际舆论达到一个新的高峰，伴随对第一次世界大战的纪念性回顾和研究，美欧学者出版了一系列回顾历史的书籍和文章。我印象比较深的是克里斯托弗·克拉克（Christopher Clark）的《梦游者：欧洲在1914年如何走向战争》（*The Sleepwalkers：How Europe Went to War in 1914*）和玛格丽特·麦克米兰（Margaret MacMillan）的《终结和平的战争——通往1914年的道路》（*The War That Ended Peace：The Road to 1914*）等，从细微历史事件的演进和相互作用的角度，分析导致战争的原因和轨迹。这期间的国际研讨多涉及中国，强烈暗示在亚洲发生冲突的可能性，甚至有学者撰文直接将今日中国的经济强盛和民粹上升状况，类比20世纪初的德国，认为十分相似，有文章直言不讳地讨论“亚洲的梦游者”问题。

然而事实上，西方世界关注的所谓“中国威胁”，与我国的实际情况大相径庭，显示出外界对中国的发展和中国的安全利益缺乏了解。而炒作“中国威胁论”，也刺激了中国民众对西方的不满和警惕。

毋庸讳言，中国的成长道路将长期与外部世界各种形式的关注相伴随，而“中国威胁论”恐怕也是我们很难甩掉的烦恼。任何一个大国在崛起过程中都不可避免地要面对外界的种种质疑，更何况在政治制度、价值体系、发展道路等方面并不见容于西方世界的中国。重要的是，面对各式各样的“中国威胁论”，我们需要积极主动地发声，通过讲好、讲对、讲全“中国故事”来对冲和化解负面舆论的影响。外界对中国的一些指责和不满，有的是需要及时解释澄清的误解，有的则是需要解决和处理的具体问题。无论是哪种情况，不及时处置，任由别人去讲，积累起来就会成为形象负担，干扰中国走向世界大国的前进道路。同时，我们要言行合一，用中国和平发展、包容发展、繁荣与共的事实说话，毕竟，没有什么比事实更能说服人、打动人。

公民的个人信息受法律保护

2017 年 3 月 4 日 11 时 21 分，人民大会堂的发布厅，新闻发布会还在继续进行中。

11 时 21 分，主持人点到了《南方都市报》记者。

问："去年几起网络电信诈骗案件酿成的悲剧引发社会高度关注，我们对此也进行了深入的调查报道，发现背后的源头是个人信息泄露。新闻发言人，将于今年 6 月 1 日起实施的《网络安全法》将对个人信息的保护起到怎样的作用？多年来，一直有人大代表呼吁制定一部专门的《个人信息保护法》，请问有没有这方面的立法规划？"

记者提到的"去年几起网络电信诈骗案"，最受关注的一例是徐玉玉案。这位家境贫寒的山东女孩好不容易考上了大学，刚要开始人生新的征程，就接到冒充校方催交学费的诈骗电话，把家人辛辛苦苦凑齐的学费转账给了骗子。她承受不起这种巨大的打击，在报案过程中心脏骤停，经抢救无效不幸离世。事件经媒体披露后激起公愤，对电信诈骗的声讨一时成为压倒性的社会热点。公众质问电信诈骗为何迟迟得不到根治，重点关切指向一个问题：是谁用什么方式把公民的个人信息泄露给了骗子？他们何以屡屡得手？有记者调查发现，花 700 元就能买到同事入住酒店的记录、实时行踪等信息，认为个人信息安全保护存在漏洞，对电话、短信营销等行为缺乏监管与法律规范。媒体对将于 2017 年 6 月 1 日实施的《网络安全法》高度关注，希望了解这将对个人信息安全保护起到怎样的作用。有人大代表连续多年呼吁制定《个人信息保护法》，媒体想知道全国人大有没有这方面的立法规划。

我这样回答：

确实最近媒体上报道有很多泄露个人信息方面的情况，挺令人震惊的。随着互联网的发展，大数据时代的到来，确实大大地方便了人们的生活，但同时也对保护个人信息提出了严峻的挑战，这恐怕也是一个全球性的问题。

中国是互联网大国，我们可能面对的情况、形势甚至是挑战都更加严峻也更加复杂。从治理的角度，我们国家对你刚才问到的法律，采取的方式是在多项法律中关注和强化对个人信息的保护，比如 2012 年人大常委会就通过了关于加强网络信息保护的决定、2015 年《刑法》修正案（九）中有对个人信息保护的规定，去年我们制定《网络安全法》，也确定了个人信息保护的基本规则，明确要求网络运营商不能搜集那些跟它提供的服务无关的个人信息。另外，没有得到相关人的允许，也不能把信息转让给其他人。

在我们马上就要审议的民法总则草案中也明确规定了自然人的个人信息受法律保护，正在审议的电子商务法中也纳入了保护消费者个人信息这样的规定。今年准备对《网络安全法》开展执法检查，关注的重点之一就是现在社会上特别关心的问题，就是非法向他人提供个人信息和网络欺诈。通过执法检查，要推动更加严格的执行法律。确实现在新技术、新商业模式发展很快，对立法也提出了新的挑战，我们，还是要不断地完善我们的法律制度，跟上时代发展的需要。谢谢。

回答这个问题用时 3 分 20 秒钟，约 525 个字。

化繁就简

对事物的理解时常需要“解剖麻雀”。对公民个人信息保护问题答问要点的准备过程，可以被视为一只有代表性的“小麻雀”。

什么是一场理想的新闻发布会？人们容易被“发布会”这个名字误导，将它理解成一种单向的传播方式——发言人向公众发布事先拟定的新闻稿或者信息。在现实生活中，能够满足大家期待的一场成功的新闻发布会，应是一个双向互动的过程，记者能够提出公众最关注的问题，发言人能够给出权威和有说服力的回应。而要达到这样的效果，无论对记者，还是对发言人来说，充分的准备都是必不可少的。

我的体会是，发言人的准备工作起码要包含三个环节：首先，需要在前期与媒体沟通，尽可能充分地了解媒体和社会的关切所在；其次，针对公众关心的问题，收集信息和材料，据此准备好回应的要点；最后，通过发布平台有效释放信息，实现传播目的。我为全国人大新闻发布会做准备时，主要是寻找以下问题的答案：公众关心的问题和媒体追逐的热点是什么，相关问题的事实是什么，解决问题的办法是什么，已经确定的政策是什么，立法和执法的情况怎么样。

所以，我首先需要持续跟踪和关注社会重大事件。2017 年初，个人信息保护问题成为社会热点，我把它纳入了准备回应的重点问题之一。对我来说，无论面对什么问题，切入点和叙事的角度不能脱离全国人大及其常委会的立场，我需要围绕已经做的、正在做的和将要做的工作，构建对社会关切的回应，力求增强公众的信心。当然也不能回避存在的问题。

如果记者在我的新闻发布会上提出个人信息保护方面的问题，他们希望了解的应该是人大怎么看和怎么做。所以，我选择重点向公众介绍人大立法方面的作为。首先是 2012 年 12 月 28 日通过的《全国人民代表大会常务委员会关于加强网络信息保护的决定》（以下简称《决定》）。《决定》第一条规定："国家保护能够识别公民个人身份和涉及公民个人隐私的电子信息。任何组织和个人不得窃取或者以其他非法方式获取公民个人电子信息，不得出售或者非法向他人提供公民个人电子信息。"选择讲这个《决定》，一是因为它时间早，二是因为它级别高，在我国法律体系中，全国人大及其常委会制定的法律位阶最高。《决定》是全国人大及其常委会首次专门针对信息保护问题做出规范，不仅显示了对个人信息保护的重视，也为接下来的其他法律法规的制定和修改提供了法律依据。

在此基础上，我觉得还需要介绍的是2015年和2016年刚刚通过的两部法律——《刑法》修正案（九）和《网络安全法》。《刑法》修正案（九）中有关个人信息保护的内容主要体现在对刑法第253条之一的修改。修改后的刑法第253条之一为："违反国家有关规定，向他人出售或者提供公民个人信息，情节严重的，处三年以下有期徒刑或者拘役，并处或者单处罚金；情节特别严重的，处三年以上七年以下有期徒刑，并处罚金。违反国家有关规定，将在履行职责或者提供服务过程中获得的公民个人信息，出售或者提供给他人的，依照前款的规定从重处罚。窃取或者以其他方法非法获取公民个人信息的，依照第一款的规定处罚。单位犯前三款罪的，对单位判处罚金，并对其直接负责的主管人员和其他直接责任人员，依照各该款的规定处罚。"

旧刑法第253条之一是由2009年《刑法》修正案（七）增加的，内容是："国家机关或者金融、电信、交通、教育、医疗等单位的工作人员，违反国家规定，将本单位在履行职责或者提供服务过程中获得的公民个人信息，出售或者非法提供给他人，情节严重的，处三年以下有期徒刑或者拘役，并处或者单处罚金。窃取或者以其他方法非法获取上述信息，情节严重的，依照前款的规定处罚。单位犯前两款罪的，对单位判处罚金，并对其直接负责的主管人员和其他直接责任人员，依照各该款的规定处罚。"

对比新旧法条可以发现，旧刑法第253条之一仅针对"国家机关或者金融、电信、交通、教育、医疗等单位的工作人员”这些特殊主体，而《刑法》修正案（九）则突破对犯罪主体的限制，将之扩大到一般的主体和单位。换言之，任何主体只要符合法定要件，都会构成犯罪。此外，《刑法》修正案（九）还将最高刑从三年提升至七年，体现了更有力的震慑作用。

2016 年 11 月通过的《网络安全法》则包含了更多对个人信息保护的规定。比如要求网络运营商建立健全用户信息保护制度；明确运营商收集、使用信息的原则、规则、目的、方式和范围；要求运营商不得收集与其提供的服务无关的个人信息；不得泄露、篡改、毁损其收集的个人信息；未经被收集者同意，不得向他人提供个人信息等。

根据全国人大常委会 2017 年工作计划，全国人大常委会将会对《网络安全法》展开执法检查，重点之一就是个人信息泄露和网络欺诈。我把这一信息也纳入了对这个问题的答问要点。在正在制定的民法总则中，也包含了这方面的内容，总则草案第 114 条规定：“自然人的个人信息受法律保护。任何组织和个人需要获取他人个人信息的，应当依法取得并确保信息安全，不得非法收集、使用、加工、传输他人个人信息，不得非法买卖、提供或者公开他人个人信息。”在民法总则中明确写入个人信息保护条款，无论是实践还是象征意义都很重大。李建国副委员长在对草案进行说明时也专门提到：“在信息化社会，自然人的个人信息保护尤其重要，草案对此做了有针对性的规定。”

上述内容，就是我考虑回应涉及个人信息保护问题时需要介绍的主体内容。但是，难点在于如何把这些法律方面的原始材料转化成四五百字的口语化答问要点，如何在不丢失核心信息和内容的前提下尽可能简洁，尤其是如何把大量法律内容、条文和术语转换成通俗易懂的大白话。考虑到记者提问角度和方式的不可预测性，我需要构建起内容精炼的核心信息，其他表述则要根据现场记者提问的情况临时考虑。

团队中的小左是学法律的，他对这个问题兴趣浓厚，一向很关注，收集的资料扎实全面，看法也有独到之处。我们一起商议如何化繁就简，在这个过程中也不乏争论。我总是希望用尽量简洁、通俗的语言表达那些法律概念，避免过多使用“法言法语”，这样不仅有助于自己记忆，也能让镜头后面的老百姓更容易听得懂、听得进去。当然，对一些无法回避的具体条文，我只能现场从电脑中调取原文来念。

围绕个人信息保护的问题，国际上大致存在两种立法思路：一种以欧洲为代表，主张专门立法，制定单独的《个人信息保护法》，欧盟 2016 年通过的《通用数据保护条例》是这方面的标志性法律。另一种是以美国为代表的分散式立法主张，即在各个法律中分别进行具体规定和保护。两种思路各有所长，我国的立法思路更接近后者。所以，我在回应记者时说明，我们是“在多项法律中关注和强化对个人信息的保护”。至于我国是否会进行专门立法，以及如何进一步完善对个人信息的法律保护，在现阶段还没有形成更加明确的共识，需要更多地观察、研究和讨论。因此，我采取了开放性的态度，在回应记者时说：“确实，现在新技术、新商业模式发展很快，对立法也提出了新的挑战，我们还是要不断地完善法律制度，跟上时代发展的需要。”

现代社会，大数据、人工智能等新技术的发展方兴未艾，各种新的商业模式也层出不穷，这无疑对立法工作提出了更高要求。党的十八届三中、四中全会均提到了“提高立法质量这个关键”，本届全国人大常委会也一直强调提高立法质量，突出立法重点，加快立法步伐，完善立法机制，提升立法效果。在全国人大工作这五年，我深深体会到了立法工作的复杂性和专业性，认识到立法者既要积极作为，也要审慎稳妥，在理性与经验以及不同利益和价值之间，尽可能找到平衡点，通过科学立法、民主立法和依法立法，使法律能够与时俱进地反映社会现实。

回应经济领域的关切

在各类社会热点当中，经济领域的问题在第十二届全国人大期间一直受到关注。2016 年是我国国民经济和社会发展第十三个五年规划纲要（简称“十三五”规划）和全面建成小康社会决胜阶段的开局之年，临近年底，经济逐渐向好的趋势明显。国家统计局的数据显示，工业企业效益改善，高技术和高端装备制造业快速增长，以互联网经济为代表的新经济业态活跃，供给侧改革取得积极进展。

不过，2016 年也是不平凡的一年，虽然经济增长达到甚至好于预期，但是前三季度增长速度只有 6.7%，是近二十多年来最低的。美元对人民币汇率从年初的 6.4 左右一路攀升到接近 6.9，资金外流有所加快。另外，企业负担伴随经济下行更加凸显，社会上出现关于企业税负是否过重、对劳动者保护是否过度的讨论。从外部来看，贸易保护主义和逆全球化趋势的出现，让世界经济增添了不确定性。

在这样的背景下，社会大众对全国人大及其常委会在经济领域的立法和修法有更多关注和期待，媒体也希望“两会”能够对热点问题给予回应。

2017 年初，社会对经济领域的关注集中在六个突出问题上：《证券法》的修订和股票发行注册制改革进程、《中小企业促进法》的落实、“死亡税率”问题、《劳动合同法》与企业用工成本、个人所得税和收入分配问题、房地产税立法问题。

对于发言人来说，最难的是去讲自己不懂的问题。有一次张德江委员长向我问起新闻发布会的准备情况，听了我的汇报后，他坦率地说：“你熟悉国际问题，但是对经济问题可能不太熟悉，要好好准备，多花点功夫。”

的确，经济不是我擅长的领域，回应经济方面的问题需要下更大功夫才行。

一直到临近发布会，我对这方面问题准备的答问要点并不理想，显然自己对一些问题的了解和认识还不够深入，有些方面没有把握住问题的关键，或者不掌握最新动态。比如企业负担的问题，我国的企业税费到底是不是过重？专家们看法不同，政府部门也有自己的观点。为什么会有这么多分歧，背后的缘由是什么？

再比如《证券法》，2015 年 4 月对修订草案进行了第一次审议，至今没有再审过，如果 2017 年不进行第二次审议就会成为废案，以后修改就要从头再来。这方面的打算是什么？全国人大常委会 2015 年 12 月授权推进股票发行注册制改革，期限为 2 年，国务院主管部门能否在 2017 年向全国人大常委会作中期报告？这些问题关系到我国资本市场的发展和改革的推进，牵涉到公众的利益。

还有就是房地产税的立法问题，这一向是敏感和被广泛关注的大事，全国人大常委会已经把房地产税法列入了 2017 年立法计划的预备和研究论证项目。

在新闻发布会上如何回应这些问题，需要稳妥把握。

我觉得有必要向专家请教，就组织了一次小范围专题座谈会，邀请相关部门，包括全国人大常委会法工委、预算工委以及财政部、国家税务总局等部门的同志一起深入讨论。他们把各类问题的来龙去脉、法律制定过程中存在的难点，以及为解决问题所做的努力和相关考虑做了比较详尽的说明。我在这个基础上大量查找和阅读相关报道和分析文章，对一些关键问题找到主管领导直接咨询，心里的图景慢慢清晰起来，对回应这些经济热点问题也有了一些底气。我和团队商量，虽然我们对记者在新闻发布会上可能提出哪些经济问题无法准确预测，但是可以考虑打包回应同类型关切，比如对中小企业问题的关切，可以与企业负担问题结合起来谈；对个人所得税方面的问题，可以从改革的角度阐述。

在 2017 年的人大新闻发布会上，经济问题确实成为关注热点之一，记者提出的问题当中，有三个涉及经济方面。第一个是新华社记者提问："减税降费是近期的一个热点话题。我们注意到，一方面党中央、国务院减税降费的力度很大，另一方面相关企业感受并不强，而且有的总喊疼。您如何看待这种落差和矛盾？我们也调查发现，很多企业负担重的背后，费是一个很重要的原因。2017 年全国人大如何监督政府部门进一步向社会公开收费清单，清理不合理的涉企收费，并压减政府行政性开支？"

我回答：

你提到的这个问题也是最近社会上，尤其是企业界讨论比较多的一个问题。我记得前天政协会议发言人王国庆在政协新闻发布会上对这个问题也做了一个相当专业的说明，到底是税的问题还是费的问题，很多人认为还是费的问题多一些。

我觉得这个讨论本身就有利于寻找解决问题的路径，中国的发展，我们经济发展，首先是企业的发展，这些年经济下行压力比较大，国际环境也不一样了，企业对税费更加敏感，所以这方面的议论也多一些。总的来看，减轻企业负担涉及振兴经济，这也是最近这一段改革要重点解决的问题。

我看到报道，最近中央财经领导小组会议明确提出，要努力把企业负担降下来。我们人大常委会去年三次打包一揽子修订一些法律，下放和取消了一系列的行政审批和资格认定，也都是着眼于这样的改革的。另外，我们最近在修订《中小企业促进法》，也着眼于减轻中小企业的负担。另外，今年人大常委会将围绕规范非税收入开展专题调研，推动企业非税收入管理的规范化、法治化，加强对政府全口径预算决算的审查和监督。我国的税收制度确实也需要不断地完善，按照我们目前的规划，2020 年要实现税收法定，所以总的目标是一致的，就是为企业健康发展提供一个好的环境。谢谢。

回答这个问题用时 2 分 25 秒钟，约 490 个字。

这个回应的第一段和第二段是顺着记者的提问进行引导，表达了态度和立场，第三段则主要是人大相关立法情况，是我回应这方面问题的关键信息。

第二个提到经济问题的是《经济日报》记者，问："数据显示，我国的股民现在已经超过了 1 亿人，如何保护小散户的利益，法律必须完善。我们了解到，早在 2015 年初，《证券法》的修订就已经启动，准备加大对股市的规范，但是就在同年股灾发生，随后法律的修订似乎就停滞了。我想请问发言人，在今年立法计划中是否会包括《证券法》的修订，有哪些具体的安排和考虑？"

我回答：

你记得很对，《证券法》修订草案是 2015 年 4 月提交给人大常委会进行审议的，那是初次审议，之后 2015 年底人大常委会授权国务院实行股票发行注册制改革，现在初审过去快两年，根据目前的安排，今年 4 月份《证券法》修订草案应该能够再次提请人大常委会进行审议。

《证券法》的修订关系到我们国家资本市场法律制度的顶层设计，所以它涉及的问题比较复杂，也关系到保护投资者的权益。特别是 2015 年大家都记得的那次证券市场的异常波动，之后暴露出一些新的问题，需要总结经验教训，需要重新进行论证。人大常委会法工委听取了各方面的意见，也会同有关部门进行了重新的研究，现在对《证券法》修订草案重新做了修改，所以 4 月份提请审议应该是有把握的。

回答这个问题用时 1 分 41 秒钟，约 290 个字。

这个回应中的核心信息是我从证监会了解到的，人大法工委的同事也向我确认过《证券法》修订的进程。对这类非常专业的问题，必须提前做充分的调研和准备，否则临时信口讲是很容易出问题的。当然，如果遇到没有准备到的问题，最好是承认：我不了解。

第三个是《法制日报》记者提问："我们注意到去年以来房价是一个特别敏感的问题，很多观点认为如果出台房地产税会有利于控制房价。而且我们也注意到，关于房地产税法的出台已经说过好几次了。我们想问的问题是，2017 年房地产税法会不会列入我们的议事日程当中，我们距离房地产税法到底还有多远？"

我回答：

这个问题最近比较热，我前两天专门查找了这方面比较权威的信息。首先，加快房地产税立法并适时推进改革，这是在党的十八届三中全会提出的改革任务中列出来的，所以本届人大常委会把制定房地产税法列入了五年立法规划。当然这部法律涉及面比较广，也涉及方方面面的利益，所以围绕这个问题的讨论是比较多的。根据我的了解，我们今年没有把房地产税草案提请常委会审议的安排。

这个回应用时 51 秒钟，约 175 个字。

反腐败没有禁区

2017 年 3 月 4 日 11 时 29 分，发布会在继续进行中。

中央人民广播电台的记者提问："去年底，全国人大常委会表决通过了关于在北京、山西、浙江开展国家监察体制改革试点工作的决定，现在一些试点地区已经成立了新的反腐败机构——监察委员会。我想问的是，全国人大常委会将如何发挥职能作用，确保监察委员会依法依规行使权力？另外，国家监察体制改革是事关全局的一次重大政治改革，为了使这项改革进一步顺利开展，全国人大及其常委会是否有修改宪法的考虑？"

这个问题涉及反腐败和国家监察体制改革。在我担任第十二届全国人大新闻发言人的五年里，关于反腐败的问题在每年的新闻发布会上都会遇到，而且没有国内国外之别——无论国内媒体还是国际媒体，虽然关注的具体事情有所差异，但是对这一话题都十分关心。

这些年反腐败工作波澜壮阔，每年都取得新的重大进展，已经形成反腐败斗争的压倒性态势，制度建设是第十二届全国人大及其常委会反腐败和廉政建设的关键词。而国家监察体制改革试点的启动，则是在党中央领导下的五年反腐败历程中，制度建设上的一个新的高峰。2017 年，社会对反腐败问题的关注与国家监察体制改革紧密联系在一起。

2016 年 11 月 7 日，新华社发布消息：中共中央办公厅近日印发《关于在北京市、山西省、浙江省开展国家监察体制改革试点方案》（以下简称《方案》），部署在 3 省市设立各级监察委员会，从体制机制、制度建设上先行先试、探索实践，为在全国推展积累经验。根据《方案》，深化国家监察体制改革的目标是建立党的统一领导下的国家反腐败工作机构。实施组织和制度创新，整合反腐败资源力量，扩大监察范围，丰富监察手段，实现对行使公权力的公职人员监察全面覆盖，建立集中统一、权威高效的监察体系，构建不敢腐、不能腐、不想腐的有效机制。

《方案》提到，在开展改革试点的北京、山西和浙江，由省（市）人民代表大会产生省（市）监察委员会，作为行使国家监察职能的专责机关。党的纪律检查委员会、监察委员会合署办公，建立健全监察委员会组织架构，明确监察委员会职能职责，建立监察委员会与司法机关的协调衔接机制，强化对监察委员会自身的监督制约。

毫无疑问，这个重大的改革肯定会引起国内外媒体的关注。这件事实在太重要了，不仅关乎反腐败，更是一个涉及国家政治体制改革的大动作。用《方案》中的话说，这是“事关全局的重大政治改革”和“国家监察制度的顶层设计”。

2016 年 12 月 19 日，第十二届全国人大常委会第二十五次会议召开，其中一项议程就是审议《全国人民代表大会常务委员会关于在北京市、山西省、浙江省开展国家监察体制改革试点工作的决定（草案）》（以下简称《决定》）。12 月 25 日，全国人大常委会通过了《决定》，向公众传递了更多信息，概括起来有这么四点：

一是转隶和整合。在北京市、山西省、浙江省及所辖县、市、市辖区设立监察委员会，行使监察职权。将试点地区人民政府的监察厅（局）、预防腐败局及人民检察院查处贪污贿赂、失职渎职以及预防职务犯罪等部门的相关职能整合至监察委员会。

二是进一步明确试点地区人大与监察委员会的关系。《决定》指出，试点地区监察委员会由本级人民代表大会产生。监察委员会主任由本级人民代表大会选举产生。监察委员会对本级人民代表大会及其常务委员会和上一级监察委员会负责，并接受监督。

三是确定监察委员会的职权。试点地区监察委员会按照管理权限，对本地区所有行使公权力的公职人员依法实施监察，履行监督、调查、处置职责。为履行上述职权，监察委员会可以采取谈话、讯问、询问、查询、冻结、调取、查封、扣押、搜查、勘验检查、鉴定、留置等措施。

四是宣布在北京市、山西省、浙江省暂时调整或者暂时停止适用部分相关法律。

2017 年初，我在与媒体座谈的时候注意到，这一年记者们对反腐败问题的关注基本都集中在监察体制改革上，关心的内容包括：对国家监察委的总体设计、路线图和时间表是什么？未来监察委如何行使职权？如何看待全国人大常委会关于试点《决定》的效力和正当性？人大与监察委之间是什么关系？人大是否监督监察委，怎么监督？留置权如何行使？它与过去人们所熟悉的“两规”（1994 年 3 月 25 日颁布的《中国共产党纪律检查机关案件检查工作条例》第二十八条第三项规定：“要求有关人员在规定的时间、地点就案件所涉及的问题做出说明”）和“两指”（原《行政监察法》第二十条第三项规定：监察机关有权“责令有违反行政纪律嫌疑的人员在指定的时间、地点就调查事项涉及的问题做出解释和说明”）有何不同？推进国家监察体制改革是否需要修改宪法？如果需要，是否有修宪的时间表？……

这些问题大致可以分为两类：第一类是向内视角，即监察委自身建设，媒体关心的是改革如何推进，未来如何运作。第二类是向外的视角，即监察体制改革在现代国家治理和政治体制改革这一更大背景下将扮演的角色。座谈会上记者们提出很多问题，而改革刚刚开始，我一时无法找到对所有问题的答案。

在与团队的讨论中，我们对媒体如此前瞻性地提出这样一些专业的问题，感到欣喜，说明媒体和公众是非常关心的。如果大家觉得某件事不重要或者不相干，就不会有人这样“绞尽脑汁”地钻研和提出问题。这些颇见“功力”的问题多来自国内媒体，从一个侧面反映了整个社会法治和公民意识的增强。过去，面对一项重大改革，大家往往关心的是效果，现在，除了期待有好的结果，大家还关心它程序的正当性，是否存在有效的监督。借用一组法律术语来说，除了关心实质正义，社会对程序正义和形式正义也越来越关心。

党的十八大提出：“党必须在宪法和法律范围内活动。任何组织或者个人都不得有超越宪法和法律的特权。”党的十八届三中、四中全会也要求维护宪法法律的权威，加强宪法实施，重大改革必须于法有据。媒体对监察体制改革是否涉及修宪的关注，显示的是“认真对待宪法”的态度。可以看到，大家都认同国家监察体制改革是件“好事”，但即便是面对这样一件“好事”，仍然有人去追问这项改革是否符合宪法，或者我们是否需要修宪来赋予这项改革更强的合法性和正当性，这反映的是社会在法律意识上的进步。正如习近平总书记在首都各界纪念现行宪法公布施行 30 周年大会上所讲的：“宪法的根基在于人民发自内心的拥护，宪法的伟力在于人民出自真诚的信仰。”树立宪法权威、加强宪法实施，需要党、政府、媒体、社会组织和每一个公民的努力。

结合上述情况，我和团队对关于监察体制改革试点的问题做了充分的研究和讨论，在准备答问要点时，尽量把两类问题都照顾到。换言之，要把监察体制改革这个“事儿”说清楚，用简单和大众化的话语，强化《方案》和《决定》所传递的政治信号。在新闻发布会上，中央人民广播电台记者提出的问题涉及的面相当广，既问到了监察体制改革问题，也问到了修宪的问题，我是这样回答的：

国家监察体制改革是在以习近平同志为核心的党中央领导下推进反腐败制度建设的一个大的动作，也是具有全局性影响的政治体制改革。全国人大常委会根据凡属重大改革都要于法有据的精神，在去年底做了一个授权决定，就是在北京、山西和浙江开展国家监察体制改革试点，暂时调整适用相关法律，从体制、机制、制度建设上先行先试。现在试点工作已经全面推开了，它们的实践将为下一步全面推进改革提供宝贵的经验。另外，把行政监察法修改为国家监察法的工作已经开始，今年应该可以提交给人大常委会审议，这是推进反腐败立法的实质性举措，实现用法治思维和法治方式开展国家监察、惩治腐败。另外你问到是不是要修改宪法，修改宪法是国家的大事，要在党中央的领导下，依照宪法规定的程序进行，有关这方面的信息我们也会及时地向社会公布。谢谢。

这个回应用时 1 分 50 秒钟，约 340 个字。

法治和制度建设

这个回答显然不长，但在准备过程中，我的团队对答问要点四易其稿。最初是由小左起草的，他了解学界的讨论，写得比较专业。但是，发布会的语言需要尽量直白，内容要尽量精炼，他每拿出一稿都太长和太文绉绉，被大家否定，我总说：能不能再减掉 100 个字？能不能把“法言法语”改成大白话？当然，又不能减损关键内容和信息。这很折腾，有时让他感觉“痛苦”。然而，正是经过了这样的反复讨论和打磨，一删再删，一改再改，才能实现我们追求的目标。我和团队针对每个领域的热点问题去构建答问要点时都要反复讨论和打磨。最终围绕社会关注的每一个议题都能给出最简练的回应。在发布会上，我针对记者提出的关于监察体制改革的问题回应了五句话，总共只有短短 300 多个字，不到两分钟。如果拆解一下这五句话，每一句都传达了一个相对独立的信息和含义：

第一句：“国家监察体制改革是在以习近平同志为核心的党

中央领导下推进反腐败制度建设的一个大的动作，也是具有全局性影响的政治体制改革。”

这句话的关键词是“制度建设”和“政治体制改革”，这句话里包含了我在全国人大工作最深刻的体会。反腐败是党的十八大以来的一项利国利民的重大战略举措，全国人大及其常委会应发挥什么样的作用呢？我的理解是，作为最高立法机关，它的任务就是构建一个有利于廉政建设的法治环境。在治标和治本中，全国人大及其常委会能做和应做的，就是通过制度建设来打造反腐败的治本之道。我在新闻发布会上，每每谈到反腐败问题，“制度建设”一直是关键词，甚至可以说是所有答问的主线。

“政治体制改革”则体现了国家监察体制改革和反腐败斗争在更高层面的制度建设意义：通过整个反腐败斗争实现一个更大的目标——全面深化改革、全面依法治国，推进国家治理体系和治理能力的现代化。从这个意义上讲，国家监察体制改革始于反腐败，超越反腐败。

第二句：“全国人大常委会根据凡属重大改革都要于法有据的精神，去年底做了一个授权决定，就是在北京、山西和浙江开展国家监察体制改革试点，暂时调整适用相关法律，从体制、机制、制度建设上先行先试。”

这句话的关键词是“于法有据”，这是习近平总书记 2014 年 2 月 28 日在中央全面深化改革领导小组第二次会议上提出的，后来写入了党的十八届四中全会《关于全面推进依法治国若干重大问题的决定》，适用于全国人大及其常委会在推进法治改革中的角色和作用。由全国人大常委会作出关于开展国家监察体制改革试点工作的决定，为重大政治体制改革提供法治保障。

第三句：“现在试点工作已经全面推开了，它们的实践将为下一步全面推进改革提供宝贵的经验。”

这句话再次强调“试点”的意义。同时也有潜台词，就是说，一些疑问在现阶段尚无答案，有待通过改革来探索和进一步明确，而这些“留白”的暂时存在也正是进行试点的意义和价值。再好的设计和构想都需要拿到现实世界中去测试，三地先行先试，目的就是为将来整体推进改革积累经验。

第四句：“把行政监察法修改为国家监察法的工作已经开始，今年应该可以提交给人大常委会审议，这是推进反腐败立法的实质性举措，实现用法治思维和法治方式开展国家监察、惩治腐败。”

这句话的文眼是用法治思维和法治方法反腐败，源自习近平总书记在十八届中央纪委第二次全会上的讲话：“要善于用法治思维和法治方式反对腐败。”在过去几年的全国人大新闻发布会上，我在回答有关反腐败的问题时，总要谈到反腐败的立法问题，例如，列举过大量的法律，包括《刑法》《刑事诉讼法》《公务员法》《反洗钱法》《政府采购法》《招投标法》《预算法》等。而 2017 年审议《国家监察法（草案）》，则是对反腐败国家立法更加有力的推动。

第五句：“你问到是不是要修改宪法，修改宪法是国家的大事，要在党中央的领导下，依照宪法规定的程序进行，有关这方面的信息我们也会及时地向社会公布。”

这句话是回答记者和社会关心的宪法修改时间表问题。宪法第 64 条规定："宪法的修改，由全国人民代表大会常务委员会或者五分之一以上的全国人民代表大会代表提议，并由全国人民代表大会以全体代表的三分之二以上的多数通过。"自 1982 年宪法颁布以来，我国进行过四次宪法修改，分别是在 1988 年、1993 年、1999 年和 2004 年，形成了 31 条修正案。由中共中央向全国人大常委会提出修宪建议，由全国人大常委会依据宪法第 64 条的规定，提出宪法修正案草案，提请全国人民代表大会审议。

进行国家监察体制改革，从无到有地创设国家监察委这样一个新的国家机构，显然需要为国家监察法和接下来的一系列法律的制定和修改提供宪法依据，因此修改宪法是不言而喻的。从立法的进程来看，预期应该在 2018 年第十三届全国人大第一次会议上启动修改宪法。但是，正如前面所说，修改宪法是国家政治生活中重大而且严肃的事项，需要遵循严格的程序。

在 2017 年 3 月的新闻发布会准备期间，我没有得到关于修宪的明确和可以公布的时间表。因此，经过反复商议并且向相关部门请教，我打算在被问到这个问题时直截了当地回答："我不掌握这方面的确切消息，"或者说，"我目前没有可以公布的消息。"这样的表述是准确和客观的，相信届时也应付得过去，但是听上去会让人觉得冷冰冰的。看到我的犹豫态度，张德江委员长提示我说："既然如此，你何不正面讲，就说有了信息就告诉大家嘛！"这个点拨非常关键。所以，我采用了"有关这方面的信息我们也会及时向社会公布"的表述。这样的表述虽然在实质内容上与前者没有什么不同，但是增加了一种积极的态度，效果就好许多。

在发布会的有限时间里，来不及面面俱到地回应所有媒体关心的问题，况且，发言人不可能先知先觉，也不可能对所有问题都尽然在握，也会有些问题尚无结论和答案。因此，在回答问题时需要适当地选择，知道的多讲，不知道的少讲或者不讲，被问到自己不了解或者完全不知道的问题时，承认“不知”或者绕过去也无妨。关键是要有一个真诚的态度，每一个回答都能言之有物，有让大家听得懂的核心信息。

反腐与人大、反腐在人大

回顾 2013 年到 2017 年的 5 次新闻发布会，我回应过 6 位记者提出的关于反腐败的问题。梳理一下，大致分成两类：一类可以称之为“反腐败与人大”，关注的是全国人大及其常委会在反腐败斗争中发挥什么样的作用，尤其是如何通过法律手段和制度建设推进反腐；另一类则是“反腐败在人大”，媒体和公众想知道，人大如何面对系统内部的腐败问题，比如衡阳破坏选举案、王珉案和辽宁贿选案。这两类问题是有关联的：首先，人大反腐败是党和国家整体反腐廉政建设的有机组成部分，中央纪委、全国人大及其常委会、国务院、“两高”等，都有自己的职责和角色。再者，“打铁还需自身硬”，人大要搞好自身廉政建设，才有可能通过立法和监督在整个反腐败斗争中发挥重要作用。

2012 年 11 月 15 日，刚刚在党的十八届中央委员会第一次全体会议上当选中共中央总书记的习近平同志在同中外记者见面时在讲话中强调："新形势下，我们党面临着许多严峻挑战，党内存在着许多亟待解决的问题。尤其是一些党员干部中发生的贪污腐败、脱离群众、形式主义、官僚主义等问题，必须下大气力解决。全党必须警醒起来。打铁还需自身硬。"这个讲话振聋发聩，吹响了号角，尤其那句颇接地气的"打铁还需自身硬"迅速在网上流行。

2013 年 3 月 4 日，我迎来了自己的第一次新闻发布会，新华社记者直截了当地问道：全国人大及其常委会在反腐败立法方面有什么打算，以及今后在推进反腐败制度建设方面将有哪些新的举措?

我的回答，一是告诉大家，反腐败国家立法是一个综合性系统工程，介绍了全国人大及其常委会在法制建设方面的努力；二是强调用法治思维和法治方式反对腐败，要及时修改完善相关法律，狠抓对法律实施的监督，要求国家机关按照法定权限和程序行使权力。

在接下来几年的新闻发布会上，"制度与法律"成为我回应这方面问题一以贯之的思路。

2014 年新加坡《海峡时报》的记者从衡阳破坏选举案切入，问到中国反腐败的问题，关注的焦点是中国的全国人大及其常委会在加强选举公正上有哪些值得期待的动作。

当时衡阳破坏选举案的基本事实已经清楚了：2012 年 12 月 28 日至 2013 年 1 月 3 日，湖南省衡阳市召开第十四届人民代表大会第一次会议，出席会议的代表有 527 名（2 名代表因故未出席），从 93 名代表候选人中差额选举产生 76 名湖南省人大代表。这期间发生了严重的以贿赂手段破坏选举的违纪违法案件。调查结果显示，有 56 名当选的省人大代表存在送钱拉票的行为，涉案金额达 1.1 亿多元人民币，有 518 名衡阳市人大代表和 68 名工作人员收受钱物。代表选举是人民代表大会制度的基础，湖南省衡阳市发生的以贿赂手段破坏选举的违纪违法案件性质严重，影响恶劣，给人以深刻警示。

我的回答紧扣“制度建设”，一是强调人大选举制度本身，我们有《全国人民代表大会和地方各级人民代表大会选举法》和《全国人民代表大会和地方各级人民代表大会代表法》等法律的规范。公平、干净是选举制度最基本的要求，唯有这样，才能将最合适的人选到合适的位置上。而在衡阳破坏选举案中，无论是送钱还是收钱，都是对相关法律和选举制度的破坏。这样选出来的代表怎么能够代表人民？

更进一步讲，衡阳破坏选举案是对政治制度的破坏。人民代表大会制度是中国特色社会主义制度的重要组成部分，也是支撑中国国家治理体系和治理能力的根本政治制度。《中华人民共和国宪法》第二条规定：“中华人民共和国的一切权力属于人民。人民行使国家权力的机关是全国人民代表大会和地方各级人民代表大会。”不管是依法反腐、制度建设，还是整个国家治理，都有赖于各级人大依法履行职能，而各级人大的良好运转，则有赖于各级人大代表。如果人大代表选举出了问题，影响的是人民代表大会制度和我们整个政治制度的运行。这也是为什么我们敢于

“家丑外扬”，以“零容忍”对待贿选和破坏选举的行为。

通常，因为时间有限，在新闻发布会上很少有记者会重复问前面已经出现过的问题。但在 2015 年的发布会上，有两位记者在提问中涉及反腐败问题。

第一个提问来自《南方都市报》，再次直指 2014 年曝出来的衡阳破坏选举案，记者问到：“截止目前，十二届人大已有 39 名代表因为涉嫌违法违纪，辞职或者是被罢免，这个数字超过了上一届五年的总和。这说明我们在选代表的时候就没有把好关，还是代表选举制度本身就存在缺陷？”

这个问题比较尖锐。确实，那么多代表辞职或被罢免，是否说明制度本身有问题？我的回答主要表达了三层意思：

第一层意思强调人大代表身份不是特权，而是承载了重要的使命和责任。对于违法违纪的人大代表，发现一个就要查处一个。第二层意思是讲 3000 和 39 的关系。第十二届全国人大有将近 3000 名代表，现在，其中的 39 人因这样或那样的问题辞职或被罢免，这个数字确实令人痛心。但是不能因为 39 人出问题就否定整个人大选举制度。恰恰相反，严肃查处这 39 人体现了人大反腐败和对代表严格要求的决心和力度。第三层意思是着眼于今后，2015 年恰逢县、乡两级人大进行换届选举，需要向新选举传达明确的信息。我国的人民代表大会有五级，人大代表总数达到约 267 万人，大部分代表属于县、乡这两级的基层人大，占到人大代表的 90% 以上。所以基层代表的素质和表现对人大制度具有根本性的影响，关系到我国的人大制度的效能和健康。因此，需要利用新闻发布会的机会，再次呼吁，要确保新一届选举风清气正。

在《南方都市报》之后，新加坡《联合早报》的记者又提问：“在实现反腐治标向治本转变的制度建立工作将如何进一步推进？”我回答：“从全国人大及其常委会的角度，从治本的角度加强反腐败的制度建设，要构筑一个不能腐的法治环境。”我举例说，2014 年全国人大常委会修改了预算法，明确要求政府的所有收入都要纳入全口径预算，加强对权力的约束。在《刑法》修正案（九）草案中也加大了对贪污、贿赂犯罪行为的处罚力度。

在这次发布会上，我谈到了反腐败的国际合作问题，提到构筑一个国际反腐败合作网络的重要性。中国是《联合国反腐败公约》的缔约国，中国倡导了在亚太经合组织（APEC）、二十国集团（G20）等框架内推进反腐败国际合作。另外，我国也正在制定国际刑事司法协助法，规范并加强与外国开展刑事司法合作。总的想法就是要充分利用国际法和国际机制，使这些腐败分子无论逃到天涯海角，也要面对法律的惩治。

在 2016 年的发布会上，有记者再次问到反腐败方面的问题。正如本书的开头提到过，这一年发布会前二十多分钟，我得知人大教科文卫委副主任委员王珉涉嫌严重违纪，接受组织调查，这个消息让人大反腐败问题在这次发布会上更受关注。新华社记者从王珉被调查的消息切入，提出了反腐败的问题，提问仍落在制度建设上。

我的回答也从王珉被调查入手，说到治理贪腐是现代国家治理当中的一个非常重要的环节，我们三年来大力反腐败的成效是非常显著的，也得到了广大人民群众的拥护。关于早上刚听到王珉涉嫌违纪的事情，我当时所知并不比别人多。根据之后的新闻报道，王珉是在 2016 年 3 月 4 日上午，在辽宁省代表团驻地吃完早饭后，等待出发前往人民大会堂参加预备会议时被带走的。我当天上午参加完预备会议听闻王珉被调查，就开始考虑如果发布会被问到该如何回应。当时，头脑中冒出来的第一句话就是“反腐败没有死角”。所以，当新华社记者问到此事时，我也是这样说的，并且强调这也包括全国人大和各级人大，只要有人大代表涉嫌违纪违法，都应该面对纪律的审查或者法律的审判。

我依据刚刚在休息室查阅到的关于人大反腐败的资料，进一步介绍说，本届人大以来，到去年底，已经有 43 位全国人大代表辞职，罢免了 27 人。这些人不少都是因为违纪违法，被选举单位罢免，或者是本人主动向选举单位提出辞职，包括涉嫌违纪违法。《宪法》和《代表法》赋予全国人大代表享有各项权利，同时规定必须模范遵守宪法和法律。

接下来我继续说，在过去的 2015 年，全国人大及其常委会继续在反腐败的治本之道上积极发挥作用，落实中央提出来的加快推进反腐败国家立法的重要任务。在我们制定各项法律或修订各项法律的过程当中，要加强反腐败的内容，构建我们国家完善的反腐败法律规范体系。比如 2015 年通过的《刑法》修正案（九），就通过引入“终身监禁”和完善定罪量刑标准等强化反腐的内容。

我在这个回答中还提到了修订《行政监察法》的考虑。

2016 年 1 月 12 日，习近平总书记在十七届中纪委第六次会议上发表了重要讲话。1月20日我邀请中纪委的同志与我们座谈，期待他们带来最新的信息和理念。大家在座谈会上的讨论十分热烈，我就一些热点问题和案件向他们请教，还谈到修订《行政监察法》的考虑。这部法律的修订直接关系到反腐败立法，后来做出的将行政监察法修改为国家监察法的决定，更进一步提升了制度建设的层级。

就在2016年的人大新闻发布会举行后没几个月，另一起严重破坏选举案——辽宁拉票贿选案开始进入公众视野。与衡阳破坏选举案一样，辽宁贿选案也是发生在2012—2013年换届期间。这次牵涉级别更高，案情可用触目惊心来形容，受到严肃查处。事情是这样的，2013年1月，在辽宁省第十二届人大第一次会议选举全国人大代表的过程中，有45名当选的全国人大代表拉票贿选，有523名辽宁省人大代表涉及此案。辽宁省第十二届人大常委会共有组成人员62名，其中有38名因为涉及此案而被终止代表资格，他们的常委会组成人员职务也相应被终止。这样一来，辽宁省人大常委会组成人员已不足半数，无法召开省人大常委会会议履行职责。

为此，2016年9月13日，第十二届全国人大常委会专门临时召开了第二十三次会议，审议通过了全国人大常委会代表资格审查委员会关于辽宁省人大选举产生的部分第十二届全国人大代表当选无效的报告，依法确定由辽宁省第十二届人大一次会议选举产生的45名全国人大代表当选无效，并根据宪法和有关法律精神做出创制性安排，决定成立辽宁省第十二届人大七次会议筹备组，作为代行辽宁省人大常委会部分法定职权的临时性机构，负责筹备辽宁省十二届人大七次会议的相关事宜。

正如李建国副委员长在此次全国人大常委会会议上做关于成立辽宁省第十二届人大七次会议筹备组的决定草案时说明的：“一个省级人大常委会出现这种情况，新中国历史上还没有过。”

张德江委员长在这次会议的讲话中谈到这个问题时，用了一个“首次”、四个“严重”和三个“挑战”来形容辽宁拉票贿选事件：“新中国成立以来查处的第一起发生在省级层面、严重违反党纪国法、严重违反政治纪律和政治规矩、严重违反组织纪律和换届纪律、严重破坏人大选举制度的重大案件，是对我国人民代表大会制度的挑战，是对社会主义民主政治的挑战，是对国家法律和党的纪律的挑战，触碰了中国特色社会主义制度底线和中国共产党执政底线。”他明确要求，在严肃查处的同时，必须高度警醒、吸取教训、引为镜鉴。

严肃处理衡阳破坏选举案和辽宁拉票贿选案，表明了人大对自身腐败“零容忍”的态度，发现一起、查处一起、问责一起，绝不姑息迁就、绝不法外开恩的态度和决心。

来到全国人大工作的这五年和每年准备新闻发布会的过程中，我目睹和参与了全国人大及其常委会如何一步步通过法治的方式来扎紧“制度的笼子”，构筑不敢腐、不能腐和不想腐的制度环境，而启动国家监察体制改革将是这一叙事的高点。当然，反腐败永远在路上，国家监察体制改革是又一段征程的开始。对我个人而言，非常荣幸能从一个侧面记录和见证这一切的发生。

第三章
妇女儿童保护、中国的国际角色

丰满的道理和骨感的现实

2017 年 3 月 4 日 11 时 45 分，全国人民代表大会新闻发布会时间过半。

主持人何绍仁继续点记者提问，《中国青年报》记者提了第八个问题：“我替一些青年妈妈问一个问题，全面‘二孩’政策实施后给很多家庭带来了很多甜蜜和温馨，我们报社在一些调研中发现，许多生‘二孩’的妈妈在甜蜜之余还有很多困扰，比如就业的歧视、产假和职位的一些矛盾等。请问发言人，您是如何看待包括‘二孩’妈妈在内的女性权益保护的问题？”

这个问题可以说是问到了我的心坎上。作为女性，我一直关心女性权益保护事业。20世纪80年代末我还在外交部翻译室工作时，因为经常为领导人做翻译，有点小小的知名度，陆续有人给我寄来信件。内容涉及最多的是女同胞请我帮忙解决各种困难，比如遭遇家庭暴力或职业歧视等。我虽然多是按照程序将信件转呈给相关部门，但也从中了解到不少社会问题，体会到女性在人生中更容易遭遇困难。在我的职业生涯中，经常与女干部座谈交流，为保护女性权益呼吁。女性的社会经历有一定的国际共性，例如，无论是在中国，还是在其他国家，职业女性都面临如何平衡家庭和事业之间关系的难题，我被问到最多的也正是这个问题。我担任驻英国大使期间，英国外交部在3月8日国际妇女节举办座谈会，邀请我和其他几个国家的女大使，与英国女性外交官员交流，大家谈到人生经历，有颇多相似的感受。就有英国女外交官问到，女大使们如何平衡家庭与工作的关系。后来有一年我访问新加坡，为外交官做形势报告时，虽然主题是国际关系，在问答环节也有年轻的新加坡女外交官问我，作为女性，工作中有什么优势和困难？如何平衡家庭与事业的责任？可见，这是全世界职业女性都必须面对的难题。

我自己的体会是，在工作和家庭之间，从时间投入的角度看，做到平衡是很困难的，女人每天也只有24个小时，不比男人的时间多，对于职业妇女，尤其在事业的提升阶段，要同时兼顾家庭和工作，几乎是不可能的。例如，要去加班，就不能为孩子在睡前讲故事。这是一个分身乏术的难题，是女性面对事业、面对人生，不得不做的一个艰难和不得已的选择。但是可以用其他的方式去弥补，对家人有爱，有发自内心的关心，无论怎么缺乏亲身陪伴，家人仍能体会得到，家人之间也可以更好地分担责任。我虽然平日陪同女儿的时间不是很多，但是对她细致入微的关心，她是能体会到的。我对女儿的学习和专业选择，对她的成长和性格培养，都很上心，她的人生大事我绝不会错过。

女儿高考那天，我正在与印度外交部来访官员进行双边磋商。这两件事都很重要，早上我和丈夫一道把女儿送入考场，就赶回外交部开始会谈。快到中午时，我要求休会两小时。虽然这个要求很突兀，但是，当印度同事听说我需要陪着参加高考的女儿吃午饭时，表示非常理解，欣然应允。这算是一次成功的平衡，但是能做出这种两不误安排的机会并不多。在我驻外工作的那些岁月里，一家人聚少离多，家里定了规矩，孩子一放假就到使馆来，一家人一起生活、旅行，朝夕相处一段时间。这对分离是一种弥补，更重要的是一家人及时了解彼此，我作为家长也能跟上孩子的变化。

2017 年初，社会上比较关心的话题包括，全面实施一对夫妇可生育两个孩子的政策出台后，过去就存在的女性就业受到歧视和升职困难的问题会不会更加严重？我在与国内记者座谈的时候，感觉大家很关心全国人大及其常委会能在为女性争取更好的生活和职业保障上继续做些什么。

团队针对这个问题进行过热烈的讨论，有的人为女性鸣不平，认为现代女性要工作又要照顾家庭，自身面临的挑战已经很大了，还要经受性别歧视，实在是不公平；有的人则认为企业不愿招收女性员工是可以理解的，女性生一个孩子所带来的孕产误工等因素，已给企业带来压力，现在可能要加倍。还有人认为女性福祉关系到社会稳定和国家发展，政府应出台帮扶政策，仅靠督促企业是不够的。我们国家多部法律中有尊重女性就业权利、禁止性别歧视的规定，比如 1995 年 1 月 1 日开始施行的《劳动法》第 13 条特别规定了“妇女享有与男子平等的就业权利。在录用职工时，除国家规定的不适合妇女的工种或者岗位外，不得以性别为由拒绝录用妇女或者提高对妇女的录用标准”；2005 年 12 月 1 日起施行的妇女权益保障法整个第四章都是针对保护女性劳动和社会保障权益的。但现实中，如果政府和社会没有一定的鼓励和补偿机制，总有企业会找到一些办法规避这些规定。

新闻发布会不可能解决现实社会没有解决的问题，因此不应该讲大话或者做空洞承诺，但也不能只是冷漠地摆摆现实情况。我和团队在讨论中认为，如果遇到这类问题，可以在介绍相关政策和法律的基础上，尝试主动提些改进建议和要求，例如完善对相关法律的配套政策和设施，企业和单位可以在办公地为年轻母亲提供育儿室、托儿所，方便她们利用工作间隙照顾孩子，节省时间成本。再比如，呼吁社会转变观念，多照顾女性。

我听一位朋友讲了他最近主持招聘的经历，有一名应聘女生条件非常好，他原本是倾向于招收她的，但是因为单位比较小，他担心育龄女性职员不能满负荷工作，还是招收了一位男生。我问，如果这件事发生在你自己家人身上会如何？他承认，那一定是很糟糕的。这种现实与理想之间的矛盾是存在的，我觉得不能回避，正如一句时髦的话所说："理想很丰满，现实很骨感。"

回应《中国青年报》记者的提问时，我就想到了这个例子，一方面要承认问题的存在，另外一方面也提示社会要公平对待女性。我当时是这样回答的：

全面"二孩"政策实施一年，应该说总的效果是好的，得到了整个社会的欢迎和支持，但是在实行过程中也出现了一些新的问题，包括你说到的女性就业歧视。其实就业歧视可能过去一直就存在，但现在确实有一些年轻的女性在应聘过程中受到不公正待遇的情况更多一些，所以社会反映全面"二孩"政策实施以后暴露出的一些新的问题中，比较突出、反映比较多的就是这个问题。

对于女性来讲，无论是从她实现个人价值还是从维持一个家庭的生活来说，就业都是非常重要的。对我们社会发展来讲，女性的参与也很重要。我们常讲，妇女能顶半边天。但道理可以讲得很丰满，现实可能很骨感。我们讨论这个问题的时候，我举个很典型的例子，有一位男士说，他刚刚搞完招聘工作，拒绝了一个条件非常好的女孩子，他说他们单位人少，如果来一个育龄女职员，回头连着生两个孩子，这个单位的工作效益肯定就受到影响了。但是他也承认，如果他的妻子或者女儿遇到就业的这种歧视，也会很郁闷，很不爽。

社会生活本身就是这么矛盾，我认为确实要转变观念，一定要尊重女性就业的权利，要看到妇女儿童关系到我们国家的未来。另外，大家在讨论中很重要的一点是，在全面推进"二孩"政策实施中，相关的配套政策和服务要跟上，比如母婴和幼儿的照料，现在的服务就满足不了需要。所以无论从公共资源的角度还是从社会资源的角度，这方面的配置都应该尽快调整，能够跟上需要。从我们国家法律法规的角度讲，我们要严禁就业歧视，而且我们的政策也是非常重视保护妇女儿童权益的。谢谢。

回应这个问题用时 3 分 23 秒钟，约 630 个字。

这类社会问题是我和团队在新闻发布会的准备过程中考虑比较多的，也做了相当充分的调研，例如校园欺凌、转基因技术和食品安全、民办教育等，我对回应这方面的问题也都有所准备。虽然许多问题在发布会上没有被问及，但是我自己在这个过程中增强了对国情的了解，这方面的知识积累和对政策、法律的把握，为我在其他场合讲中国故事提供了具体、翔实的例证。

见证《中华人民共和国反家庭暴力法》出台

在中国社会，家庭暴力是一个隐痛，城市里存在，农村更加严重，但是维护家庭隐私的传统观念也有很深的社会根基，所谓“家丑不可外扬”。更麻烦的是，遭遇家暴的妇女如果把家庭矛盾公开化，很可能导致离婚，在农村，缺乏经济独立性的妇女一旦陷入这种情况，境遇很可能是雪上加霜。因此，对于是否应就反家暴问题专门立法，多年来一直有争论。遭受家庭暴力的女性，多是向各级妇联组织和“妇女之家”等社会团体求助，有的省市制定了相关的地方性法规。但是因为缺乏一部专门的法律，妇女在这方面能得到的帮助是有限的。自 20 世纪 90 年代起，国内就有一批专家学者和社会组织开始调研论证，致力于推动制定一部专门的《反家庭暴力法》，社会上对于这方面立法的需求也越来越强烈。

家庭和睦是社会和谐稳定的基础，全国人大常委会对这个问题一直给予关注，进行跟踪研究。本届全国人大常委会的第一年就开始考虑制定一部专门的反家庭暴力法，并把这部法列入了 2013 年立法工作计划当中的预备项目，围绕这方面的问题多次到地方调研。我在新闻发布会中，三次被问到关于反家暴立法的相关问题。

2015 年第十二届全国人大常委会将制定《反家庭暴力法》列入了当年的立法工作计划，由国务院牵头起草，全国妇联为这部法律的起草工作做了很多贡献。草案于 2015 年 8 月在全国人大常委会第十六次会议上进行了初次审议，会后草案印发各相关单位，并且在网上全文公布，广泛向社会征求意见。修改后的草案在 2015 年 12 月召开的全国人大常委会第十八次会议上进行了第二次审议，并且获得通过。

制定这部法律的最大难点在于，如何界定公权力介入对家庭问题的界限？何时、如何介入？在中国这样传统观念比较深的国家，家庭事务是非常私人化的问题，老话儿讲，“清官难断家务事”。但是，如果弱势群体持续遭受家庭暴力的侵害，政府必须尽到保护受害人权利的责任，这个尺度如何把握是这部法律的焦点和难点。法律草案在网上公开征求意见时，各方面围绕这个问题提出很多好的建议和意见，显然社会上非常期待这部法律的出台。

事实上，关于《反家庭暴力法》的讨论和制定过程，也有利于提高全社会反对家庭暴力的公民意识，鼓励“以德治家”的风尚。

《反家庭暴力法》于2016年3月1日开始施行，当天就出现了第一个案例：北京市房山区法院对一位61岁的妇女做出人身安全保护令的裁定，她曾经受了30年的家庭暴力伤害。看到这部法律能为遭受家暴之苦的受害人提供法律保护，我感触很深。

女性权利能否得到好的保障是衡量一个社会现代文明水平的重要标志之一。我看到的国内和国际研究报告分析数据显示，中国妇女的劳动参与率是非常高的，高于世界平均水平。例如，北京师范大学劳动力市场中心组织撰写的《2016中国劳动力市场发展报告》中提到，中国女性劳动参与率约为64%，高于世界平均水平（50.3%）。再比如，美国国家劳工部网站发布的“2012年国际劳动力对比图表”中，中国妇女劳动参与率高达68%，这一数值高于世界其他主要经济体（美国59%，德国52%，法国51%，日本48%，印度29%）。由此可见，中国政府在保护和鼓励女性就业上的政策是正确和有效的，我国经济的快速发展离不开广大劳动妇女的贡献。

中国共产党成立之初，就把妇女解放运动纳入了新民主主义革命的轨道，当时很多革命领袖人物都写过文章提倡男女平等。新中国成立后，党和政府高度重视在政策上和法律上保护妇女权益和地位。1949年9月中国人民政治协商会议第一届全体会议通过的《中国人民政治协商会议共同纲领》确定了我国实行男女平等和保护妇女的政策。总纲中明确规定：“中华人民共和国废除束缚妇女的封建制度。妇女在政治的、经济的、文化教育的、社会生活的各方面，均有与男子平等的权利。”

20 世纪 50 年代，中国妇女的权利和地位发生了翻天覆地的变化。1953 年 12 月，中央颁布了《关于发展农业生产合作社的决议》，下达了发展农业合作社的任务指标，全国迅速掀起了农业大生产热潮。1954 年，贵州息烽县养龙司乡堡子村农业生产合作社成立，议定男社员每天记 7 分，女社员只记 2.5 分，引起了争议。围绕男女能否同工同酬，堡子合作社引起了一场争论。合作社党支部经过研究，最终同意了妇女们的意见，推行了男女同酬，记一样的劳动工分，充分调动妇女的生产积极性。

1954 年 9 月 15 日，第一届全国人民代表大会第一次会议召开时已经有女性代表参加，会上通过的《中华人民共和国宪法》第八十五条规定：“中华人民共和国公民在法律上一律平等。”第八十六条规定：“年满十八岁的公民，不分民族、种族、性别、职业、社会出身、宗教信仰、教育程度、财产状况、居住期限，都有选举权和被选举权。……妇女有同男子平等的选举权和被选举权。”第九十六条规定：“中华人民共和国妇女在政治的、经济的、文化的和家庭的生活各方面享有同男子平等的权利。婚姻、家庭、母亲和儿童受国家的保护。”这些内容在我国现行宪法中也都得到了体现和延续，还增加了“国家保护妇女的权利和利益，实行男女同工同酬，培养和选拔妇女干部”等新内容，显示了我国保障妇女权益的法律思想和政策理念的连续性与进步性。

1955 年，贵州民主妇女联合会刊物发表了《在合作社内实行男女同酬》的文章，表彰实行男女同酬的第一村——堡子村。

毛泽东看到文章后亲自批示："建议各乡各社普遍照办"。他后来提出"妇女能顶半边天"，不仅激励了广大中国女性，也在世界上广为传播。

随着国家的发展，社会对保护女性权益的期望发生了新的变化，更加重视这方面存在的问题，也对解决问题有更紧迫的要求。这项事业也是国际性的，我曾经与来自法国的国际货币基金组织总裁拉加德女士讨论妇女问题，她对中国出台反家暴法非常感兴趣，并与我分享了对法国社会深处隐藏的家暴难题的看法，认为人类社会必须永不停顿地与这一社会问题作斗争。

关注留守儿童问题

留守儿童是中国社会快速发展过程中出现的一个特殊现象。过去近四十年城市建设突飞猛进，外国人来到中国，最让他们感觉震撼的是大城市中那些拔地而起的高楼大厦、那些宽阔的马路、桥梁和高速铁路。而这些建设成就的取得，离不开来自农村的劳动大军，2016 年农民工总量达到 2.8 亿人。然而，在这个过程中，城市相关的教育和医疗等方面的服务能力很难跟上新的需求。大部分外出务工的农民把年幼的孩子留在家乡，让孩子跟随祖父母甚至独自成长。我有一次在贵州农村参观小学，孩子们的课本与城市基本是同步的，学校条件也还不错，但是看着那些孩子们，隐隐地觉得有一种压抑的气氛，小小年纪一脸的严肃，显得比同龄孩子成熟许多。可以想见，不在父母身边的孩子，在成长的道路上会遇到更多困难。

在国家快速发展的阶段，类似的民生问题需要一定的时间去消解，而由此产生的复杂问题则需要及时给予关注。在中国还有很多其他岗位上的工作者，也面临着因工作而远离家人，不能照顾家庭的困难。现在国家的综合国力提高了，社会上对这类问题的关注和对改进措施的推动力也在上升，相信这类问题的解决进程会越来越快。全国人大及其常委会在立法方面正努力跟上社会现实的发展变化。

例如，2015 年曝出多起留守儿童受伤害的恶性事件，社会上对留守儿童状况的担心和痛心情绪高涨，对不负责任的家长的谴责之声也很多。全国人大及其常委会的立法者更多地是考虑如何从立法和执法的角度，更好地督促监护人对未成年子女负起责任。在筹备 2016 年的新闻发布会时，这个社会热点问题在升温，我预期这个问题有可能会在发布会上被提出来，所以开始更加关注和考虑，并研究相关的法律和政策要求。

我最初准备的答问要点大致有两层意思，一方面讲，对出现的恶性事件，地方政府、社会组织要负起监督责任，掌握全面情况，督促监护人。另一方面要讲，无论是地方政府还是社会组织，都不可能取代家庭的责任。根据我们国家民法通则的规定，父母对子女有监护义务，如果长期不履行监护责任，尤其出现恶性的严重事件，父母也要面对法律的追究。

我与团队讨论时，把准备好的答问要点讲给大家听，我的秘书肖茜——一位年轻的母亲，坐不住了。她直率地提出批评，说：“我觉得不能这样讲！没有哪个父母愿意离开自己的孩子，现在我们国家处在快速发展的阶段，很多家庭出现这种状况是迫不得已的，父母是为了下一代能有更好的条件才离开家乡外出打工的呀！”

她的话让大家都很受触动。确实，这样冷冰冰地“指责”为生活所迫离家在外打工的父母，一定会很伤他们的心。为了让回答更有温度和同理心，大家建议我加上这样的意思：一是没有父母愿意离开自己的子女，中国现在存在大量的打工群体也是一个社会现实。二是在城镇化建设的过程当中，需要加快社会服务和保障能力的建设。

中国要在世界上发挥什么作用？

2017 年 3 月 4 日 12 时 04 分，新闻发布会已经进行了 64 分钟，差不多该结束了。

在一场发布会上，能得到提问机会的记者总是少数。按照惯例，人大新闻发布会是 60 分钟左右，扣去讲开场白、主持词的时间，我能回答 10~15 个问题，这还是在每个问题控制在 3 分钟左右的情况下。500 多位到场记者当中，只有 3% 的记者能得到提问的机会。因此，主持人在点记者的时候，照顾的面要尽量宽一些，除了中央各大媒体需要轮流给予提问的机会，都市媒体也是主持人需要关注的方向，这些媒体背后的读者群体很大。还有一些行业媒体，虽然发行量不算很大，但是这些媒体的记者往往更加关心与人大职能关系密切的问题，因而更容易得到提问的机会。

近年外国记者参加“两会”报道的人数持续增加，通过外媒能直接通达国际社会，一直是在发布会上格外受到关照的群体。

此时，主持人提示是最后一个提问机会，很多记者举起手来。被点到的是坐在第一排的意大利《24 小时太阳报》驻京记者丽塔·法蒂古索。她起身拿过话筒，用英文问道：“我的问题很简单，但是也很复杂，我想问的是，中国如何加快成为世界公民的进程，从而构建起保障一个新的国际秩序的能力？”

在整个发布会过程中，我多次看到这位意大利女记者举手示意希望提问。我认识她有几年了，每次与驻京外国记者座谈的时候，她都很活跃。她不怎么讲中文，对中国的了解也不深，提出的问题总让人感觉不好回答——倒不是因为有什么偏见或者刻意为难人，而是因为她关心的问题多是非常基础性的。比如在交谈中她会问：在环境保护方面，全国人大与地方政府的责任是如何分工和落实的？回答这样的问题需要花时间，从人大制度和政府的职能，到环境立法的进程，到全国人大及其常委会对“一府两院”的监督，再到中央政府和地方政府的分工，等等。所以每次遇到她，就需要为回答她提出的这类简单而又复杂的问题谈上好一会儿。在新闻发布会的快节奏气氛下，尤其考虑到中国公众和国际公众的不同视角，对这类问题是不好处理的。

对外国记者来说，要了解中国的政治制度和政府运作并不容易，他们往往找不到适合国际读者的外文资料，采访到各级领导就更难了。所以，许多外国记者在中国好多年，仍然一知半解，加之一些西方媒体总部布置的采访题目负面内容多，有的记者又多少带有偏见，他们的报道结果可想而知。但是，我观察，这几年随着驻京外媒人员的更新换代，也随着国际社会对中国成就的认可和关注，外国记者对客观、全面报道中国的积极性越来越高。这也意味着，需要我们更加主动地提供具有报道价值的信息，使他们的报道内容与我们希望传播的信息和意图有更多重合。

丽塔的态度是真诚的，她希望更多更好地向意大利读者介绍中国。2017 年春节前夕，国务院新闻办公室举办驻京记者新年酒会，她主动找到我，介绍了好几位新来北京的意大利记者，他们都对中国充满好奇，问东问西，对“两会”也充满期待。

主持人把最后的提问机会给了意大利记者，虽然我为她高兴，但是内心对丽塔式的问题还是有点怵的。果然，丽塔又用她那种简洁而又复杂的“方程式”提出了一个问题：“中国如何加快成为世界公民的进程，从而构建起保障一个新的国际秩序的能力？”

她的提问包含好几层意思，如何定义“世界公民”？谁来判断成为“世界公民”的标准？“保障一个新的国际秩序”又是什么含义？她的提问采用的是一种常见的西方人的表达方式，隐含了一些价值判断在里面。新闻发布会不是学术研讨会，没有时间去辩论价值判断，也不可能层层剥开来讲道理。她想问的其实就是中国要在世界上发挥什么作用。对这样的宽泛甚至隐含多重内容的问题，一个比较好的办法就是，把提出的问题重新包装，调整到自己的轨道上去回应。这样既能回答她关心的核心问题，又不显得躲闪或者对立。

我先说：“这个问题真的比较大，不是三句两句能说清楚的。

我理解你是关心中国成为一个世界级大国之后，对国际秩序是一个什么样的看法，要发挥什么样的作用。”

我把丽塔的提问用自己的话重新做了概括，算是对她的提问的再说明，同时也将她提出的问题转入了我熟悉的轨道，这样就可以顺着自己的思路阐述了。

丽塔带上同传接收器，看着我点点头，是认可了我的解释。

我继续回应道：

我想，首先中国是要把自己的事办好，今后两个星期你们有机会近距离观察我们的“两会”，可以看到我们的党、我们的政府心系人民，我们要实现“两个一百年”的奋斗目标，这一路上沟沟坎坎还有很多，所以我们是凝神聚力、认认真真地去应对这些挑战，这方面我们的工作重心还是要把国内的事情办好，同时我们要继续向世界开放，继续向世界学习。

当然，中国块头这么大，发展起来后国际上有期待，中国也要发挥更大的作用。关于国际秩序，中国看重的是以联合国为中心的国际体系或者国际秩序。我们认为，我们曾经参与了它的创建，我们是受益者，也是贡献者，同时我们也愿意做它的改革者。但是怎么改革？我们认为大家的事要一起商量着办。今年1月份习近平主席在达沃斯、日内瓦发表了重要的讲话，对国际上关心的一些大的问题拿出了中国的意见和中国的方案，我想这些讲话你们也都看到了，这些讲话都受到了国际上广泛的关注和欢迎。

另外，中国在推进“一带一路”建设，我们5月份要举办“一带一路”高峰论坛，另外我们倡议组建了亚投行，中国还率先批准了关于气候变化的《巴黎协定》等等，这些都体现了中国对国际事务的积极态度和参与。当然，国际作用、国际角色这样的概念对中国来讲还是一个新的课题，我们也是在探索和实践的过程中。但是作为发展中国家，我们的参与、我们的角色是要符合发展中国家共同理念的。

这个回答用时 3 分 12 秒钟，约 560 个字。

我的回应从“两会”切入，强调中国的政治制度和党和政府的根本宗旨是为人民服务，工作的着眼点和人民利益息息相关，进而表明我们的重点是在国内，先做好自己的事情。然后，我把话锋转向国际，引出了习近平主席在瑞士达沃斯的讲话。2017 年 1 月 17 日，习近平主席在瑞士达沃斯世界经济论坛年会的开幕式上，发表了题为《共担时代责任　共促全球发展》的主旨演讲。他强调要坚定不移推进经济全球化，引导好经济全球化走向，打造富有活力的增长模式、开放共赢的合作模式、公正合理的治理模式、平衡普惠的发展模式，牢固树立人类命运共同体意识，共同担当，同舟共济，共促全球发展。

当我提到习近平主席在达沃斯的讲话时，注意到丽塔和许多其他外国记者都在点头，说明他们是了解和赞成的。

中印不是敌人

出席发布会的各国记者所关心的问题，往往反映的是本国公众对中国和彼此关系的关注焦点，而且外国记者习惯于从质疑的角度提问。例如，印度报业托拉斯驻京记者莫康达提问时，问到关于中印关系中的一些情况，他的表述就颇具批评性。我和莫康达也是认识的，曾在多个场合交谈过，他每次都会提出中印关系中的一些分歧问题。我与印度人打过不少交道，也多次访问印度，感觉印度人民是很骄傲和很有自尊的。印度民族有着辉煌的历史文化，现代印度也在快速发展。他们对中国心态复杂，存有不少偏见，更重要的是缺乏了解。虽然中印是邻国，但是两国之间的往来和了解都不够。中国要成长为世界级大国，就需要学会与各种国家打交道，赢取了解和信任，这个路还很长。

莫康达常抱怨在中国得不到采访和提问的机会，同时他也承认印度人对中国的了解很不够，主张双方加强沟通。我每年准备新闻发布会时，要有针对性地了解我国与一些国家的双边关系进展情况和存在的问题，防止被记者问倒。对印度就提前做过不少功课，尤其注意跟踪中印一些分歧的来龙去脉。

莫康达得到提问机会后，果然一如既往地直指中印关系中的分歧问题："不久以前，中国和印度高级别战略对话刚刚举行，中印两国之间的关系在去年遇到了一些困难，特别是有关印度加入 NSG（核供应国集团）、联合国安理会恐怖组织列名等问题，双方还存在着一些分歧。共同主持战略对话的印度外交部长认为，中巴经济走廊的建设对印度不利，所以不能确定印度是否将会出席今年在中国举行的'一带一路'高峰论坛，2017 年刚刚开始，您如何看待今年中印关系的走向？"

在发布会上，每当有外国记者对中国提出批评性意见时，现场会出现一种张力性气氛，发言人一方面要考虑提问记者和他所代表的国家和公众的感受，另外一方面也要考虑本国公众的期待。因此，首先重要的是控制住自己的情绪，想清楚需要表达的立场和观点，并且尽快找到对内和对外两面兼顾的切入点。从技巧上看，面对批评性提问需要避免被问题牵着走，那样容易陷入自我辩解的境地，同时又要在气势上争取主动，争取站到道义制高点上。在有电视直播的场合，更是需要适当调节气氛，避免被紧张感打乱自己的节奏。

莫康达提问的时候，我抬头看着他，眼睛对着眼睛，不时点头表示听明白了他的意思。给予对方尊重是赢得对方尊重的起点。当我开始回答的时候，注意到他一直在调整耳机，而且他戴的耳机是红色的，好像和大会统一准备的同传接收器黑色耳机不一样。我担心他不能及时听到英文翻译，就停下来问他，耳机效果是否良好，他说 OK（好的）。这个“停顿”虽然很短暂，但是明显地起到了缓和现场气氛的效果。

对于他提出来的具体问题，两国外交部门正在谈，不是在新闻发布会上需要探讨和解决的。我考虑，回应应该尽量从积极的角度切入，毕竟印度与中国都是发展中大国，我们的分歧和矛盾不是敌对性质的。所以，我选择从肯定中印战略对话成果的角度讲起，并且采用了有点历史纵深感和个人化的叙述方式：

关于中印战略对话，我看到了国内一些中印战略对话的报道，我觉得还是挺积极的，谈的范围很广，也比较深入。我认为看中印关系要看到树木，也要看到森林。纵向地看，我认为中印关系的发展是相当快的，我自己在 90 年代刚开始接触亚洲的外交工作，那时候中印贸易只有 20 亿美元，当时我记得我们有一位年轻的同志，他在写报告的时候不小心多加了一个“0”，写成 200 亿美元，我当时还说这个数太大了，一辈子也看不到中印贸易能到 200 亿美元，结果去年已经超过了 700 亿美元。

另外当时我们来往航班也很少、很周折，去趟印度很费劲，现在我们每个星期有 40 趟航班前往印度。另外，不仅我们两国领导人经常见面，两国的军方每年也有互访，还建立了打击跨国犯罪反恐的合作机制。在国际和地区事务中中印之间的共识是非常多的，当然我们也有分歧和问题，有些问题年头也不短了，你谈到一些意见，我也听到中方的一些关切，我想在两国的外交层面应该都谈清楚了，对今年的外交也有部署。

我认为中印两个发展中大国，我们在发展过程中都面临不同程度的挑战和困难，彼此还是要多相互理解，这样才能解决好彼此的关切。虽然有些问题暂时解决不了，但也不能因为有问题就不往前走了，一些能做的事、可以做的合作也不去做了。中印这些年一方面谈问题、一方面继续不断推进合作，所以才能走向今天这一步。说到“一带一路”建设和互联互通项目，都是着眼于经济发展的，最终对印度也是有益有利的，所以看问题还是要从大的方面看。

这个回应用时 3 分 07 秒钟，约 590 个字。

我与中国驻印度使馆的外交官交谈时，就听他们讲过对当前两国关系的看法，看森林和看树木的比喻就是听他们提到的，对中印关系叙事的历史感也是在交流中学到的。我还听中国学者分析过印度对“一带一路”倡议的消极态度和原因。大家对中印关系重要性的看法很一致，同时对两国相互认知上的障碍感到苦恼，认为两个大的邻国只有从宏观上彼此尊重和信任，才能在具体问题上迈开合作的步伐。因此，我在对印度记者的回应中反映了这样的含义，希望印度能从大的角度看待对华合作，多看积极面，更加主动地解决问题、推动合作。对我们自己来说又何尝不是如此。

与外国记者交朋友

我自己有多年驻外的经历，能够理解外国记者在人生地不熟的异国他乡工作和生活的不易。语言、文化和社会氛围都与本国不同，每天还要面对选题、采访和写稿的压力。我们之间不是敌人，如果希望外国记者们尽可能平衡地报道中国，就需要多给他们提供了解中国、采访中国人和在记者会上提问的机会，拉近他们与中国的距离。说到底，新闻报道是对人和对人做的事的观察、认识和转述，根基是人与人的了解和交往。如果能和外国记者建立较好的相互了解与合作关系，不仅能帮助他们更好地了解和传递中国的政策和信息，也能帮助我们更好地了解外界对中国的看法。

我认识的第一位外国记者，是来自菲律宾的吉米。这位在中国生活了超过 40 年的外国人，可以说是一个地地道道的“中国通”。1971 年，吉米所在的学生组织应中国人民对外友好协会的邀请，组团来中国考察访问，吉米与 14 名菲律宾青年一道来到北京。随后在菲律宾的首都马尼拉发生了一起爆炸事件，总统马科斯以此为由，开始实行戒严，逮捕了几百人，吉米这样倾向于“共产主义”理想的大学生也上了“黑名单”，无法再回到祖国。他申请留在中国，随后被卷入了知识青年上山下乡的浪潮，到人民公社劳动。1977 年，吉米得到机会参加了专门为外国留学生安排的大学招考，进入北京大学历史系学习，毕业后从事新闻工作，最初在美国《时代周刊》(*Time*) 驻京机构当记者，后来成为 CNN 中国记者站的首席记者。

我和他认识是在 20 世纪 80 年代末，他邀请我们外交部翻译室的年青人到家里做客闲谈，帮助我们解答语言上的难题。吉米对中国的情况非常熟悉，我们之间的交流没有文化障碍，我从他那里能了解到很多西方社会和媒体的看法和情况。1988 年我随团去纽约访问，经由他建议和推荐，去《时代周刊》总部参观。那是我第一次近距离观察国际大媒体的运作。印象最深的是旁听编辑们对新一期周刊选题的讨论，房间不大，他们有的人站着，有的人坐在桌子上或者地板上，气氛热烈而又活跃，甚至会有激烈的争论。虽然他们讨论的内容专业性太强，我并没有完全听明白，但直观感受到了那种场面和气氛。

《时代周刊》总部的房间都是隔板分割出来的，走廊拐角的一个小房间属于漫画家，他满屋子贴着的图表和漫画草稿吸引了我，我很好奇，问他为什么把人都画得这么丑？为什么总要扭曲人像的面部？他说，这样才有人愿意看啊，任何画面最重要的目的是吸引读者。离开漫画家的房间，我又在这栋大楼里逛了几圈，才结束那次体验之旅。应该说，我对西方媒体的了解，最初的直观认识来自那次在《时代周刊》总部的参观。多年后，我仍然喜欢走访一些大媒体的总部，观察他们的运作，总是感觉引人入胜。2017 年随团访问时候参观了今日俄罗斯电视台（RT）总部，在享用热腾腾的俄罗斯下午茶和甜面包的同时，也体验了年轻的俄罗斯媒体人的超现代新闻表现方式和他们新锐的视角。

我的另外一位媒体朋友是在英国出任大使期间结识的英国《金融时报》（*Financial Times*）总编辑莱昂内尔·巴伯（Lionel Barber）。他看到我接受英国媒体采访的节目后，赞赏中国大使能与当地社会沟通的态度。2008 年夏日的一个周末，他邀请我出席他家的周末朋友聚会。我观察到他的收藏中有中国“文革”时期的小雕塑，由此引他谈起与中国交往的经历和对中国的看法。我们的谈话很自然地延伸到中国跟世界沟通的问题，作为一名资深传媒人士，他建议我不要总是抱怨西方媒体对中国有偏见，而是想想中国应该如何更好地与世界沟通，如何让自己的声音被世界听到。他说，西方媒体的报道源自他们所能接受到的信息，而中国提供的直接信息是很少的，而外界只能依据所能得到的和见到的信息来了解中国。

他承认，也许西方世界对中国的看法有冷战的历史包袱，但是这都不重要，重要的是中国人能否自己去传播主张和观点，能否打动世界，让世人信服。他鼓励我多接受西方媒体的采访，多让英国人听到中国的思想和观点，否则，公众就会从间接的渠道甚至是反华厌华的信息来源去获取资讯。世界想听中国的声音，问题是这个声音在哪里？与巴伯的谈话对我有启发，可能我们身处其中而不自觉，外部世界对了解中国的快速发展变化和对中国信息的渴望程度，或许是我们没有意识到和无法想象的。

回答质疑性的问题

2013 年我离开外交岗位，到全国人大之后，想与驻京外国记者座谈一下，了解外媒对中国和全国人大的看法，他们是西方看中国的窗口。我想到了吉米，虽然与他好久不见了，但是知道他一直在北京，在驻京外国记者圈子里有一定的号召力，应该能帮我邀到一些外国记者参加座谈。

在他的推荐下，我们组织了第一次与外媒的座谈会，我也是第一次从人大的角度，倾听外国驻京记者谈对中国的认识和感受。我发现，他们对中国的情绪和态度仍是比较负面的，好像中国做的什么都不对。我心里有点沮丧，他们在中国工作和生活，竟然感受不到中国的成长和进步吗？我在座谈会上坦诚面对和回答了他们提出的各种问题。不少记者希望在新闻发布会和部长记者会上得到提问机会，公开讨论一些问题。我赞同外国记者应该得到更多提问的机会，但是也强调记者会的沟通是双向的——你们不仅是在问我，也是在问中国人民，中国公众也可以从提问中看到美国媒体对中国的态度和认知。

在 2013 年的新闻发布会上，我亲自点了最后一个记者，而且把这个提问的机会给了吉米。他的问题是这样的：

"在过去30年中，无论是中国的面貌还是中国经济，都发生了很大的变化和发展。但是，政治体制改革这方面似乎有一些滞后，中国的民众和领导层似乎都认为中国是需要政治体制改革的，我想问这样的政治体制改革的内涵是什么？全国人大作为一个重要的国家机构，在使一些透明、问责等做法制度化方面，可以做哪些具体的事情，才能更好地治理中国这样一个复杂的、迅速变化的国家？"

这类问题是我与西方记者经常争论的，吉米的提问反映了许多驻京外国记者的态度和关切，也是国外普遍存在的疑问。

西方国家三十多年前肯定了中国做出的改革开放的决定，与中国开展全面经济合作，期待中国在经济繁荣之后能走向政治变革、走上西方式的道路。现在中国实现了繁荣发展，同时继续坚持自己的政治制度和发展道路，西方国家一方面从中国的发展中获取了巨大的经济利益，另一方面却对中国不能接受西方的政治理念和制度耿耿于怀。

西方职业记者很少采用"邀表扬"式的提问，外国驻京记者团不是友好协会，记者的天职是质疑。吉米的提问肯定不是"友好"的，虽然他比私下讨论时客气了许多，而且讲得尽可能礼貌。我需要做的是，利用带刺的问题借力打力，传递我们想传播的思想和信息。

我回答：

这也是最近议论比较多的一个话题，吉米你一定注意到在中国上上下下对进一步深化改革、对进一步扩大开放是有着广泛的共识的，有这样一个政治共识。我走过很多国家，也比较注意观察其他国家的情况，像中国这样三十多年如一日，坚持不懈推进改革，确实是很少见的。改革开放是中国的法宝，没有改革开放就不可能有我们今天的成绩。

你肯定还记得刚来中国的时候，七十年代、八十年代，那个时候我们还是短缺经济，还用粮票，吃饭曾经困扰了我们这个国家多少代人。但是现在我们超越了这个层面。这次召开大会，你可以看一下网上大家关心的问题，代表提出的问题，是一个更高层面的追求、需求。比如希望有更加公平的教育和就业机会，希望老人、病人有更好的照顾，希望有更好的生态环境，希望有更丰富的文化生活，另外很重要的是希望政府更加高效、更加廉洁。

从这样一个社会聚焦点的变化就可以看到中国的发展变化，而这一切都是我们的改革开放带来的，这个改革是全面的，是系统性的，你很难区分哪一项改革一定是哪一种性质。实践证明，我国的改革是成功的，我们的路走得是对的，是有成就的，但是同时我们面临的挑战、面临的困难也是非常严峻的。大家谈起这些困难和问题的时候，这种忧患意识、这种担当的压力是很大的，这一点相信我们是有数的。解决问题还是要靠改革、靠开放。刚刚举行的中共十八届二中全会上再次强调，要进一步深化改革，而且提出了很多具体的改革的思路。

关于政治体制改革，我简单介绍一下。在中共十八大报告当中有一个专门的章节论述，“要坚持走中国特色社会主义政治发展道路和推进政治体制改革”，其中很重要的一条就是要支持和保证人民，通过人民代表大会行使国家权力，推进依法治国，加强对宪法和法律实施的监督，这是中国政治体制改革的重要内容之一，也就是你关心的问责方面的重点。

当然前面，我已经谈过人大常委会的工作，在这里由于时间的关系就不再细讲。想谈一句，关于国外对中国的政治体制改革，应该说一直是保持关注度的，而且一直还是有质疑的声音。我自己在这个问题上，和国外的朋友有很多的探讨和讨论，我的感觉是，是不是在部分人当中还是有意识形态的色彩？尽管冷战已经结束这么久了，还是多多少少有这样的因素在里面。

我觉得在这儿，我们要明确一个概念，就是中国的政治体制改革，它是中国特色的社会制度的自我完善和发展。不能一说中国政治体制改革就要照搬别人的，否则中国就没有进行政治体制改革。这样的说法，我觉得不公平也不准确。我跟一些国家接触，一些发达国家面临着非常严重的困难，不比中国小，有的困难可能更复杂更难以解决。但没听他们说要改变自己的政治体制，要照搬别人的模式。那么像中国这样的发展中国家，一旦遇到这样的问题，马上就有这样的训导，说你们是不是要用别人的模式。

这是一个误区，这也是为什么相当长时间外部对整个中国政治体制的改革看不透，看不懂。可能就是因为这样的误区，当然这也是一家之言，供你参考。总的来讲，中国现在找到了自己的正确的道路，而且正在取得成功，我们没有理由不坚持下去。我们有十三亿人，十三亿人的勇气足够让我们克服困难，沿着正确的道路前进，能够实现中国的伟大复兴。谢谢。

这个回答用时 7 分 13 秒钟，约 1290 个字。

我先从改革开放给中国人民生活带来的巨大改变和正在召开的

"两会"的目的切入，借用吉米本人在中国几十年的切身感受，回应他的问题。关于政治体制改革，我从电脑资料中找出党的十八大报告的相关内容做说明，然后把重点放到了全国人大的立法和监督职能上，对中国的政治制度和改革用尽可能通俗的表述做了解答。

不过这个回应还是偏长了，想讲的东西有点多，像这样涉及理念方面的问题，要控制住表达的长度很不容易。这也促使我在日后更加注意自己的语言表述，尤其在缺乏文稿准备的情况下，仍然要迅速地组织起核心信息与问题的连接，避免进入无轨和冗长的表达。

事后，我问吉米感觉怎么样，他认为我的回答是清楚和令人满意的。当然，要让美国和其他西方国家的记者和受众了解中国的政治制度和政策，还需要有更多这样的机会和更多传播的管道，确实不是朝夕可以解决的。

介绍人民代表大会制度

吉米退休之后，另一个华裔记者蒋欣接替了他，成为 CNN 在北京跑"两会"报道的记者，最初我对蒋欣印象不深，只知道有这么一位华裔美国记者经常来参加我们为外国记者举办的座谈会和吹风会。2016 年"两会"之前，他发来采访我的申请和提纲，我才对他有了进一步的了解。每年向我提出专访要求的国内国际媒体比较多，我一般都婉拒，因为确实分心乏术。CNN 是对中国偏见很深的大牌国际媒体，主动要求专访全国人大新闻发言人，我还是觉得有点新鲜和好奇的，所以就注意了一下他的采访提纲。

他提出的问题包括全国人民代表大会的性质、如何切实有效地行使职权而非“橡皮图章”，今年有哪些议案将被讨论或者通过，全国人大代表如何开展工作以及我个人角色的转变等。我和团队商量之后，决定接受这次采访，CNN 在全球的知名度高，传播范围广，接受采访有利于全国人大信息的国际传播，可以让更多的西方民众了解中国的人民代表大会制度。当然，这个时段接受专访对我而言压力也是比较大的，考虑到需要时间准备，我把专访时间安排在 2016 年 3 月 4 日下午，全国人大新闻发布会之后。

我针对蒋欣的采访提纲做了认真的研究和准备，拟写好答问要点，考虑到西方受众对中国的政治制度知之甚少，又充满偏见，需要用尽可能通俗易懂，同时又有一定说服力的方式讲。采访用英文进行，译文中涉及的法律概念也要准确到位。

蒋欣提供的采访提纲比较细致，这让我的准备工作可以有的放矢。对于记者来说，一个好的采访不能完全靠突然袭击式的提问，专业素养好的记者更希望受访者能有充分的准备，让公众关心的每个问题都得到充分的解答，这样才能使采访的结果具有新闻性和知识性，对公众具有吸引力。

在接受采访的方式上，团队里有两种声音：一种是建议我与记者保持距离，加强防范意识，防止对方搞突然袭击，对问题的内容和时间都要严格把控；另一种声音认为 CNN 主动采访说明美国公众有要求，主张信任对方，尽量松弛和友善一些，争取好的采访效果。我对两种情况都有所准备，从后来的情况看，第二种判断是对的，前期的沟通和采访过程都很顺畅。

2016 年 3 月 4 日下午五点，我接受蒋欣的采访，地点选在梅地亚新闻中心二楼的一间中式风格的接待室里，蒋欣和摄影记者早已架好了机位和拾音器，简单寒暄之后就开始正式采访了。

蒋欣提了第一个问题："感谢您抽出时间接受我们的采访，我知道您现在特别忙。我的问题将非常简单，您可以用通俗易懂的话向我们的观众介绍。很多海外人士对中国全国人民代表大会可能都不是很了解，大家只知道这是中国的立法机关。您能否介绍一下人民代表大会？能否比较一下与美国国会和英国议会有何不同？"

我回答：

你关心中国的全国人民代表大会，我们这周开始了"两会"季节，"两会"指的是全国人民代表大会和中国人民政治协商会议，出席"两会"的共有 5000 多名代表和委员。注册采访的中外记者有 3200 多人，其中包括 1000 多名境外记者。可以说这是一大盛会。"两会"期间，党和国家领导人和各省、各部委负责人都将与代表们齐聚一堂，共商国是。

简而言之，全国人民代表大会是中国的最高国家权力机关，是在共产党领导下，依据宪法行使人民赋予的权力。

我不想对全国人民代表大会和英国议会或美国国会做简单化的比较。每个国家都有自己独特的制度，都有自身做事的道理，举个例子说说我们做事的方式。比如国务院，也就是中国的政府，是接受人大监督的，而人大的作用和目的，不是为了反对而批评政府，而是要确保政府在宪法和法律的框架内施政，确保法律得到严格的执行。

蒋欣接着问："我估计您也听过一些西方媒体对全国人大的说法或批评，他们说全国人大在很大程度上还是个仪式性或象征性的机构，甚至有的会用'橡皮图章'这样的说法。您如何回应这样的批评？"

我回答：

说到仪式性，没人可以与英国人竞争。仪式总是必要的，但实质内容更重要。在中国，人大负责制订法律，法律保障社会稳定和个人权利。举个例子，比如，《反家庭暴力法》这部新法刚刚于3月1日起实施，当天就有一位61岁的妇女向法院申请人身安全保护令，她曾遭受丈夫长达30年的家暴，法庭给予了裁定。所以说，法律在中国，对社会进步和公平正义是十分重要的。

接下来他问到2016年立法有哪些亮点，随后把话头引向代表们在大会期间的工作情况："您提到了经济和预算将会是热门话题，这很有意思。我们往往没办法看到这些代表们如何工作，因为大会大部分时间都是闭门的。那么在大会上，他们也会争论、讨论吗？会有不同意见吗？还是说每个人都很同意政府的观点？开会是什么情形呢？"

我回答：

首先，参加全国人大会议的代表有近3000人，来自四面八方和各行各业。每个少数民族，哪怕是人数最少的民族也会有自己的代表，甚至有一位宇航员代表，可以说是具有很广泛的代表性。在有13亿人口的国家中有这么广泛的代表性，必然有着非常活跃的参与度。大会将历时11天半，其中休息1天，其他时间会有几场全会，比如听取总理的政府工作报告，听取全国人大常委会委员长报告，另外还有投票时间，闭幕时要投票表决。

其他时间是分团审议，一般是按地区划分。比如，我来自内蒙古自治区，参加内蒙古代表团的讨论。讨论会更多聚焦本地区的内容，同时，代表们也需要了解国家总体政策。新的五年规划，也就是“十三五”规划，非常重要，这将是实现2020年第一个百年目标前最后一个五年规划。因此，我想，每个代表团都会尽可能地去了解中央政府的想法，考虑地方发展如何与中央规划相契合，看看对中央政府的规划是否都赞同，抑或是还想提出一些新的建议。尽管有10天半时间，但会议非常紧张，因为有太多事情需要谈。共有9项议程需要讨论，其中的预算草案是很厚的。会议讨论一定是热烈和有意思的，会场很活跃。

我想你也注意到了，在人大的实践中，我们很少会否决一项决议，也许因此有些人认为我们不是那么重要。但事实是，在进行投票表决之前我们会进行非常透彻的讨论，好的建议都会被采纳。最终，当人们进入大会堂投票时，他们的关切和意见往往已经被考虑和吸收，大家对案文感到更加满意。当然了，反对票和弃权票总会有的，这也很正常。

我的回应都比较长，因为这些问题涉及非常基础性的知识，需要一定的铺展，为了避免被打断，我尽量让每个小节之间表现出明确的连贯关系。

蒋欣接着问到大会的议题："您提到了一些代表们关注或关心的议题，请问这些议题通常是国内问题吗？因为从国际媒体和国际社会的视角看，有很多国际性的议题，比如南海、朝鲜，还有人权问题等。这些话题也会在大会中被讨论到吗？"

我回答：

当然会有关注，但外交政策不会是讨论中的焦点内容。总理会在报告中谈到外交政策方面的内容，代表们也会提出一些想法。比如，我想海南省会更多地关注南沙群岛，因为是在他们的管辖之下。要看各省情况而定，有的省可能会提出关于"一带一路"倡议方面的建议，很多省都想参与其中。也有些人会关心援外问题。总之，一切老百姓关心的事情都会在会议中有所反映，不会漏掉的。正因为如此，我们每年总会收到如此大量的代表建议，去年就有 8000 多件，办理的任务相当重。很明显的一点是，代表们了解的关于中国面临的问题和挑战远比西方媒体要多。

倒数第二个问题，蒋欣转向人大的角色："最后想问您的是，随着中国飞速变化、迅速崛起，全国人大也在随之而发展演变。您如何看待全国人大角色的变化？我们能不能看到更热烈的讨论？能不能看到更多的代表表达他们的反对意见，或对一些事情投反对票？您怎么看？"

我回答：

我们认为，法律要行之有效就必须体现人民意志，法律的制定过程必须是公开透明的。从我在人大三年的工作经验看，我们广泛听取社会意见，包括利益群体、政府机构、社会团体、专家和院校等。在一部法律正式提交表决之前，会进行充分的论证。通常我们对一部法律会进行三轮审议，并且将法律草案全文在网上公布，向社会各界征求意见。因此，这是一个不断向前发展的进程。现在我们已经有了 247 部法律，几乎涵盖了社会的方方面面，构成中国依法治国的基础和框架。

你在中国到处走，一定看到我们取得了多么大的发展进步，而且你是在世界上最安全的国家之一，这也得益于我们的法律制度的完备。我认为，中国人民取得的成功反映出中国政治制度的成功。

当然，我们并不自满。你一定听过习近平主席经常说，改革永远在路上。

最后他问了一个关于我个人的问题："从个人层面看，您从外交部副部长转岗到立法机构工作。请问这对您来说挑战或困难大吗？您从立法机关三年的工作经验中学到了什么呢？有什么是您之前不了解的？"

我回答：

这是一个很困难的学习过程，几乎像再读了一次大学，非常有挑战。例如过去在外交部时我了解《宪法》的大致内容，但现在需要了解《宪法》的每个条文，有很多要学习的。还有与朝鲜有关的例子：我曾多次访问过朝鲜，比较了解这个国家，也参与过六方会谈，但都是从国际关系的视角看朝鲜。当我在全国人大外事委员会工作时，我们会到各地去调研法律的实施情况，或是进行其他专题调研。有一次我们花了一周的时间考察中朝边界，有时坐船，有时乘车。在河上可以看到对岸人们的面孔，孩子们在河里游泳，妇女在河边洗涮，哨兵走来走去，那么近，就是面对面。由此而认识中朝关系，认识中国的地理位置和特殊的地缘现实。这很不同。

这个地区看上去十分平和，你能看到对面的人们在劳作，一派安宁的景象。我问了很多中国这边的人，他们最希望的是什么？最害怕的是什么？问过官员，问过百姓，问过我们的司机，他们的答案几乎都是一样的：他们最怕的是核泄漏，怕边境对面会乱，他们最希望的是开放，希望能做生意，想要好的生活。这样的体验是非常不同的，让我能更加深刻地认识事物，了解和理解我们的国家和国家的政策。

这个采访过程是相当顺利的，虽然蒋欣的提问方式有时候会偏离他事先提供的采访提纲，但是采访的针对性很明确，就是关于大会的。CNN 播出了这个采访的一部分，同时也挂到了官网上。估计这是他们第一次用中国人自己的图像和同期声报道中国“两会”。此后，蒋欣与我们建立了良好的工作关系，但凡我们组织外国记者座谈会，他都来参加，也会跟我谈谈感想，每次“两会”期间他都会提出对代表的采访要求和提纲，希望我帮助推荐和推动。

2017 年的新闻发布会前，不少外媒要求采访。3 月 4 日下午 4 点，我在梅地亚新闻中心二楼的接待室，接受了来自美国全国广播公司（NBC）的主持人简妮思·佛蕾娅（Janis Mackey Frayer）的采访，持续差不多 8 分多钟。她依照事先提供的采访提纲提问，主要是关于中国的人大制度和中美关系。我介绍了第十二届全国人大及其常委会在过去 4 年推进改革和法治建设取得的进展，也谈到中国对国际秩序的和平愿景，希望美国客观认识中国崛起，积极开展合作。

“怼”不是我的本意

在与外国驻京记者打交道时，我有一个印象，就是日本驻京媒体多，记者也多。全国人大组织活动的时候，日本记者也是最踊跃参加的，在每次的专题吹风会上，日本记者来得都比较多，他们尤其关心经济议题，虽然有的人讲中文并不流利，但都很努力学习，也敢大胆地使用，在座谈会上日本记者提问都尽量用中文。不过，日本记者在我的新闻发布会上举手发问却比较少，据说是因为不愿意被“怼”，怕丢面子，这与日本记者第一次向我提问的经历有关系。

2013 年 3 月 4 日，在我第一次的新闻发布会上，一位日本共同社记者用中文提问：“我想问一下有关海洋的问题，中国如何描绘建设海洋强国的蓝图，怎样缓和与包括日本在内的周边国家的摩擦，中国外交是否会更加咄咄逼人？”

他的提问给了我介绍中国海洋政策的机会。我回答说：

建设海洋强国是中国现代化发展的需要，在党的十八大报告当中已经有了明确的阐述。中国首先是一个陆地大国，同时也是一个海洋大国。所以，中国要进一步地对外开放、进一步地融入世界，加强海洋建设是必须的。但是中国的海洋建设要走的路径仍然是和平发展、合作共赢，尤其是要注重与周边国家的海上合作。在这方面，我过去参与过相关的工作，比如我国与东盟国家的海上合作就有不少进展。

日本记者提问中，对中国姿态强硬的担忧当时在周边国家中有一定的共性，我觉得应当有所回应，于是说：

你提到中国的对外姿态是不是会更加咄咄逼人？关于这个说法，最近一段时间我也听到不少，我有一些来自美国、欧洲的朋友，与我探讨过这个问题，说你们这样讲是什么意思、你们那样做是什么意思、你们是不是有点表现得咄咄逼人？这可能不光是日本方面的看法，在其他国家也有这样的关切，媒体也有这样的报道。

像中国这样一个过去积贫积弱的国家，现在发展强大起来了，慢慢地在国际事务当中，实际上中国可以说是进入世界的中心舞台了，我们已经走到世界比较居中的位置了。当然世界中心舞台上过去传统的大国很多，而中国是一个新来者，肯定会引起关注，大家评头论足，关心你的一言一行，想要了解你，想知道中国来了以后要发挥什么样的作用？要做什么？会不会来了以后与大家都相处不好，还是能够融入地区和世界。

而中国有很多与以往传统大国不同的地方，我们有不同的政治制度，中国人口多，发展速度快，而且还在继续快速发展，所以别人不一定完全了解和理解我们。可能会有一些人，从过去500年国强必霸的国际关系传统出发，从这样一个逻辑出发，来预判我们的未来，也会寻找一些现象来印证自己的判断，这样的现象是有的，我觉得有这种情况也不奇怪。

日本记者是从日本公众的角度提出这样的问题的，但是站在中国人的角度，尤其考虑到中国人对日本的特殊历史记忆，这样的问题让人难以接受。因此我也需要让他和日本公众了解中国人的感受。其实他提问的时候，现场就有反映，我利用现场的气氛把话头转向了中国人的立场：

刚才你提到这个问题的时候，你注意到中国记者都笑了。其实你在中国听到的是完全不同的，几乎是另外一方面的意见，很多中国人的意见包括媒体人的意见，是希望中国更加强硬一些，尤其面对挑衅的时候，希望有更加强硬的姿态，这个差距是存在的。这是一个实际情况，要看到这个现象的存在。

首先从政策上来讲，我前面也提到了，中国坚持独立自主的和平外交政策，一方面，我们要坚定地维护自己的主权权益，另一方面我们也积极维护地区和平、世界和平，这个基本的原则立场三十多年没有动摇过。但是在出现一些问题的时候，在领土争议问题上面对一些困难的情况下，有的国家采取挑衅的行为，我们应该怎么办？应该果断地应对、面对和处理这样的问题，我认为，这也是向地区释放一个重要信号，要维护地区和平，要维护这个地区的和平秩序。亚太地区要在世界上维护和平，国与国之间要有信誉，要信守彼此之间的承诺，要信守达成的共识，否则就乱了。

你刚刚提到如何解决与邻国的争议问题，中日之间存在的分歧原因比较清楚，讲得比较多了，我就不再重复了，中国希望通过对话、磋商，通过商谈去解决分歧和矛盾。中国人经常讲“一个巴掌拍不响”，要双方都有这样的意愿。如果对方选择的是强硬的举措，选择的是背弃共识的做法，那么中国还有一句话叫“来而不往非礼也”。我希望共同社的记者可以把这句话带给日本政治层面的人，带给日本的有识之士。我们想知道日本的人民、日本的领导人，了解不了解中国人民的想法，了解不了解钓鱼岛的历史事实，他们能不能客观地面对?

钓鱼岛的基本事实是非常清楚的。一是，1895 年甲午战争后日本从当时中国的清政府手中窃取了钓鱼岛，这个历史事实是清楚的，日本政府的文件、档案和日本学者的书里，对这个都有记载。我真的希望能够把这些情况如实地让日本人民听到。

二是，世界反法西斯战争胜利之后，根据《开罗宣言》和《波茨坦公告》，日本占领的中国领土都要归还给中国，这个历史事实也是清楚的，所以为什么我们在讲到钓鱼岛的时候，总是讲要尊重“二战”之后的胜利成果。

三是，去年日本政府采取购岛行为，违背了两国建交时达成的共识，如果这个共识不存在了，中国的克制也没有基础了，所以，中国的海监船到钓鱼岛海域巡航是必然的。

我希望今天通过你的报道能够如实地向日本社会传递这个信息。从全国人大代表的角度，我们希望日本社会和方方面面能够倾听中

国人民的声音，能够客观地看待过去发生了什么、现在发生了什么，这样两国就能够找到对话的基础。谢谢！

这个回答用时 10 分 06 秒钟，约 1675 个字，这是我在新闻发布会上最长的一次答问。一般在发布会或者记者会上讲话太长，容易让听众感到拖沓，这个回应虽然长，但说出了很多中国人的想法，所以没有出现抓不住听众的情况。不过事后我还是总结了经验，认识到想面面俱到就容易被问题牵着走，以后应力求更加简洁和专业。

那天发布会一结束，就有中国记者现场采访了这位日本记者，他显然对得到提问机会和我的回应都还是满意的。无论是发言人还是记者，不可能在所有问题上都持有一致的立场，记者希望有提问的机会，希望发言人坦诚面对问题，但不可能期待对方的回应一定符合自己的观点。

发布会之后，国内媒体以“傅莹回应日本记者所谓‘中国外交咄咄逼人’”为题进行了报道，也有的评论文章间接批评了日本记者的提问和他对中国外交表现出的观点，认为我说的“刚才你提到这个问题的时候，你注意到中国记者都笑了”是对日本记者的嘲弄。这种舆论似乎给日本记者带来了一定的压力，日本国内也出现批评的声音，甚至在日本驻京记者中有一个说法，不要再向傅莹提问了，免得受到奚落。

2017 年，国内媒体和网络对我回答 CNN 记者的提问和参加慕尼黑安全会议的报道中，有不少以“傅莹怼美国记者”“他们又对中国军费指手画脚，却被傅莹怼了回去”“傅莹教你如何怼回‘刁钻’问题”等为标题，来表现我对外国记者和学者尖锐提问的反应。其实，以“怼”的方式与外界打交道，并不是我的本意，如果真的是一遇到不舒服的问题或者批评就“怼”，不一定总能实现传播的目的，若凡事都用个“怼”字，反而会显得不自信。

在国际论坛场合，或者是在新闻采访的一问一答中，无论是问者还是答者，都需要用坦诚和智慧去赢取听众，可以批评对方，也可以展现自己的观点，双方精彩的对话才是公众所期待的。

中国因为历史和现实的原因，在国际社会中得到的了解和理解相对少一些，尤其西方发达国家对中国的偏见更多更深，遭遇不公正批评并不鲜见。越是这样，越需要我们利用各种机会传播自己的理念和政策，据理力争，用事实说明情况、揭示偏见、弥合差距。中国从一个积弱积贫的国家逐渐成长起来，经历了艰难的过程，而培育起与之相适应的大国心态也需要一个自觉的过程。

国与国打交道，和人与人打交道有很大的相似性，彼此需要尊重、理解和包容，而不是一言不合就“抬杠”，就开始“怼”，而是应该用更加智慧的方式树立自己的国际形象，讲究说话的技巧，有些重话用轻松的语气表达反而更有效果。无论是回应记者的质疑还是面对国际场合的辩论，我的体会是，心思不能仅放在如何战胜对手上，更要着眼于赢取摄像机背后的广大公众的心，通过摆事实讲道理，让更多的人听明白我们的观点和主张，从而为国家争取更多理解、信任和支持。这样也能更好地展现我们党和国家以及人民的自信。

第二部分

新闻发布会背后的故事

2016 年 1 月 21 日，在人民大会堂召开南海问题吹风会，邀请中国南海研究院院长吴士存为外国媒体答疑

2016 年 3 月 4 日下午，在梅地亚两会新闻中心接受美国有线电视新闻网记者采访

2017 年 1 月 18 日，在人民大会堂宾馆会议厅为外国媒体召开经济问题吹风会，邀请十二届全国人大常委会委员、全国人大财政经济委员会副主任委员吴晓灵、辜胜阻答疑

与国内媒体座谈

与全国人大机关同事座谈

与小分队的部分成员研讨法律问题

2017 年 2 月 9 日，在人民大会堂宾馆会议厅为外国媒体召开吹风会，邀请全国人大常委会法律工作委员会副主任张荣顺、民法室主任贾东明答疑

2017 年 2 月 21 日，出席国务院新闻办组织的与外媒记者交流活动

2017 年 2 月 27 日，模拟演练

新闻发布会之前的补妆

2017 年 3 月 4 日下午，在梅地亚两会新闻中心接受美国有线电视新闻网记者采访

第四章
一切为了大会

从 2013 年 3 月至 2017 年 3 月，我参加了第十二届全国人大第一至第五次会议。每次会议的议程和内容都丰富而紧张，包括 2013 年第一次会议选举国家主席、决定国务院总理等重要的人事任免、听取和审议全国人大常委会和“一府两院”报告、审查和批准预算和执行情况的报告等，还有涉及刑事、民事、国家机构和其他基本法律的制定与修改等。

《宪法》第 2 条规定：“中华人民共和国的一切权力属于人民。人民行使国家权力的机关是全国人民代表大会和地方各级人民代表大会。”

《宪法》赋予全国人民代表大会最高国家权力机关的地位。

每年3月5日召开全国人民代表大会会议，这是全国人大运行和全国人大代表履职的“高光时刻”。根据《中华人民共和国全国人民代表大会和地方各级人民代表大会选举法》，全国人大代表的名额不超过三千人，具有广泛的代表性，囊括了社会各行各业和方方面面，其中还有大量来自基层的代表，每个少数民族也都有自己的代表。此外，法律还规定应有适当数量的妇女代表，第十二届全国人大女性代表占到23.7%。

通常在全国人大会议开幕的前两天，全国政协会议就开幕了。两个同期召开的全国性会议就是大家俗称的“两会”。根据2017年的统计，参加“两会”的全国人大代表有2924名，全国政协委员有2237名，总计有5000多名人大代表和政协委员聚集在北京，共商国是。党和国家领导人、各部委主要负责人都要到会听取人大代表和政协委员的意见，而在电视机、电脑屏幕前和收音机旁，还有更多关注“两会”的公众。鉴于这两个会议有很强的政治性和代表性，也被认为是中国一年一度重要的“政治季节”，是一个全国聚焦北京，世界关注中国的重要时刻。

新闻记者是“两会”期间的一个活跃的群体。作为“两会”的报道者和记录者，他们见证着我国民主法治的进程和时代的变迁，也是“两会”与国内公众和国际社会沟通的桥梁。2017年登记参与“两会”报道的中外媒体记者有3400多人，包括境外记者1500多人。“两会”对媒体的吸引力在于它的重要性，也在于它比较高的开放度。以全国人大会议为例，大会的所有全体会议都向中外记者开放。每次召开全会的时候，人民大会堂万人大礼堂二楼和三楼的媒体区拥满了各国记者，全国人大代表是在媒体“长枪短炮”的注视之下进行大会的许多议程的，甚至投票表决后，代表们也是与媒体同时在大屏幕上看到结果。在大会期间，许多代表团安排开放日，邀请记者来旁听他们的团组会的发言，有的也安排现场采访。

每年的“两会”是国家和人民互动的一个巨大、立体和实时平台。全国人大代表和全国政协委员们带着他们过去一年在自己的岗位或者是一线和基层遇到的问题、了解到的情况和考虑好的建议意见来到北京，媒体记者也会在这期间集中报道公众的关切和社会热点。经过“两会”这个平台的收集和整理，这些信息都会反馈给相关负责的政府部门，让国家治理的各个环节能更清晰、更准确地“听”到人民的声音。

同时，“两会”也提供了一个向公众回应的渠道。“两会”期间举行的一系列新闻发布会和记者会，就是即时反馈和回应的一种形式。在全国人民代表大会会议开幕前一天举行的新闻发布会如同给大会敲“开场锣”，之后，在大会期间几乎每天都要邀请一些部委的主要负责人举行记者会，这也都是着眼于回应社会关切的。不仅如此，每逢全国人大或者全国政协在人民大会堂举行全体会议的日子，记者们将有机会在“部长通道”上向前来参加会议的部委领导直接询问公众关注的热点问题。

以 2017 年的“两会”为例，人大会议新闻中心共举办了 17 场部委负责人记者会，在“部长通道”上共计有 45 位正部长和 1 位副部长接受了记者采访，回答的问题总计达到 95 个，大会的 34 个代表团共计举办了 37 次开放团组活动。对媒体来说，压轴的“重头戏”是大会闭幕当天邀请国务院总理会见中外记者并回答提问，记者们可以直接聆听中国政府领导人的看法。毫无疑问，“两会”期间是国内外媒体了解和传播中国政治和政策的最佳时机，因而也被认为是“媒体盛宴”。

当然，人大对人民关切的回应、对政府的监督应是一年 365 天全天候、不间断的。“两会”期间不可能解决所有的问题，而且很多复杂、深层的问题需要综合、长期施力。但我们需要利用好“两会”这个重要的平台进行强有力的呼吁和督促。

在全国人大外事委员会工作的这五年，我努力学习和认识人民代表大会制度、“两会”的实质是什么。经过近距离观察和直接参与“两会”的工作，我想，答案就是“人民”二字。党的十九大报告指出：“人民是历史的创造者，是决定党和国家前途命运的根本力量”，“要把人民对美好生活的向往作为奋斗目标，依靠人民创造历史伟业”。

习近平总书记 2014 年 9 月 5 日在庆祝全国人民代表大会成立 60 周年大会上也说过：“人民代表大会制度之所以具有强大生命力和显著优越性，关键在于它深深植根于人民之中。我们国家的名称，我们各级国家机关的名称，都冠以‘人民’的称号，这是我们对中国社会主义政权的基本定位。”人民代表大会制度是坚持党的领导、人民当家做主、依法治国有机统一的根本政治制度安排。

这五年我对这些道理有了更加深入和直接的理解和体

会——人民代表大会是代表人民利益，服务于人民的，其中一个重要环节就是通过人民代表大会这个平台，倾听人民的声音，回应人民的关切。在全国人民代表大会会议的筹备期间，为了使大会新闻工作更有针对性，我们要密集地举办一系列的座谈会，倾听民意、了解社会关切，与政府各部门沟通意见，收集和整理资料，为大会期间回应社会关切提供参考。本章从一个侧面记录这个过程中的点点滴滴。

进入一年一度的筹备期

全国人大常委会会议每两个月召开一次，通常是在双月的最后一周举行，内容包括审议法律草案，听取和审议国务院报告等。每年最后一次会议是在 12 月最后一周进行的，之后全国人大常委会和办事机构就转入筹备下一年 3 月的全国人民代表大会会议，一年一度的紧张筹备周期就开启了。

通常要设立一系列分工明确的工作组，负责前期筹备和大会期间的组织协调。比如，议案组负责对代表提出的议案和建议进行初核、整理，提出议案建议分送、交办的初步方案，对议案、建议进行分类统计、综合分析等。秘书组负责大会议程、日程具体落实；同各代表团、秘书处各组沟通联系；负责制发会议有关证件，安排布置会场等。新闻报道组负责起草新闻报道计划，组织会议期间的重要新闻报道，组织安排新闻发布会、记者会等集中采访活动，做好记者采访会议的管理与服务工作等。

总理记者会通常是在大会闭幕之后，在人民大会堂的金色大厅举行。全国人大和全国政协会议的新闻发布会，分别是在各自大会的前一天，在人民大会堂的新闻发布厅举行。其他重要的记者会，包括国务院各部门负责人的记者会，都安排在梅地亚宽敞的新闻中心举行。

从程序上讲，我作为大会副秘书长和大会发言人的身份，是在大会开幕前一天举行的主席团会议上决定的。在筹备期间，我是以外事委员会主任委员的身份，主持新闻方面的工作。其中一个重要任务是为全国人大会议和大会代表提供新闻信息和对重要问题的答问参考，也为政府部门提供媒体和舆论信息。我们一方面要为代表与媒体交流提供参考信息，另一方面也要督促政府部门关注和回应代表、媒体和人民群众关心的问题。

新闻方面的前期准备工作分两部分：一是收集问题，二是汇总回应的参考材料。

首先，我们需要了解和收集社会公众关注的焦点和热点问题，包括向媒体了解和向政府部门征询，对收集到的大量问题进行归纳整理。然后，要把这些问题反馈给政府相关部门，请他们有针对性地做出详细的反馈，包括事实如何、处理的进展如何、存在的困难是什么，以及解决的思路和办法。

为此，首先需要进行一系列的座谈，包括与人大各个专门委员会座谈，与部委座谈，还要与国内外媒体座谈。

如何收集社会和公众关心的问题？主要是通过多场与新闻媒体机构负责人和一线记者的座谈会，对社会舆论热点、重点问题进行摸底。与政府部门的多场座谈也是收集问题的渠道，从参会部门通报过去一年工作中的重点和焦点问题中，可以了解到很多信息。我注意到，媒体和公众关注的热点问题与政府部门重点施策的领域和焦点是高度重合的，从中也可以反映出中国政府为人民服务的宗旨和解决民生问题的效率。更重要的是，我国在体制和机制上为此提供了保障，人民代表大会制度就是其中的重要环节。

我们根据各方提出的问题，汇总和梳理出过去一年在政治、经济、民生、外交等各个领域里公众重点关注和关心的问题，汇编成册，称之为“问题大本”。比如，2017 年我手头就有一本《“两会”媒体关注热点问题汇总》，共 120 页，囊括近 700 个问题，其中政治法律类问题 72 个，经济问题 274 个，社会民生问题 96 个，民族宗教问题 4 个，司法反腐问题 77 个，台港澳问题 48 个，外交国防问题 128 个。我们把分类整理出来的问题单子提供给相关部门。比如，环境方面的问题交给环保部和人大环资委，贸易和商业方面的问题提供给商务部，外交方面的问题则转交外交部，为各个部门在人大期间准备记者会和新闻工作时提供参考。

收集问题只是个开始，更重要的是如何对社会关注的这些热点问题给出权威、专业和有说服力的回应。我们在“问题大本”的基础上，精选出涉及国计民生和公众关心问题的“重中之重”，作为与相关部门座谈的基础，并且请他们提供说明材料和答问参考。各部门对此非常重视，对具体问题会进行认真的研究，在后来反馈回来的材料中，不仅有具体的建议口径，而且对问题的背景、原因、处置进展和目前存在的问题，都会做出比较详细的说明。

这些反馈信息内容丰富、资料庞大，我们要设立专门的文字工作班子，负责压缩、修改、复核答问提纲，把每个条目的素材改编成50~500字的答问参考材料，必要时附上情况说明，最终汇编成《答问参考手册》。这是大会新闻准备工作的重要成果，将提供给大会代表和任何有需要的部门参考。例如，2017年的手册收录了134个问题。

我负责主持这一系列工作，这对后期我为自己的新闻发布会做准备很有益处，可以搭便车提前捕捉社会新闻热点，学习相关知识，为发布会的准备工作预热。尤其是那些内容丰富的座谈会，对我锁定焦点问题、了解问题背后的真实情况和构思应答要点，提供了重要的依据。

由于人大和政协在“两会”期间的新闻工作有大量重叠，我们许多工作都是与政协的同事一起做的。我与政协新闻发言人之间有着密切的协作关系，政协发言人吕新华和后来接替他的王国庆都来参加各项会议，有时我们会轮流主持座谈会。

先从知己开始：人大内部座谈

在为“两会”服务的一系列座谈会中，通常最先进行的是与全国人大专门委员会和机关各部门进行座谈。这样安排的合理性在于，先关注“本职工作”。无论是全国人民代表大会的代表还是社会公众，首先会关心一年来全国人大及其常委会在立法和监督等方面做了哪些工作。座谈会邀请所有部门，包括各专门委员会和工作委员会：民族委员会、财政经济委员会、内务司法委员会、教育科学文化卫生委员会、华侨委员会、环境与资源保护委员会、农业与农村委员会、法制工作委员会、预算工作委员会、港澳基本法委员会等，还有全国人大常委会办公厅下的秘书局、研究室、联络局、外事局、信访局、信息中心等16个单位，覆盖政治、社会、经济、法律、对外、文化、环境等各个领域。

人大内部座谈会所涉及到的问题，通常构成其后一系列部委座谈会的“浓缩版”。例如，在2017年的座谈中，财经委提到的热点问题包括人民币汇率、我国外汇储备、供给侧结构性改革、房地产调控、实体经济遇到的困难和电子商务法的起草等。法工委提出的热点则涉及民法总则的制定、《网络安全法》、《证券法》的修改、土地使用权到期后续期的问题、劳动合同法的实施和国家监察体制改革试点等。预工委讲了地方债、房地产税和税收法定原则的落实等。港澳基本法委谈到遏制“港独”、104条释法、新一届特首选举、高铁“一地两检”，以及香港是否会重启政改等问题。环资委主要讲了2016年环保法执法检查和专题询问、全国人大常委会听取和审议国务院关于2015年度环境状况和环境目标完成情况的报告，以及大家十分关心的雾霾治理。教科文卫委则谈了食品安全法执法检查、“二孩”政策实施情况和红十字会法修改等。民委、农委、内司委、秘书局和联络局等单位也都对自己相关领域的情况和热点进行了介绍。

从中不难看出讨论的广度和深度，是对全年工作的回顾和梳理。而这些问题与后来我们和部委座谈时涉及的问题有相当大的重合度。

当然，人大内部座谈会凸显的是“人大视角”，体现的是全国人大及其常委会的角色和职责，关注的是立法和对执法的监督。例如，在雾霾问题上，环资委与环保部的角度会有所不同；面对经济和法律方面的热点，财经委和法工委与发改委、央行、财政部，以及公检法都有不一样的视角。人大内部座谈会的与会者来自人大机关各部门，他们清楚人大的作用和角色是什么，重视如何通过立法和监督来履行人大的职责。在讨论具体问题时，他们往往会结合这方面的最新立法进展，或者相关执法检查和专题询问等，介绍工作情况，提出对热点问题的看法和对回应社会关切的建议。

例如对社会上比较关心的如何切实履行监督的问题，2017年内司委的介绍让我印象深刻。在执法检查和地方调研的时候，为了确保能看到真问题、真情况，采取了各种“暗访”措施，包括不带照相机和摄像机以免“暴露身份”，为了避免“被安排”，到最后一刻再通知行程等。

参加座谈会的很多同事都是经验丰富的“老人大”，与他们的交流对准备“两会”的新闻工作帮助很大，他们带来各个领域热点方面的信息，同时也会一起做些深入探讨：全国人大及其常委会做了哪些工作？如何回应社会的关切？对一些具体情况应向哪个部委了解？有时候遇到一些比较困难或者棘手的问题，大家更是会一起头脑风暴，群策群力地帮助出主意。

总之，这场人大内部座谈就像是一场电影的预告片——在进入与媒体和部委的密集座谈之前，这场座谈会让我们对大会的新闻准备更加心里有底，也有利于有针对性地开展下一步的筹备工作。

媒体的背后是老百姓：与媒体座谈

在人大内部座谈会之后，我们要连续举行三场与新闻单位和媒体的座谈，主要目的是了解社会公众对过去一年关注的焦点是什么，有哪些热点问题。

通常，媒体座谈会第一场邀请的是中央主要媒体，参加的媒体包括人民日报、新华社、光明日报、经济日报、中国日报、中央人民广播电台、中央电视台、中国国际广播电台、中国新闻社和法制日报等。第二场邀请的是都市综合类媒体，比如新京报、北京青年报、北京晚报、法制晚报、财新杂志、南方都市报、南方周末等媒体。最后一场专门邀请网络媒体，包括人民网、新华网、中国网、新浪网、搜狐网、腾讯网、凤凰网、澎湃网和观察者网等。出席座谈会的多是经常跑“两会”报道的记者或者媒体负责人，他们都是有备而来，既不粉饰也不回避，讨论往往是热烈和活跃的。

如果说，人大内部会议和部委座谈会是从治理的角度看社会热点问题，而媒体在很大程度上反映民意、反映社会如何看当下存在的一些问题，他们谈的是如何看国家的治理和效果，媒体的关切往往反映的是公众的关切。

在我看来，媒体座谈会主要是帮助“大会”找问题。这有两层意思：首先是指话题和议题。有些话题是几年接续下来的，比如雾霾和反腐败；有些则是每年新出现的关注热点，比如2016年的南海问题、“十三五”规划和2017年的民法总则，尤其是社会突发事件。与媒体座谈的结果如同制作出一张“热点图”，让我们了解到社会对一些问题的关注程度和关键词出现的频率。来自不同媒体的记者谈到的很多问题是重复的，而这种“重复”恰恰是媒体座谈会的价值。一个话题被媒体重复提到的次数越多，就越说明社会关注度高，因此也越有必要给予关注和做出回应。

第二层意思是说，在确定话题（topic）之后更精确地锁定问题（question）。“热点图”让我们了解哪些话题是老百姓所关心的，但这是不够的，还必须清楚这些话题会衍生出哪些问题。举例来说，光知道媒体今年很关注反腐败是不够的，还需要了解媒体是从哪个角度来关注：是某些“大案要案”的进展，还是海外追逃追赃？是反腐败国家立法，还是国家监察体制改革？从话题伸展到问题这个过程，是更准确地倾听和把握民意的过程。

如果说了解话题需要把握“同”，摸底问题则需要关注“异”。即使大家都在注意同一个话题，但各家媒体提出的问题却是不一样的。央媒有央媒的角度，都市类媒体有都市类媒体的角度，网络媒体则有网络媒体的角度，法治或财经类媒体也有自己独特的视角。因此，考虑到媒体丰富多元的构成，三场不同的座谈会能使我们更好地了解不同的视角。

中央媒体来参加座谈的人通常都比较资深，有的记者已经有了多年采访报道时政新闻和“两会”的经验，提出的问题比较有高度和宏观视野，从中能感觉到他们不仅有深厚的知识储备，而且提前做好了功课。在座谈会上能提出一些犀利和“头疼”问题的，多是来自中央媒体的记者。比如有的资深记者有很好的法律知识，他们所关注的人大立法方面的问题往往也能为我日后发布会的准备工作提供有益的参考。我对围绕国家监察体制改革试点，监察体制改革是否需要修宪，将来谁来监督监察委等“棘手”问题的思考，很多都是参考了中央媒体在座谈会上的发言和提出的问题。

都市类媒体的记者则更平视和“接地气”，他们对国家的大政方针往往可以“以小见大”，从与百姓生活息息相关的角度切入，提出质疑或者追问。例如雾霾、限行政策的合法性、网约车的规范、校园霸凌的预防，乃至房价、电信诈骗和个人信息泄露、医疗纠纷……这些都是都市类媒体关心的“高频”问题。

网络媒体的关注则更“新”、更“快”。每次和网络媒体记者座谈总是很新鲜和有意思，不仅能从他们那里获得新角度、听到新问题，还能学到不少新词汇、新说法。记得在 2016 年的网络媒体座谈会上，一家网媒在列举社会热点时，提到了网上围绕大型强子对撞机的争论。说实话，在那之前我对此知之甚少，在座的很多同事和媒体朋友也感到好奇，于是就请这位记者讲了一下来龙去脉。结果发现，关于这个问题的讨论超越了具体事件，大家更关心的是国家对大型项目的审批和监督。

对这样“冷门”和“小众”的问题也是需要了解的。不管是一个人还是一个机构，能了解和掌握的信息都是有限的，之所以与这么多媒体座谈，就是希望知道更多我们看不到、想不到或者被忽略掉的东西。因为，在信息和网络时代，这些问题不知道什么时候就会突然转化成社会热点。互联网上用“长尾理论”来形容和说明那些“冷门”“小众”的事物也会具有很高的价值和能量。与媒体座谈能帮助我们尽可能全方位地听到社会各个角落的声音。

除了“找问题”，每年的媒体座谈会也是“听建议”的好机会。如何改进“两会”的新闻工作？如何更好地管理发布会和记者会的现场？如何更加合理地安排采访证件的申请与发放？如何让“两会”代表团更加开放？如何增加新媒体和新技术在“两会”报道中的分量？各种建议层出不穷，比较技术性的问题和建议很快就能得到落实和改进，一些涉及更深层的问题也会受到重视。当然，与会者也少不了为各自服务的媒体“游说”和“做广告”，这让我们能更好地了解各家媒体。

在“输入”——找问题、听建议——之外，我们也利用媒体座谈会见缝插针地搞些“输出”，做主动宣传和澄清误解的工作。我觉得，多介绍一点情况、多做一分工作总是有益的，记者对情况了解得越充分，就越容易实现客观报道。媒体的背后是老百姓，记者对事物的认识和了解总会影响和反映到他们的报道中，进而通达到社会公众。

这些年举办媒体座谈会也让我对媒体在“两会”中扮演的角色有了更多思考，这背后其实涉及对一个“元问题”的认识——“两会”的主旨究竟是什么？就像本章开头所说的，“两会”也是一个与人民对话的大平台，提供了一次人民—政府—人大/政协大型的互动机会。一方面，要通过这个平台，通过媒体向社会传播党和国家的大政方针；另一方面，也通过记者提出的问题向大会反馈公众的关切，一起督促、监督政府各部门把工作做得更好。

我与记者座谈的时候常强调沟通的重要性。我也承认，不可能让每件事、每个问题都能在这里画上句号，但我们可以一起提出一个问号或者点上一个逗号。例如，对有些问题，可能我在新闻发布会上回答不了，记者们可以进而在部门负责人记者会上寻求答案。而有些问题即使一时没有答案，问题的提出本身就可能引发讨论，导致相关信息的释放，推动问题的解决。的确，有些棘手的问题短时间内很难解决，但是通过“两会”这个高度聚光的平台，可以让相关部门更好地了解和认识公众的这些关切，也有助于将来更好地回应和解决。

对参加“两会”的记者和媒体来说，他们对人民群众也有一份沉甸甸的责任。社会公众对新闻报道不断提出更高的要求，记者也必须做好调查研究，才能提出好的、反映人民意愿的问题，做出有意义的报道。公众期待记者和媒体具有专业精神，而只有准确和透彻地把事情搞清楚，报道才能客观平衡，才能有助于推进我们共同的事业。

总而言之，人大和媒体都应该是跟人民群众站在一起的。人大是通过宪法和法律赋予的职能发挥作用，而媒体则是通过表达民意和传播政策发挥作用，大家的目标是一致的，就是根据党所确定的方向和方针政策，服务于人民。

来自一线的信息：与部委座谈

在“两会”的新闻准备工作中，分量比较重的是与各部委举行的座谈会。

2017 年，我们分别组织了八场部委座谈会，一共邀请了 61 家单位。参加座谈会的部门涵盖面很广。比如，这一年各界对国家经济状况非常关心，因此我们安排了两场座谈会集中邀请与经济、金融有关的部门。其中一场座谈会出席的部门包括发改委、商务部、审计署、国资委、海关总署和国家统计局，另一场座谈会出席的部门包括财政部、央行、税务总局、银监会、证监会、保监会和外汇管理局。各部委都安排相关负责人出席。

在元旦过后的一段时间，我和政协发言人王国庆基本上整天泡在人大机关办公楼一层的会议室里，走马灯似的迎来各个部委的同事。座谈会议题密集，内容丰富，涉及政府工作的方方面面，信息量相当大。每天从会议室出来的时候，总觉得身体极度疲惫，头脑却异常兴奋。

与部委的座谈会聚焦于一年来各领域工作的重点和社会关注

的焦点。参加座谈会的人会带来本部门按照工作的优先顺序排列的单子，我们也会通报从媒体座谈会上了解到的相关信息。在这样一场接着一场的座谈会中，大家围绕这些重点和焦点问题进行热烈和充分的讨论，提出看法和建议。

在此基础上，在随后的几周内，各部委会调动力量，整理出相关问题的背景分析和答问参考，针对许多社会关注的问题给出权威、专业的意见。他们将在限定的时间内反馈回来，以便于人大的工作机构整理和汇编。

如果说与媒体的座谈会能帮我们绘制一张社会热点图，那么与部委的座谈会则是共同完成一张国家发展和政策执行情况的拼图——如同每个部门都带来了拼图的一个角，大家的信息聚合在一起，可以大致拼出过去一年国家发展的全貌。

在座谈的过程中，我们也会观察和思考：一些社会热点问题的要害是什么？如何回应公众的关切？哪些问题最好由谁来回答？哪家给的答案最有说服力？各部委代表发表的意见和讨论给我们不少提示。

在座谈中，也需要大致商定邀请哪些部委的负责人在“两会”期间召开记者会，建议哪些部委的负责人在部长通道上接受采访。对于人民群众关心的许多具体问题，主管部委掌握最直接的信息，拥有最权威和专业的答案，如果能由部委的主要负责人出面直接回应媒体，效果一定会很好。因此，我们会结合当年热点，与各部委来参会的负责人探讨采访安排，当然最终还是尊重各部委负责人的意见，因为他们最清楚在本领域有哪些问题会引起公众的关注，是否需要和应该以何种方式回应。

我们也要倾听部委的意见和需求，不断改进“两会”期间的新闻服务工作。“部长通道”的设立就是第十二届全国人大期间的一个创新举措。每到“两会”举行全体会议的时候，代表们和部委领导都要从人民大会堂东门或北门入场。因而，东门外的大长台阶往往成为媒体进行“埋伏”采访的“战场”，记者们都想抓住这个一年一度的难得机会，采访到关键人物。其实也很自然，记者的背后是广大人民群众，公众对鲜活的第一手信息一向有饥渴需求，这对记者是压力，也是动力。所以，每逢这样的时刻，只要看见部长或者名人，记者们就会一拥而上，连拽带扯地进行随机采访，秩序和场面有时是相当混乱的。

然而，“两会”是一个庄严、隆重的场合，无论对记者还是对被采访者来说，以这种方式采访总是有些不太妥当。为了解决这个问题，2013 年 3 月“两会”期间开始尝试新的安排，在人民大会堂北大厅通往万人大礼堂的路上，设置了一条 200 米长的采访通道，请部委领导从这里入场。提前让记者们在走道旁架好机位等候，对走过的部委领导进行随机采访，效果不错。在随后的几年，我们不断完善服务，采访通道的成效逐渐显现，被记者亲切地称为“部长通道”。越来越多的部委领导愿意在“部长通道”上接受采访，公众评价也是正面和积极的，构成了官民沟通理解的正循环。

对于我们的人民政府来说，第一时间正面回应社会关切是增进人民群众对党的政策了解和信任、赢取对政府的工作理解和支持最好和最直接的方式。我们国家的政府官员实践经验丰富，部委负责人的政治和政策水平乃至专业素养都是非常高的，很多人口才也很好。当然，与媒体打交道需要有相应的准备，如何完善这方面的工作也是座谈会上大家经常讨论和分享经验的话题。

年轻人把没有准备就去参加考试，叫“裸考”。对官员来说，接受媒体采访和开记者会也相当于考试，而我们面对的是人民群众，承担的是传播党的政策和执政信息的责任，不是在表达个人意见，因此是一定不能“裸考”的。政府各部门对“两会”期间的新闻工作都高度重视，都有很强的团队，要做认真的准备。我们所收集到的媒体和社会关注的热点问题，也可以为他们的准备工作提供重要的参考。

“台上一分钟，台下十年功”，这是我的信条，也是我这些年摸索出来的经验，我会把自己做记者会的经验和教训，乃至一些临场处置的技巧拿出来分享。比如，建议各部委给负责人开记者会准备的答问参考要尽量简洁，严谨繁复的书面表达不一定适合传播。再比如，建议表功的话、套话和口号大道理能省则省，尽量直接针对提问做出回应：存在什么问题？政策措施是怎样的？打算如何处理？但凡该给人民群众交代的情况，该传递的信息，就多积极、主动去释放。建议在记者会上的答问要尽量通俗易懂。

我们还会向部委转达媒体的要求和意见。例如，有记者提到，如果开记者会的时候，长时间低头念稿子，大家都看不到讲话人的眼睛，这样会容易沉闷。记者会不是报告会，记者和镜头背后的公众想得到的是对他们关切的回应，我们坐在台上的人，有责任和义务把大家关心的事情讲清楚，把道理说明白，从而赢得人民群众的信任和支持。

讲话人的态度和身体语言也是重要的。作为政府官员，我们需要意识到自己面对的记者和镜头的背后是人民群众，因此，回答问题时要把自己的姿态放低，需要谦虚甚至谦恭。我们的政府与媒体不是对抗和博弈的关系，而是共同努力满足人民群众对资讯的需求，传播执政为民的政策和思想。回应公众关切是我们义不容辞的责任，需要“俯首甘为孺子牛”，而不是“横眉冷对千夫指”。

当然，官员也是凡人，会有自己的性格，在平日里是很难强求的。但是我觉得，有的官员可能对上级说话冲些，那是性格，但是对老百姓说话冲，那就是态度了。所以，在面对公众的时候要有好的态度，这样才能让人民群众放心和安心。

民众对官员的期待既有理性成分，也有感性成分；既“对事”，也“对人”。理性和“对事”的一面要求官员的回应尽可能专业、客观和准确，能够解答他们心中的疑问，而感性和“对人”的一面则是，希望看到我们的官员是自信、真诚和平易近人的。如果能够通过记者会或者媒体采访，让人民群众感觉到“这个官员靠谱”，“这些事儿交给他 / 她放心”，才能有效地实现与人民群众沟通思想和传播党的方针政策的目标，从而不断夯实中国共产党的执政基础。

讲好中国故事：与外媒座谈、召开吹风会

关注和影响“两会”传播的一个特殊群体是外国媒体和记者。中国改革开放的成功和发展成就吸引了越来越多的国际关注，境外媒体驻京记者数量的增长就是佐证。根据外交部新闻司的统计，1990 年境外媒体在华常驻记者有 170 多人，而现在常驻北京的外国记者就已近千人。除此之外，每逢重大事件和活动，“伞投记者”——临时特派中国的外媒记者——数量也是相当可观的。

要让世界了解中国，让更多的人听到中国的故事，境外媒体是重要的桥梁和窗口。他们的背后是国际社会对中国日益增长的兴趣和关注，通过他们可以向国际社会传递中国的政策和信息，遇到大事和新鲜事也可以及时做出说明和介绍。在这方面，近年来中国不断提升自己向国际社会直接通达声音的能力，尤其在非洲等发展中国家效果显著。但是在西方发达国家，能听到的中国声音还是不够充分，这里面存在历史造成的政治隔阂的因素，也有我们自身的传播意识和能力需要进一步提高的问题。

与境外媒体的沟通和交流是“两会”新闻筹备工作中的一项重要内容，我们在实践中不断完善方式方法，包括开始组织专场座谈会和围绕特定专题安排吹风会等。

与驻京外国媒体座谈的主要目的是了解情况，也是为“两会”的新闻准备工作摸底。外国记者参加得很踊跃，例如，在 2016 年的外媒座谈会上，参加的有英国广播公司（BBC）、

CNN、《经济学人》杂志、日本共同社、德国《世界报》、法新社、新加坡《联合早报》等几十家媒体的上百名记者或者新闻机构负责人。座谈会上大家讨论热烈，不仅让我们有机会向外媒记者介绍全国人大及其常委会一年来的工作，也通过他们了解了国际社会对中国的关注焦点和热点。

当时，外媒关注的问题集中在三个方面：一是中国经济的发展状况，二是南海问题，三是正在审议的境外非政府组织境内活动管理法草案。这三个问题都比较复杂，如果都留到“两会”时再回应，届时提问和采访的机会和时间都是有限的，很难三言两语说清楚。于是我们就有了提前为外媒记者组织专题吹风会的想法。

2016 年 2 月 3 日在人民大会堂第一会议室，我邀请全国人大财经委副主任委员辜胜阻和邵宁举行了一场中国经济问题吹风会，一百多位外国记者出席。在近 3 个小时的时间里，两位主讲人分别系统地介绍了中国经济发展现状和国企改革的历史沿革，之后回答了记者们提出的问题。吹风会气氛活跃，日本朝日电视台、荷兰《金融日报》、新加坡《联合早报》等提出了许多自己关心的问题，也都得到了专业的回答，效果很好。与发布会或者记者会上短平快的问答相比，吹风会时间更充分，讨论也更加从容，可以容纳大量的背景信息和知识，让更多的记者得到提问的机会。这样的安排在“两会”之前可以起到释放信息、增信释疑的作用，是与“两会”的新闻工作构成相辅相成的有机整体。

外媒关心的第二个问题是南海。在座谈会上，BBC 的记者提问说，中国在美济礁上的活动影响了民用航空器的正常航行和飞行自由，有飞机受到干扰。我对南海和美济礁的情况是熟悉的，但并不了解他讲的具体事件，当时不好直接回应。我介绍了中国的政策和主张，并且答应了解一下他说的情况。

座谈会结束后，我在网上找到了 BBC 发布的视频。原来是在 2015 年 12 月初，BBC 的记者在菲律宾租了一架民用小型飞机，飞往距离菲律宾 140 海里外的美济礁上空，一方面估计是想打探岛礁的建设情况，另一方面也有挑衅的意味。从视频上可以看到，驻扎在美济礁的中方人员发现小飞机后立即开始喊话，让他们离开，但机上人员声称是去往巴拉望岛（Palawan Island），沿途经过。整个视频不到五分钟，旁白用夸张的语气描绘中国岛礁建设的速度快等，渲染“中国威胁”。

我看了这个视频有些恼火。根据国际法和各国的普遍实践，主权国家对刻意挑衅主权的行为是可以采取防卫措施的，考虑到南海的特殊环境，中方人员的做法已经是很克制的了。BBC 记者这种行为是故意制造事端，用老百姓的说法叫“碰瓷”。这个视频传播甚广，误导很多人，需要至少对驻京媒体更加全面地澄清南海和岛礁建设的情况和考虑，为“两会”做舆论上的铺垫。

2016 年 1 月 21 日，我邀请中国南海研究院的吴士存院长在人民大会堂第一会议室进行了南海问题的专题吹风会。吴院长花了两个多小时，从历史、法律和政治等多个角度，对南海问题进行了细致深入的讲解，并回答了境外记者的提问。整场吹风会气氛热烈，很像大学里的研讨班。

虽然一场吹风会不可能完全说服和解决外媒关于南海现实和历史的所有疑问，但只要不是固守偏见的记者，至少会有两点收获：一是增加了对南海问题的事实和背景的了解，二是感受到我们与外界沟通的诚意。BBC 的记者没有来，否则对他也会有所帮助。

2016 年“两会”之前，引起外媒记者高度关注的一个立法事项是境外非政府组织境内活动管理法。这部法律在起草之初就受到境外，主要是西方国家政府和民间机构极大的关注。2014 年 12 月和 2015 年 4 月，第十二届全国人大常委会对这部法律的草案先后进行了两次审议，之后将草案全文向社会公布，征求意见。很多国际组织、机构、基金会、驻华使领馆，以及外国领导人，通过不同渠道表达了他们的意见和关切。我在出国访问和国内的外事活动中，遇到不少人提出口头或书面建议，我都转达给了全国人大常委会法工委，请他们参考。

外界如此关注境外非政府组织境内活动管理法，有可以理解的一面。就像这部法律名字中“境外”一词所表明的，这部法律的主要调整对象涉及外国的人员、组织和资金。例如，他们关心新法出台后应该如何登记和备案？设立代表机构需要符合哪些条件？对资金有何规定？担任首席代表或代表需要具备什么条件？一些人基于对这些问题的不确定性而产生的担忧，我觉得是可以通过沟通和说明化解的。

长期以来，有大量的境外非政府组织在我国开展活动，很多境外非政府组织发挥了积极的作用。例如，我的家乡内蒙古自治区的恩格贝曾经沙化很严重，自20世纪80年代开始，日本的远山正瑛教授和沙漠绿化实践协会带领和帮助本地植树。他每年在恩格贝工作八九个月，每天工作近十个小时。在远山教授的带领下，他的子女和越来越多的日本人也加入到绿化中国沙漠的行列中，在他去世之后这项工作也没有停止。大面积的沙漠得到治理，曾经严重沙漠化的地带逐渐成为绿洲。我去过恩格贝，看到过对远山先生的介绍，那些新旧照片的对比是令人震撼的，我和家人也参加了沙漠种树，体验到其中的艰辛。

还有许多这样的活跃在环保、教育和科研等领域的境外非政府组织，中国对他们肯定是欢迎的。立法的目的不是要把非政府组织都“赶出去”，相反，是为了把这方面的活动规范起来，赋予法律保护。我国在规范和管理境外非政府组织在境内开展活动方面一直存在法律上的空白，这也意味着这些组织的合法利益缺少法律保护。的确，也有一些人和机构打着“非政府组织”的旗号，从事损害国家安全和利益的活动，这是不能允许的。

2016年1月28日在人民大会堂全国人大常委会第一会议室，我邀请了全国人大常委会法工委社会法室主任郭林茂为外媒举办法律问题吹风会，郭主任花了两个多小时介绍了境外非政府组织境内活动管理法的立法初衷和进展情况。郭主任耐心、专业地回答了外媒记者各种各样的问题，向他们说明，我们充分认识到境外非政府组织的意义和价值，立这部法律是为了更好、更规范地管理境外非政府组织在中国的活动。

我在2016年3月4日新闻发布会上，回答了德国《世界报》

记者关于这部法律的提问。我主要表达了三层意思：一是介绍了这部法律目前审议的情况，强调我们在这个过程中一直注意听取各方面的意见；二是肯定很多境外非政府组织给我们带来了有益的经验和资金，这是中外交流很重要的一种方式，立法的目的是为这个领域的活动提供一个更加规范的法治环境，而不是阻止和限制境外非政府组织有益合法的活动；三是对外媒比较关心的“公安部门登记”进行了解释和说明。

有了过去几年的经验和基础，2017 年我们筹备“两会”时，与外媒的沟通就更加轻车熟路了。先是通过座谈会摸底，了解到经济问题是驻京媒体关心的重点之一，所以在 2017 年 1 月 18 日为他们组织了一场经济问题吹风会，我邀请到了财经委吴晓灵和辜胜阻两位副主任委员主讲。在两个多小时的吹风会上，两位专家回答了几十个提问，就国内当前经济和金融形势与情况做了专业、系统的梳理和介绍，化解了外媒很多误解和疑问，也算是给大会期间的记者会提前“减压”了。

考虑到在 2017 年的全国人民代表大会会议上，要审议民法总则草案，我邀请了全国人大常委会法工委副主任张荣顺和民法室主任贾东明，在 2 月 9 日为外媒举办了一场关于民法总则的吹风会，重点介绍了民法总则的有关问题和编纂民法典的进程。

五年来，“两会”新闻筹备工作从 12 月底开始启动，一直到来年大会开幕，整个人大机关都会因为“两会”而进入一种忙碌而兴奋的工作节奏和氛围，这是一种大家为同一件事、同一个目标一起努力的感觉。委员长、副委员长和各专门委员会，以及人大机关的同事，乃至各个会议室为大家服务的工作人员和食堂的大师傅们，全体“人大人”都在以自己的方式为“两会”做贡献。

当然，“两会”不只是“人大人”的“两会”，它属于整个国家和全体人民。并且，作为一个倾听公众声音、回应公众关切的大平台，“两会”也构成了推进国家治理体系和治理能力现代化的重要一环。因此，除了人大的同事，“两会”代表和委员们、各部委和媒体朋友们，大家都在以自己的方式参与其中，目的只有一个——一起努力把中国的事情做好。

第五章
“炼”成新闻发言人

与记者会的初次接触

我第一次有机会接触到人大的记者会是在 1988 年。在第七届全国人民代表大会的第一次会议上，决定了新一届国家领导人和各部委负责人，钱其琛被任命为外交部部长。他在人民大会堂举行第一次外长记者会时，由我担任现场英语交替传译。当时我从英国肯特大学留学回来已经两年，在外交部翻译室英文处工作。

翻译的作用很关键，无论讲话人说得多么完整和富有深意，如果翻译说不清楚，就难以达到沟通的目的。记者会的交替传译比平日难度更大，容错度很小，翻译要承受巨大的心理压力。

为了进入状态，我大约提前40分钟就到了人民大会堂，在陕西厅等候。这是我第一次为这么重要的记者会做翻译，感觉到前所未有的紧张。陕西厅在举行记者会的大厅旁边，空荡荡的，好像特别冷，我感到心慌，手心发凉。

过了一会儿，钱其琛外长到了，他一如往常，冷静平和，眼睛炯炯有神，快步走进来。

“紧张吗？”他看着我，关心地问。

“是，特别紧张。”我如实回答。

“今天是考试，考你，也考我呀。”钱外长这样说。

我一下子醒悟，这个时刻，怎么还在纠结自己的紧张，毕竟我只是做翻译，而此刻压力最大的是钱外长。我感到自责，需要尽快摆脱那种折磨人的紧张情绪，突然想到在哪本书里看到过，一种缓解大脑和心理紧张的办法是让肌肉紧张和活跃起来。于是，我跑到盥洗室，原地跳了50下，很快气喘吁吁、浑身发热，而激烈运动所导致的心跳加速，好像确实缓解了心理压力带来的紧张感，至少不觉得那么冷了。

我回到接待厅，钱外长仍然安静地坐在那里。他看着我跑出跑进，宽慰地笑笑。他的平静很快感染了我，我的内心也慢慢平静下来，开始尽可能地腾空自己的头脑，准备迎接记者会丰富内容的涌入。

记者会开始了，我跟随钱外长走上主席台，内心平静，不再紧张。钱外长语速比较快，用词精炼简洁。英文语法结构完整，对于翻译来说，短句子处理起来难度更大，往往不容易组织起完整的句式结构。现场如何准确把握他讲的话，包括把他想传递的含义和态度及时反映出来，对我真是不小的挑战。我努力跟上钱外长的思路，力求理解他的意图，抓住答问的重点和含义，选择恰当的词汇表达，整个进程还算流畅。当人处于注意高度集中的状态时，时间过得很快，不知不觉中记者会就结束了。

这是我与人大记者会的初次接触，至今印象深刻。这次经历让我在控制情绪的能力上实现了一次提升。从那以后，无论遇到什么样的大场面，我都会努力把持住自己，驱赶走各种杂乱念头，保持内心的平静，专注于该做的事情。这个经验让我在日后接受采访或者做新闻发布时受益无穷。

我在外交生涯中崇拜的“第一人”是周恩来总理。我主要是从历史和档案中了解了他的理念和外交技巧，深受教益。第二位就是钱其琛副总理兼外长了，他于我而言是一位既严厉但又充满关怀的领导和老师。我曾经有两年主要是给钱外长做翻译，他的含而不露、专注、坚定和宽忍，对我影响很大。1990年底我离开翻译岗位，转做亚洲方向的外交工作，仍有许多机会随同钱外长参加多边会议和外交谈判，这些经历让我学到许多。比如，遇到外交难题时，如何判断利益的优先顺序，如何争取更多更好的结果，如何敢于舍弃以实现共赢；再比如，在对外交往中，如何不卑不亢，有自尊也尊重对手，最终赢取对方的尊重和信任。俗话说“人无远虑，必有近忧”。钱外长考虑问题总是先从长远和战略的角度定位，再决定每个外交处置的策略和手段，让大方向的坚定性和具体处理上的灵活性达到完美结合。在与工作人员相处时，他总是态度平和，话不多却充满鼓励，让大家感受到团队的温暖。他能让每个人都拥有被信任和被倚重的感觉，调动起每个人强烈的责任感。同时给予大家充分的空间，去创造性地完成好自己的任务，让大家有获得感。

钱其琛外长也是外交部的第一任发言人，正是在他任外交部新闻司司长期间，建立起外交部新闻发言人制度。这个契机发生在 1982 年 3 月，中国与苏联经历了二十多年的对立和紧张之后，出现转圜的窗口。时任苏联总书记勃列日涅夫在塔什干发表讲话，他虽然仍习惯性地“攻击”中国，但是也罕见地释放了苏联愿意改善与中国关系的信号。邓小平敏锐地把握住这个时机，指示外交部做出回应。3 月 26 日，钱其琛以新闻发言人的身份讲了三句话：“我们注意到了 1982 年 3 月 24 日苏联勃列日涅夫主席在塔什干发表的关于中苏关系的讲话。我们坚决拒绝讲话中对中国的攻击。在中苏两国关系和国际事务中，我们重视的是苏联的实际行动。”

这个在外交部主楼门厅处举办的一次没有座位的新闻发布会，开启了新闻发布会的制度化建设。1983 年的 4 月 23 日，中华全国新闻工作者协会（以下简称中国记协）首次向中外记者介绍了国务院各部委和人民团体的新闻发言人。

“两会”的新闻发言人制度也是在这之后开始实施的。1983年6月，第六届全国人大第一次会议和全国政协第六届第一次会议在北京召开，时任全国人大外事委员会副主任委员曾涛成为全国人民代表大会会议首任新闻发言人。6月4日他与政协发言人一起，向中外记者发布了关于召开“两会”的新闻。由此，“两会”举办新闻发布会的制度延续至今。

全国人民代表大会会议发言人先后经历了曾涛、姚广、周觉、曾建徽、姜恩柱和李肇星六任。这六位老前辈都是经验丰富的外交家或者杰出的新闻工作者，为全国人大的新闻发布会制度做出了重要贡献。其中有几位还是我很熟悉和尊敬的外交部老领导，他们在记者会上思维敏捷、从容对答，让我从心底仰望。我从未想过，若干年后有一天，会成为他们的继任者。但人生的奇妙可能就在于它总是让人始料未及，也正因为无法预见会遇到什么，任何学习和知识的积累都不会是多余的，任何时候学到的东西，都会在人生的某个转角成为宝贵的财富。

单打独斗？不，我需要一个团队

在新闻发布会上，发言人看上去像是兵来将挡、水来土掩，沉着冷静地面对记者提出的各种问题。经常会有人问我，你是怎么做到对那么多问题应付自如的？

如果有人以为一场发布会的成功是靠发言人自己的努力就能

实现，那是要打一个大问号的。社会对信息的要求越来越急切和广泛，而社会分工越来越精细，一个人很难对每个领域、每个专业都了解甚至精通。人大会议发言人是一项复杂和具有挑战性的工作，而这一切都不可能由一个人独立完成。

工业化社会所支撑的社会治理应该是专业化的，而全球化的深入必然带动人们思维的国际化。

我的背后有个专业团队。团队的力量在于能够把多人的智慧聚合在一起，烛照表象，洞幽烛微。

我在2013年3月第一次做发布会时，准备时间非常仓促。面对那么多社会经济问题和法律专业内容，我无法做到把每一个问题都搞懂弄透，整个过程让我备感吃力。我当时意识到，这种准备方法不是长久之计。

考虑到党的十八大之后，全面依法治国步伐加快，人大的各项工作也将步步深入，而我作为发言人，必须跟上进程。萦绕在我心头的一个难题是，如何为发布会的筹备工作探索出一条更加合理和有效的路径？

在2014年的筹备工作之时，我开始组建起一个小团队。首先选择的是人大机关有丰富经验的资深专家和有法学理论素养的干部，他们熟悉人大业务，能够提供法律方面的意见。后来在2015年的筹备工作中，我又邀请到几位院校和智库的成员加盟，包括法学、经济、国际关系和传播等方向，形成了体制内和体制外相结合的综合性人才组合。团队中的大部分是年轻人，虽然多是兼职，每个人都有自己的本职工作，但大家对参加团队兴趣盎然、勇于拼搏，竭尽所能地投入。

这种多元化人才聚合在一起，可以发生奇妙的“化学反应”，不仅相互补充，还能相互刺激和启发，产生多彩的“思想火花”。团队的讨论常常出现多种声音与多个角度的交锋，正好反映了当下中国社会多元观点和多种诉求共存的现状。这不仅能帮助我对每个问题有更加深入的了解，对社会观点有更全面的认识，也能促使我兼顾到多种利益和角度，避免偏颇。

团队的任务分成三个阶段：

第一阶段是筛选和梳理问题。借助前期的媒体座谈会、部委座谈会和专家与智库学者讨论会，搭车了解和熟悉情况，寻找和判断社会和媒体关注的重点问题。我在前期座谈会的间歇，经常找团队成员开会讨论，分析和筛选问题，以便于下阶段对发布会的准备更加聚焦、更有效率。

第二阶段是针对重点问题做调研和拟写答问要点。我会根据团队成员的专业和兴趣分配给每个人重点研究的方向，先把一些问题的来龙去脉搞清楚，结合全国人大及其常委会的工作重点，考虑如何回应。在这个基础上，大家一起商讨，然后分头拟写答问要点。最后，我需要把答问要点转化为自己熟悉和舒适的语言。

第三个阶段是演练。要模拟发布会的情景，由团队成员从不同角度向我提问，对我的回答进行点评和分析，挑出毛病和问题，进行修改和调整。在这个过程中，我鼓励他们“横挑鼻子竖挑眼”，而他们也确实一点都不客气，尤其对反复出现的错误，会非常严厉地提出批评。经过他们的严格训练，我在发布会上就能更加自信和自如了。

几年来，大家理念相同、分工协作、配合良好，我们把这个临时队伍称为“小分队”。队员们亲如家人，相互都学习到很多，大家一起战斗、一同成长。很多次，在我感到疲惫或因困难、挫折感到气馁时，是他们给了我信心、鼓励和力量。

除了团队，我还得到过许多人的帮助。我经常请人大机关的同事帮忙审改答问要点，请他们用“挑剔”的眼光帮助把关。每次他们都会提出很多重要的修改建议，全国人大常委会副秘书长信春鹰就是我最严厉的老师之一，她的审核被我们视为“权威质检”。曾主管全国人大常委会新闻工作的副秘书长李连宁也是一位法律专家。在我最初准备记者会时为我引路，并持续给了我很多好的建议。这样的同事还有很多，无法一一列举，他们的很多意见与建议让我受益匪浅。

此外，我还会听取一些智库的意见和建议，遇到专业和难点问题时还会请教专家和学者。没有大家的帮助，我不可能获得如此大量的信息和知识。

有大家很棒，感谢他们所做的一切！

寻觅公众心中的问号

我初做发言人时，最强烈的感受是被淹没进了问题的海洋，最大的挑战是如何尽快找到方向。

中国国家大、人口多，经过近40年的改革开放，在经济、社会、文化等各方面都取得了巨大的发展，一方面长期困扰我们这个人口大国的贫困问题得到显著的改善，另外一方面新的问题接踵而来。正如习近平总书记在党的十九大报告中所做的鲜明判断，“中国特色社会主义进入新时代，我国社会主要矛盾已经转化为人民日益增长的美好生活需要和不平衡不充分的发展之间的矛盾”。这在过去的五年间已有比较充分的表现，也会反映到全国人大会议期间的舆情当中。

在人大新闻发布会这样的场合，媒体所期望回应的问题，往往会涉及法治、公平、安全和环境等广泛的领域。而发布会是一个集约的平台，时间和空间都有边界。一场发布会一个多小时，只能回答十几个问题。公众最关心的问题是什么？记者最有可能提出的问题是什么？

在每年发布会的准备过程中，我和团队时时考虑的是，怎样衔接媒体和公众关注的问题，在有限的一个多小时，传递出公众期待的重要信息，解决人们心中最多、最大的那些问号。

从何处着手？先从媒体关注的问题中进行“海选”。前期筹备工作中根据座谈会整理出来的“问题大本”，是我和团队的基本参考。我们将媒体提出的问题拼出一幅“矩阵图”，纵向是各家媒体，横向是他们提出的问题，两者结合处用黑色块标注，按图索骥，基本可以排出一个社会关注的热点问题“排行榜”。这听上去简单，做起来并不容易，是学传媒的小廖对媒体提出的问题进行了分析、归类和排列。

我和团队在此基础上，综合考虑这些问题与全国人大及其常委会工作的相关性，最终选出大约 70 个重点问题，作为准备新闻发布会的基础。

为什么是 70 个，而不是更多或者更少？

算是经验之谈吧。

“不是更多”，是因为无法更多，人的时间和精力有限，我不能漫无边际地准备，需要聚焦最重要的问题，将其搞清楚、弄明白。也无须更多，70 个“问题”实际上是 70 个“话题”，比如雾霾、反腐、“十三五”规划、朝核、南海等，它们是从大量问题中“浓缩”而来的，基本能覆盖媒体和公众关注的范围。虽然记者对每个话题都有可能从不同的角度提出完全不同的问题，但是我只需要做好对话题的准备，然后依靠技巧回应关于这个话题的各种提问。

“不能更少”，是因为再少恐怕就覆盖不住公众关注的范围了。所以，对我来说，认真挑选好 70 个问题是做准备工作的基础。

选择的标准首先是公众最关心什么，同时也要考虑问题的指向，也就是说，这个问题是否应该由全国人大会议发言人来回应。

与媒体座谈时，我曾提示记者们在准备出席“两会”的发布会和记者会时，要充分考虑自己提问的情景限定。例如，在全国人大会议的新闻发布会上提问，应该考虑与会议或者全国人大及其常委会职能的相关性，比如最好是提涉及立法和监督等方面的问题。如果是涉及政府管理方面的问题，就适合在相关部委负责人记者会上或者总理记者会上问。我非常重视与媒体记者的相互熟悉和沟通，因为发布会不是发言人的“独角戏”，发言人同记者是一种共生关系，一问一答才能实现信息的良好传递。一场发布会是否能让公众觉得有收获，需要发言人和记者的共同努力，记者问得精彩，发言人言之有物，发布会才能有好的效果。

我无法“订制”记者的问题，但是会鼓励记者思考和聚焦，鼓励记者问“精彩”的问题。在我看来，好的问题应该能够呼应民众心中的关切。有的记者提问角度准确独到，问题直指要害，而且语言表达有趣，说明是对问题进行过相当透彻的研究。从这些年的经验看，平日对一些问题研究比较深的记者，在发布会上的提问都比较精彩。

我和团队根据关注度、重要性和紧迫性，把选择出来的70个问题大致分成三类，我们戏称为“押题”。

“一类问题”20个左右，是我们初步判断的“必答题”。其中包括受到广泛关注的社会热点、党和国家以及全国人大及其常委会眼下最重要的工作。例如，2017年的一类问题包括民法总则、反腐败和监察体制改革、雾霾、国防费预算和军改、个人信息保护、校园欺凌、个税起征点，以及当时在社会上引起广泛关注的一些事件。

“二类问题”也是20个左右，虽然没有一类那么紧迫，但已经在一定范围引起社会讨论，是我们判断有可能被问到的。比如，2017 年的二类问题包括电子商务法、《网络安全法》、《证券法》、中美关系、朝核问题等等。

“三类问题”包括国内外媒体年年都关注的那些旧问题，属于“老顾客”，虽然我对这些问题相对比较熟悉，但也需要更新数据和信息，也要考虑一些当年出现的“新鲜事”。

实际上我们考虑到的问题不仅限于此，还准备了一个更大的答问资料库，储存在电脑里，起到一个兜底的作用。

通常在 2 月的中上旬“一类问题”的图景就比较清晰了。但我们仍然会关注时事新闻，查漏补缺。这时距离 3 月 4 日发布会的时间已经比较接近，不少问题相对明朗，媒体和社会的关注焦点也比较确定。

至此，就基本找到人们心中那些最主要的问号了。

找准我们的立场和角度

问题清楚了，接下来是如何回应这些问题，最关键的是确立回答问题的立场。有了正确的立场，就能找到看问题的正确角度，对记者提问的回应才能切题和有效。因此，首先需要思考的是，应该从什么立场去面对媒体、面对公众？

习近平总书记在第十二届全国人大第一次会议上当选为国家主席后，在人民大会堂发表了重要讲话。他讲道：“我们要坚持党的领导、人民当家作主、依法治国有机统一，坚持人民主体地位，扩大人民民主，推进依法治国，坚持和完善人民代表大会制度的根本政治制度，中国共产党领导的多党合作和政治协商制度、民族区域自治制度以及基层群众自治制度等基本政治制度，建设服务政府、责任政府、法治政府、廉洁政府，充分调动人民积极性。”

我们需要秉持的立场，就是习近平总书记强调的“坚持党的领导、人民当家作主、依法治国有机统一”。我国的人民代表大会制度正是坚持这三者有机统一的根本政治制度安排和保证，这也是人民代表大会制度的生命力和灵魂所在。

五年来，我作为一名党员、全国人大代表、全国人大常委会委员，对此体会很深。坚持党的领导，是让人民通过人民代表大会行使国家权力、实现当家作主的根本保证，实现的路径就是依法治国。在过去的五年，在党中央的坚强领导下，无论是对衡阳破坏选举案，还是对辽宁拉票贿选案的依法严肃处理，都体现了党中央确保国家一切权力属于人民的坚定意志和坚持人民主体地位的根本目标，绝不让人民代表大会这一根本制度安排受到任何挑战，体现了依法治国的决心。

党的十八大以来，习近平总书记提出“四个全面”发展战略，即全面建成小康社会、全面深化改革、全面依法治国、全面从严治党。包括把依法治国作为党领导人民治理国家的基本方略，把法治作为治国理政的基本方式。国家依照人民代表大会及其常委会制定的法律法规来展开和推进各项事业和各项工作，实现国家各项工作的法治化，保证人民平等参与、平等发展的权利，维护社会公平正义，尊重和保障人权。

立场明确了，如何具体把握呢？我用了5年时间去思考和实践，有很多体会，可以概括为三点：

坚持党的领导——党的指导思想、理论路线和方针政策、决策部署就是立场。

坚持人民当家作主——民意就是立场，始终同人民站在一起，以人民对美好生活的向往为努力方向。

坚持依法治国——法治就是立场，全国人大及其常委会作为国家的最高立法机关，在党的领导下，根据民意制定和修改法律。法律是发言人判断一切问题的角度和依据。

例如，在2014年3月4日的第十二届全国人大第二次会议的新闻发布会上，美国有线新闻网记者问道："我们每天都有机会听到有关上访者的一些悲惨遭遇，我们也经常能听到中国老百姓通过写信或者示威的方式，抱怨官员滥用职权，让他们受到了不公正待遇或者使得他们的权利受到侵犯，为什么他们只能被迫选择上访，而不能通过法院或者现行的司法体制来解决自己遇到的问题？中国在解决这一问题方面采取了哪些措施？是否有可能取消信访制度？"

他的问题很长，听上去还有些尖锐，但确实，"信访不信法"的问题是存在的。对此，全国人大及其常委会的立场与党的政策是高度一致的，国务院和"两高"的态度也是明确的，就是要切实保证让人民群众能够通过法律途径维护自身合法权益。

"民告官"难在哪里？当公民、法人或者其他组织与政府机关及其工作人员产生纠纷想诉诸法院时，普遍存在着"立案难、审理难、执行难”，行政机关不愿当被告、法院不愿受理，受理了也难以胜诉，胜诉了也难以得到执行。这就导致许多原本应当通过诉讼解决的纠纷，不得已进入了信访渠道，当群众在自身权益受到损害，没有或不能通过法律途径去解决时，许多人选择通过信访引起上级的重视。如此，就在有些地方形成“信访不信法”的局面。

回应这个问题的关键词是法治。党的十八届三中全会通过的《中共中央关于全面深化改革若干重大问题的决定》中明确规定，要把涉法涉诉信访纳入法治轨道解决。

从第十二届全国人大及其常委会伊始，就将修改行政诉讼法和行政复议法列入了5年立法规划，进一步加强对行政权力的约束，促进依法行政，建设法治政府。2013年12月，全国人大常委会对《中华人民共和国行政诉讼法修正案（草案）》进行了第一次审议，这是该法实施23年来的首次“大修”，重点就是如何更好地保障人民群众的诉讼权利，着力解决行政诉讼中存在的难点问题，包括要求行政机关一把手出庭应诉，将征地拆迁侵权纳入行政诉讼，“民告官”案可口头起诉等。此外，常委会有关机构也加大了对行政复议法的调查研究，为其修改完善做准备。

以上就是全国人大及其常委会的立场，也就是人民的立场。对我而言，回答美国记者提出的问题首先要确立这个立场，即人民的立场和推动解决问题的立场。其他内容就好表达了。虽然听美国人讲中国存在的问题有些刺耳，但是我可以利用这个机会向西方记者介绍中国，讲我们的情况，这样做也是有益的，更何况我面对的不仅是美国记者，还有中国公众。

我回答说：

信访在中国是一个很独特的制度安排，应该说这些年它也发挥了相当重要的作用，对于上下沟通起到了相当重要的作用。当然，随着时代的发展、中国社会的发展变化，社会矛盾也更加复杂。所以，我们的信访工作也面临着一些新的压力或者挑战，对信访工作要进一步改善，这一点从政策上、从改革上已经提出许多改进的路径。

其中与人大关系比较大的一点，通过改革要把这些涉法涉诉的信访纳入法治的轨道。在中国我们通称"民告官"，从法律上讲有两条途径。第一条是《行政诉讼法》，这是20多年前制定的。这部法律为百姓维护自身的权益提供了法律上的保障。当然，这20多年来可以看到这部法还有需要改进的地方，我们也做了一些调查研究。从调查的结果看，比如这些年行政诉讼案件原告的胜诉率明显下降。另外，也确实存在行政部门不愿意当被告、法院不愿意受理的情况。群众也反映说不敢告、告也告不赢，结果就是让大量的涉法涉诉案件进入了信访的渠道。全国人大常委会将对《行政诉讼法》进行一个比较全面的修订，目的就是尽可能地排除对"民告官"各种各样的阻碍。在修法的过程中，也会广泛地听取社会各界的意见。

第二条是《行政复议法》，这是15年前制定的。理论上讲，这是一个更加便捷的救济渠道，但是从执法检查反映的情况看，作用也还是没有得到很好的发挥。比如在有的地方、在基层，人们好像没有听说过有这部法律的存在。所以，人大常委会把对这部法律的修订也列入了五年立法规划中。

我们修订这两部法律的目的就是要更好地监督行政权力，也就是我们说的“要把权力装进制度的笼子”其中一个很重要的方面。通过这样的改进能够更好地维护人民群众的权益，更好地维护我们社会的公平和正义。谢谢！

半个月后，2014年3月19日，中共中央办公厅、国务院办公厅印发了《关于依法处理涉法涉诉信访问题的意见》，要求各地区各部门切实加强协调配合，健全涉法涉诉信访工作机制，努力形成依法解决涉法涉诉信访问题的合力。行政诉讼法修正案也于2014年11月1日通过，自2015年5月1日正式实施。我从新闻报道上看到，全国各级人民法院当月受理“民告官”案件2.6万件，同比上升221%。

由此可见，无论什么问题，确立了自己的立场，实事求是，答案就容易构建，也能经得住时间和实践的检验。

但我也遇到过比较棘手的问题。比如，在准备2016年的新闻发布会时，一个热点问题“维权律师”浮现出来，在媒体座谈会上被反复提及，直到人大新闻发布会临近仍然热度不减。

事情源于2015年7月公安机关针对北京锋锐律师事务所涉嫌重大犯罪团伙采取的行动，该律所的9名律师和一些相关人员被采取刑事强制措施。他们被指控自2012年7月以来先后组织策划炒作40余起敏感案件和事件，扰乱社会秩序。一时间成为热点话题，国外一些媒体也趁机炒作，批评中国法治环境和人权状况，贴上打压“维权律师”的标签。

因为当时整个案件还在走司法程序，具体部门无法披露更多详细情况，这就导致一定的信息真空，社会上各种声音混杂，众说纷纭，成为我在准备新闻发布会的过程中必须面对的热点问题。

根据宪法和相关法律，人民法院、人民检察院依法独立公正行使审判权、检察权，任何党政机关和个人都不得违法干预司法活动。在案件未经人民法院最终审判前，全国人大会议的新闻发言人是不能对具体案件予以置评的。然而，媒体和公众如此关注，一旦记者问到，我应该如何回应？

我决定先听一听利益攸关群体——律师们的看法。我们邀请了全国人大代表中的律师，听他们介绍了很多情况。多年来我国的律师队伍从无到有，为经济社会发展、法治建设、服务保障和改善民生提供了优质高效的法律服务，绝大多数律师兢兢业业，依法履行职责，努力维护当事人的权益。有的律师舍弃大城市的生活，长期扎根于西部地区与贫困山区，为人民群众带去法律援助。这些优秀的法律执业者是符合党的政策要求的真正“维权律师”。

也确实有个别律师和非律师人士打着“维权律师”的招牌，赚取眼球，谋取利益，有的同境外反对中国政府的组织或个人建立了联系，甚至实施犯罪活动。不应该让极少数律师的违法行为影响整个律师队伍的声誉。大家谈到，希望在执业中得到社会的理解、认可和尊重，也希望能加强对律师执业权利的保障。

我和团队开始研究和寻找回应这个问题的立场与角度。第一是要了解政策，坚守党的立场。我们党历来重视律师工作，全国律师事务所已经由改革开放之初的70多家增加到2.4万家，律师由200多人发展到30万人，这是中国法治建设的巨大进步。党的十八大以来，中央进一步明确了律师队伍的地位和作用，对律师工作和律师队伍建设提出了新的更高要求。习近平总书记明确指出，律师队伍是依法治国的一支重要力量，要求切实加强律师工作和律师队伍建设。党的十八届三中全会把改革完善律师制度作为全面深化改革的重要内容，要求完善律师执业权利保障机制和违法违规执业惩戒制度，加强职业道德建设，发挥律师在依法维护公民和法人合法权益方面的重要作用。在“四个全面”战略布局中，全面依法治国具有基础性与保障性作用。在这样的大背景下，我国的律师事业面临前所未有的发展机遇。这应该是我考虑回应这个问题的基本立场。

第二是从人民的角度考虑问题。随着国家经济社会的全面发展，人们的法律意识不断增强。无论是在社会生活中，还是在经济生活中，人们遇到问题首先希望了解法律是怎么规定的，越来越习惯找律师咨询专业意见。律师对尊重和保障人权发挥着重要的作用，是中国社会进步不可或缺的力量。

第三是要从全国人大及其常委会的角度考虑问题。全国人大常委会1996年通过了《中华人民共和国律师法》，明确了要发挥律师在社会主义法制建设中的作用，要求律师执业必须遵守宪法和法律，恪守律师职业道德和执业纪律。同时规定，律师依法执业受法律保护。

在2016年的新闻发布会上，中国新闻社记者在提出的问题中涉及了“维权律师”的事情。我是这样回答的：

在中国，律师已经是一个非常重要的行业了，无论是在社会生活当中，还是在经济活动当中，如果遇到纠纷、遇到困难，大家可能首先想到找律师搞清楚，所以律师是中国社会主义法治建设一个非常重要的力量。中国的律师成长是比较快的，大概是1979年恢复了中国的律师制度，当时全国的律师加在一起只有200多人，现在已经有大约30万人了，所以这本身就是一个很大的进步，而且每年增长的速度很快。

关于外界经常议论到的一些个案，我想司法部门会依法处理。我倒是想说，我认为“维权律师”的提法，我听很多人讲不是很赞同，好像要把我们的律师队伍做一个政治划分。律师首先应该是守法的模范，根据我们国家律师法的规定，律师执业要遵守宪法、遵守法律，如果律师知法违法，也要面对法律的惩处。

现在我国全面推进依法治国，一个律师队伍的健康成长，对各项法律的正确实施、对维护社会公平正义都是不可或缺的，都是非常重要的。对律师来讲，律师依法执业的权利也要得到保障。

这个回应中的大部分内容源于我和团队的讨论和研究。遗憾的是，临场发挥不够完美，漏讲了一句话：“根据律师法，所有律师都应是‘维权律师’，即维护当事人合法权益的律师。”而这句话是我们在讨论中都认为很重要和需要强调的。不过我体会，发布会就是这样一个充满遗憾的过程，发言人永远不可能达到完美的表现，总会有表达不充分的时候。

2016年6月13日新华社报道，中共中央办公厅、国务院办公厅印发了《关于深化律师制度改革的意见》。文件指出，律师制度是中国特色社会主义司法制度的重要组成部分，是国家法治文明进步的重要标志。律师队伍是落实依法治国基本方略、建设社会主义法治国家的重要力量，是社会主义法治工作队伍的重要组成部分。

发布会是“听”的艺术

做传播首先要了解你的受众。新闻发布会的受众是多元化的公众，覆盖多方面的人群，会有专注发布会重要信息并且进行解读的公务员，也会有边做家务边看电视的家庭主妇，有关心政情社情的退休干部和工人，也有载着客人收听广播的出租车司机。他们期待发言人用通俗易懂、鲜活生动的语言来说清楚大家关心的事情。关注发布会的也会有学者、专家、企业家、学生等。他们希望听到一些重要的信号或者了解影响到国家、社会发展的信息。

传播的意图是通达人心。实现这个目标需要调动起人们听的兴趣，让人能够听得懂，让人信服则是更高的境界。新闻发布会对公众来说是“听”的艺术，对发言人来说则是“说”的艺术。

我开新闻发布会，希望的是自己所传递的声音不仅能让在场的记者听得进去，而且更希望坐在电视机前或者收听广播的老百姓能听懂和接受，甚至能记住一些关键的信息。换句话说，就是让不同身份、不同职业、不同年龄的受众在观看和收听全国人大新闻发布会的时候，都能听得懂、喜欢听、记得住。若能实现，一切努力就都值得了。

“听得懂、喜欢听、记得住”这九个字说来容易，做到实在很难，虽然是属于术的层面，但也深不见底。在构建答问要点的时候，我和团队孜孜以求的，就是实现这样的目标。

第一个门槛是“听得懂”。

这个看似简单的要求，其实最是不易。每年针对整理出来的社会热点和重点问题，我可以从人大常委会和政府相关部门获得大量相应的情况资料。但是，这些都是通常的公文，内容庞杂，语言比较规范和严谨，有些甚至艰涩难懂。我不能用公文化、专业化、理论化的内容去回应人民群众的关切，而是需要把这样的书面公文体转换成通俗易懂的发布会答问要点。

怎么办？一问一答是说话。需要在确保关键信息清晰的基础上，尽量用自己的话来讲。

首先是讲话要短。在发布会上回答一个问题，控制在三分钟之内是比较恰当的，其间，差不多一分钟转换一个论点效果更好，时间再长或者内容再多，就抓不住人的注意力了。据此，团队在构建答问要点的时候，一个问题不能超过300字，分成三段式，在这个范围内打磨表述方式。

根据我在发布会上实际应用的情况，如果准备得对题，我可以在要点基础上现场发挥，一般讲到600字左右，时间能控制在四分钟之内。如果准备的要点与问题不特别对口，就需要讲更多的话来铺垫，这样就只能部分地使用准备好的要点。遇到毫无准备的问题，回应起来更容易散和啰唆。因此，一般情况下有准备的回应往往内容更加丰满，比毫无准备地现场临时组织语言来回应效果要好。

这就对答问要点的打磨提出了极高要求。有些答问内容经过专家讨论和团队的研究，已经建构得不错，甚至很精彩，但是为了避免过于冗长，必须删掉许多内容。团队成员常常无法忍痛割爱，就相互交换，让别人下手删改。因为要短，就更要精，我们经常为了一个词或一句话反复斟酌。语言的魔力就在于，只要你用心琢磨，哪怕是一个字或词的变化，其感染力的呈现都会不同。

在发布会上回答问题需要尽量选择大白话，使用与普通人生活相关的表述。记得2013年准备新闻发布会的时候，我需要考虑"全口径预算决算"改革的问题，查阅了不少资料才初步弄懂。我尝试用家人做实验，拿关于这个问题的专业口径念给他们，看看他们是否能听明白。结果，他们听我念完口径后一脸茫然：你到底想说什么？我重新调整，再试，再调整，直到第四次，我丈夫一边炒菜一边听我说完，回过头来说："嗯，这次听明白了。"他甚至可以复述一遍。

这个过程对我很有启发。我们的政策和重大改革是为人民服务的，需要让人民了解和理解，才能更好地争取到人民的支持。因此，当我面对公众的时候，首先需要说明一件事情或者一项改革与大家有什么关系。修改后的答问要点突出了公众最关心的内容，就能抓住人们的注意力了："实行全口径预算决算，简而言之，目的是要把政府所有的收入和支出都纳入预算和决算，也就是说，要把政府花的每一笔钱都纳入监督，这是我们落实依法治国方略的一个很重要的举措。"

由此可见，"怎么说"同"说什么"一样重要。

第二个门槛是"喜欢听"。

如果说让人"听得懂"是"技术"，那么，让人"喜欢听"就是"艺术"了。想要跨过这个门槛，就要真心与记者和他们背后的公众平等地交流，用拉家常的方式去沟通，大家自然就会喜欢听了。

人们喜欢听什么样的话？我的体会是，人们最喜欢听真诚的话。真诚不是形式，是实实在在的感受，是一种触摸不到却能通达人心的感觉。只要对人民群众怀有敬畏感和责任感，真诚就会融入语言，言之有物，言之有情。

当媒体记者有疑问的时候，说明公众有关切，这份关切往往关乎"切身利益"，比如房地产税、《证券法》；可能是"切身之感”，比如食品安全和雾霾；也有可能是“切肤之痛”，比如反家暴和妇女权益保护；甚至可能是“锥心之刺”，比如腐败、冤假错案、个人信息保护；等等。面对人们的关切，发言人需要“人同此心”，才能与大家“心同此理”，让人们接受并认可自己的回应。

让人“喜欢听”，我个人体会，还可以有一些幽默。

幽默是人与人交流的润滑剂。我年少的时候，家里遭遇一些变故，处境困难，但是父母从来没有失去幽默感，总会找机会逗家人乐一把，这让我从未迷失，保持了乐观的生活态度。在多年的外交生涯中，我发现幽默感不仅可以帮助我广交朋友，也能让我在窘困中找到解救之道。

发言人难免会对记者会环境中的“不可知”因素有恐惧感，因为提问的记者拥有一定的优势，是主动方，而发言人需要靠自己的临场回应来构建结果。这种互动构成发布会的张力，很容易让人有紧张感。有时候，改变气氛最好的办法是幽默。

例如，在 2016 年的新闻发布会上，我回答记者关于雾霾的提问时，谈到全国人大环资委主任委员“压力山大”，让公众以非常形象的方式了解我们的立法者。这样的网络语言诙谐甚至俏皮，可以在发布会上营造让人放松的气氛。

但是，选择一些时髦的语言需要相当谨慎和适度。我很少现场临时想到什么说什么，讲出来的话多数是经过学习和了解的。这点要感谢团队中的年轻人和一些智库朋友，他们经常会用新鲜的观点和语言来阐发道理，让我觉得被吸引，从而容易接受他们的想法和建议。这对我非常有益。

例如，2016年朝核问题成为国际问题当中最受关注的热点。我想在回应这个问题时，对局势发展下去的危险性有一个警示性的表述。团队有人建议用科幻小说《三体》中的“黑暗森林”来描绘。

我读《三体》系列几乎是不停顿地一气读完，小说贯穿始终并且最令我震撼的是对人性伟大的描绘和坚守。人之所以是人，是因为有以善良为基准的人性，人可以有各种缺点，与机器人相比，人类太不完美了；与更加高等的宇宙生物相比，人类似乎也是很脆弱的。但是，地球人的人性之美是超越技术和力量的，人类绵延的价值在于人性的伟大内涵，这使人类在反复试错当中，终能找到正途。作者刘慈欣甚至把地球人类的人性推到了宇宙存在的最高境界，虽然地球最终遭到毁灭，但是人类仍然坚守住了人性。

《三体》系列描绘出宇宙一种“零道德博弈”的和“黑暗森林”法则，与美朝的相互不信任和危险前景确实有一比，很适合表达我在2016年时的担忧心情。

那年的发布会上，新加坡《海峡时报》记者在提问中涉及朝核问题，我在回答中讲到中国坚决反对朝鲜发展核武器，因为这会威胁地区和平稳定，也威胁中国自身的安全利益和周边国家的安全利益。同时也希望能够治标治本，解决根本问题。讲到这里，我就采用了《三体》里面描述的“黑暗森林”来比喻，我说，“那是一个极度缺乏安全感和信任的环境，我们不能让现实生活当中出现这种状况”，“最终要解决问题，还是要走出东北亚安全的怪圈，用安全换安全”。

听说奥巴马总统也喜欢《三体》。遗憾的是，他未能在促使美朝摆脱互不信任的困扰方面大胆迈出步子，反而任由事态滑向危险的方向。

第三个门槛是让人“记得住”。

要想让人们记住点什么，就必须简洁并且有重点。回答每个问题都需要考虑传递一个什么样的核心要点，这是每个答题中如同灵魂般的存在。要有几个关键句子，让人印象深刻。我和团队在讨论每一个答问时，首先商量的是这个问题“是什么”，先把问题搞清楚，然后商量“说什么”，要传递的核心要点是什么。

以这五年我对反腐败问题的回应为例，媒体乃至公众关心的范围相当宽泛，包括反腐败未来的方向、党风廉政建设、贪腐官员的量刑，如何推进制度化建设和八项规定的长效化落实，如何解决一些官员的懒政问题，还有涉及追逃追赃和国际合作，等等。准备的时候需要面面俱到，但是在新闻发布会的有限时间里，不可能事无巨细地回答，需要抓住重点。

从全国人大及其常委会的角度，需要传递的最重要的信息就是“要加强反腐败制度化建设”，这也基本上可以涵盖媒体关注，可以把公众所关心的相关问题都纳入这个框架里面去。也就是说，只要是涉及反腐败的话题，都可以顺势引向这个核心信息。

训练、再训练

新闻发布会总有可预见的成分和不可预见的成分，好的新闻发布会引人入胜之处，恰在于其可预见性和不可预见性的交错。可预见得益于充分、有效和有针对性的准备，而对不可预见的部分能否应对好，往往有赖于平日的积累和现场的把控。预先做尽可能全面的准备，有利于增加可预见部分，认真学习和积累则可以为应对不可预见的部分奠定基础。

所以，对我而言，将重点问题的答问要点建构好，只完成了发布会准备工作的一半。若想增加可预见性，应对好不可预见性，最大限度地提升临场应变能力，我需要：一是牢记答问要点，二是训练据此应对各类问题的能力。

此时要进入发布会准备的下半场，开始训练于我而言也是最艰苦的阶段。

训练的第一步是牢记要点，尤其是其中的核心内容要烂熟于心。目的是在面对这类提问时，能比较顺畅、清楚和口语化地表达出来。

熟悉答问要点的过程很痛苦、很熬人，需要下大功夫反复强化记忆。法律问题最讲究逻辑严谨、表达清晰、意思准确，“权利”与“权力”有不同，“监察”同“检察”不一样，“期限”和“期间”要区分，如此种种，不一而足，不能混淆。例如，社会上比较关心的民法总则、公共文化服务保障法和相关问题，涉及的很多内容我不熟悉，或者是知道，但是难以用准确的语言来表述。这是一个大量密集学习的过程，要理解并且在短时间里记牢那些专业表述和法律名词，再能用自己的话说清说准，确实是很大的挑战。

除了反复练习，实在没有别的办法。时间紧，任务重，巴不得每天都能多记点，记顺点。我把一天分为上午、下午和晚上三个时段，每个时段的开始都要强化前一次训练的答问提纲，再记新的答问提纲。我会让助手把答问提纲一段一段地录在手机里，在午饭后散步的时间听，然后复述。针对个别出错率高的词汇和表述，有时下班后，我会找人少的公园，在一个角落对着一棵树把一些专业法律词汇一口气重复多遍，希望能训练出口腔肌肉的记忆惯性，避免在这些词汇上卡壳。这也是当年学英语时常用的强记方法。团队成员开玩笑地提醒我，每次要换一棵树，别让那棵树厌烦得枯萎掉。

团队看到我很吃力，建议不要费劲地记忆那些特别拗口的法言法语，届时若被问到，照着答问要点念就好。但我还是坚持尽量多记一些，因为我觉得只有自己真正记牢了，才能用自己的语言从容表达。一旦有了照稿子读的心理依赖，现场会总想着这里要照读，那里也要照念，容易陷入在电脑里不断搜寻资料的忙乱，难免会影响同公众沟通的效果。

背诵记忆的过程，也是检验和进一步打磨答问要点和表述的过程。这段时间，家人是我最好的听众和老师，他们会听我讲，提醒我哪些地方太啰唆，哪些地方表述不清楚，哪些内容“众所周知”，可以不用讲。

训练的第二步是演练。

在新闻发布会上，发言人需要在很多无法预见的条件下掌控进程，充分利用记者提问的每一个机会，传递出大会的信息。要能够在高强度的压力之下快速思考，组织好自己的每一句话，考虑到说出去的话的影响和效果，这种能力需要通过演练来培养和练习。

在新闻发布会上，不同的记者可能会用不同的方式提问，不仅问的角度不尽相同，关注的重点也会不同。我不能用事先准备好的答问要点生搬硬套地回应所有的问题，而是要通过训练来培养一种能力，即无论记者从哪种角度提问，都能把准备好的内容与记者提出的问题尽可能自然、合理地连接上，准确传递我想表达的核心信息。

怎样训练？由团队成员围绕重点问题对我进行交叉提问。进入这个阶段时，已经临近发布会了，因此需要非常专注，一般只有两三名助手参加，他们会记下我的口误或者遗漏，然后逐一指正。一次又一次的演练使我的表达越来越顺畅，也更加自信，自由发挥的空间也越来越大，时常出现灵光一现的想法，成为将来可以使用的亮点。但有时助手也会提醒我，有的即兴发挥并不妥当，也有的破坏了逻辑结构，建议不要用。慢慢地，我的应对越来越自如了。

第三阶段是模拟演练。

根据我的经验和观察，一个人的能力在压力之下会受到自己紧张情绪的影响，正常的思维和表达都会受到抑制，好的情况下能发挥出70%，特别紧张的时候只能发挥50%左右。为了熟悉和适应现场的紧张感，需要提前进入角色，我会在发布会之前的最后一两天，进行模拟演练。

团队会布置一个模拟新闻发布会的场景，包括架设起一台摄像机，准备好我需要使用的电脑。有人扮演主持人，有人当记者提问，还有人负责计时和记错。大家分工配合，严格按正式程序和方式进行，时间也是一个小时左右。这是一个需要精力高度集中的模拟练习，基本可以接近发布会的强度。

模拟演练帮助我适应充满紧张感的气氛，努力守住自己核心要点的轨道，减少面对镜头时的不自然感，提前释放因紧张而导致的压力情绪。最初的模拟确实出现过思维的短路或者语言表达混乱的情况，有时都把大家逗得进行不下去了，而我却完全意识不到错在哪里。发现问题和调整自己恰是模拟演练的意义所在。

团队成员会与我一起观看回放的录像，查找存在的问题。俗话说，“魔鬼往往隐藏在细节里”，矫正错误是提高能力的必然路径。人的表达是一种综合性的结果，不仅关乎说了什么，还在于用什么方式、神态、口吻、语气来说，甚至人的肢体语言都构成表达的一部分。例如，适度的身体语言是必要的，但是电视屏幕会放大手势的晃动感，所以一般不宜有太多的手势。眼神也很重要，它能表达出人的内心最细微的变化。因此现场与记者的眼神交流是非常重要的。当然，这需要对自己要讲的问题有非常好的把控。一个人讲话顺畅自然时，眼睛会比较稳定和有神；如果是在背词，试图在脑子里面搜寻答案，眼神会是游离和黯淡的，容易给公众一种信心不足的感觉。

经过最后严格的模拟演练，我心中有些底气了。

形象也是一种表达

作为全国人大会议的新闻发言人，形象也是一种表达，而且不仅仅关乎个人。

我在自己多年的外交生涯中已经认识到形象的重要性，在礼仪、服饰上从不敢大意，养成了比较规范的衣着习惯。遇到什么场合，选择穿什么样的衣服，不仅要遵循规则和习俗，也要考虑环境因素。例如，参加隆重的礼宾活动时，尽量选择中式的衣着；出席博物馆里举行的展览开幕式时，选择有一点文化元素的服饰；如果是工作场合，就尽量穿西服套装。

人大会议新闻发布会属于庄重、正式的工作场合。2013 年我第一次做发布会时，选择了一套浅灰色西服套装，显得低调而庄重。然而，发布会前一天看现场时发现，衣服颜色与背景墙上的大理石太接近了，央视导演建议我换一套。丈夫鼓励我穿一件宝蓝色的上衣，他认为适合这个场合。这件上衣的样式有些偏休闲，但是颜色周正、醒目，我搭了一条黑色的裙子，增加了正式感。果然，这套衣服的镜头效果还是不错的。

2014 年我结识了形象设计师美朵，请她为我做参谋，她的严谨和细致让我在衣着上的形象表达更加专业。例如，2015 年我为发布会选择的是铁灰色、有隐隐的藏蓝色图案的织锦面料中式外套。美朵建议采用浅灰色薄毛背心和藏蓝色西裤搭配这件衣服，而且鞋子也必须是藏蓝色的，尽量不要在衣着和服饰的搭配中出现第三种颜色。虽然这些细节并不显眼，但是，从镜头里看，这身衣着形象呈现很强的整体感。

这些年，我在选择发布会的服装时，无论在颜色上还是式样上，一个贯彻始终的原则是：要显得柔和。用美朵的话来说，柔和的形象能帮助我化解面对尖锐提问时的紧张气氛，让人感觉亲近、平和与从容。

形象是一种难以言传的感觉，可以包括很多内容。例如，每当新闻发布厅的大门打开，当一切都准备妥当之后，最后一件需要记住的重要事情就是：微笑。

依我多年的经验和体会，微笑在很多时候是开启沟通最简单、又最有用的小钥匙。尤其在与记者、与公众交流的时候，微笑是必不可少的润滑剂。对此我是一点点学习和养成习惯的。记得早年接受媒体采访时，我也不大懂得微笑的意义，尤其面对尖锐的提问时，表情比较严肃，在电视镜头里看上去会显得紧张。如果回应时再讲一些硬话，更容易让镜头背后的公众觉得有距离感，难以赢得信任。当然，微笑也要分场合和话题，不是所有时候都适合。

微笑看似简单，但在新闻发布会上做到并不容易。因为现场直播的形式和不可预见性所带来的压力是实实在在的，发言人需要保持思想高度集中。我常常会忘记了微笑，助手们在演练时就经常提醒我：要微笑，不要板着脸。在现场他们也会用各种方式提示我，当我坐到发布会的台子上时，在电脑屏幕上看到的第一句话是：保持微笑。显示屏的角上还会有一个微笑的表情，时刻提醒。

微笑是一种亲和的力量，显示的是自信，更是一种从容。

说到底，微笑是一种态度。

这不仅应是新闻发言人对公众的态度，我想，也应是中国对世界的态度。

第三部分

新闻发布会之外的故事

2007 年 6 月 12 日，向英国女王递交国书之后，
与先生郝时远乘坐马车离开白金汉宫

2007 年 6 月 12 日，在中华人民共和国驻英国大使馆门前

2007 年 5 月，在大英博物馆的小型展览会上，展示拟向英国女王赠送的《钦藏英皇全景大典》复制本

2007 年 6 月，走访《金融时报》，与总编辑巴伯交谈

2007 年 6 月，出席香港中英协会午宴，与撒切尔夫人等交谈

2008 年 2 月，拜访英国警察总监

2008 年 4 月，走访《每日电讯报》

2008 年 4 月 5 日，在伦敦希思罗机场，与英国政府负责奥运事务的大臣乔维尔一同迎接北京奥运会圣火火种灯和北京奥组委执行副主席蒋效愚率领的火炬接力团队

2008 年 4 月 6 日，火炬传递当天清晨，窗外飘起雪花

2008 年 4 月 6 日，担任火炬手，跑过伦敦唐人街

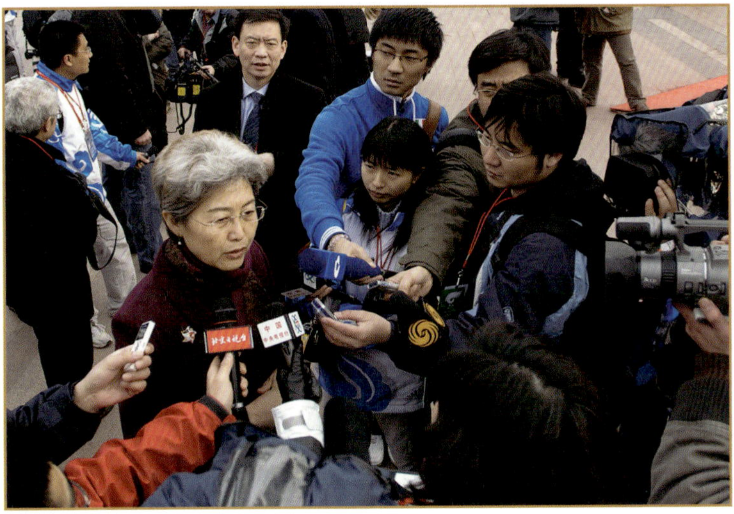

2008 年 4 月 6 日，火炬传递结束之后，接受国内媒体采访

2008 年 8 月 8 日，在中国驻英国大使馆举办招待会，
邀请英国各界友人观看北京奥运会开幕式直播

2008 年 9 月 17 日，
在伦敦海德公园饭店举办庆祝北京奥运会、残奥会闭幕招待会

2009 年 3 月 29 日，
接受英国广播公司第一频道“安德鲁 · 马尔秀”节目的采访

2009 年 3 月 29 日，在英国广播公司接受采访之前，与澳大利亚总理陆克文、英国外交大臣米利班德交谈

2009 年 11 月 12 日，出席英国 48 家集团俱乐部招待会

2010 年 1 月，接受《金融时报》总编辑巴伯为“与 FT 共进午餐”专栏进行的采访

2014 年 1 月，出席慕尼黑安全会议，与德国前驻华大使施明贤在会场交谈

2016年2月，出席慕尼黑安全会议，
参加“中国与国际秩序”论坛

2016年10月，在俄罗斯索契出席瓦尔代论坛年会，
参加“世界秩序 何去何从”论坛

2016 年 10 月，在俄罗斯索契出席瓦尔代论坛年会，
参加“世界秩序 何去何从”论坛

2017 年 2 月，出席慕尼黑安全会议，
参加“东亚安全与朝鲜半岛”论坛

第六章
国际论坛上的和风与疾雨

我过去做外交工作时，出席过一些国际论坛。在我进入全国人大外事委员会之后，收到国际性会议的邀请就更多了。每年我都选择几个与中国关联度高的国际论坛出席，发表演讲或者参加辩论。在国际论坛上谈中国是比较富有挑战性的，常会出现新观念和老观念的对撞，历史和现实场景的交集，中国和西方话语的交锋。在这样的场合，我感觉到为自己的国家发声的责任。每每能用自己的努力，维护和阐释国家的政策和立场，说服一些人，哪怕只是减少一点陈旧的偏见，我也会感到欣慰。

这样的机会对我个人来说也是宝贵的，是对自己的表达和陈述能力的检验和锻炼。经常参与国际上的讨论，使我能够不断丰富和完善自己，没有什么比来自一线的信息和灵感更为鲜活和直观，更能滋养思维。更重要的是，通过参与国际上的讨论，可以让我及时捕捉到国际最新思想动向，了解外界对中国的看法，观察外界对中国有哪些期待、有什么误解和不满以及背后的原因。

国际论坛需要更多中国人的身影

国际论坛通常是一些有确定目标、定期或不定期连年召开的研讨性会议，其形式和内容折射了主办国和国际社会在政治、安全、经济、科技和文化等领域中超越国界的重要问题上，满足彼此交换信息、观点和寻求共识的需要。每年在世界各地围绕不同领域、不同主题举行的国际论坛不计其数，国际上许多新的重要主张和重大议题多是在各种国际论坛的研讨中塑造出来的。

国际论坛大多数是开放式的，有的由官方主导，更多的是由半官方或非官方专业机构发起和承办，欧洲和美国各类论坛比较多，现在一些发展中国家办国际论坛的积极性和主动性也在上升。各国政要和知名专家学者都重视利用国际论坛获取最新信息，并且在一种相对开放和宽松的氛围中交流研讨，发挥影响。国际论坛的话题通常是前瞻和前沿的，而各国人士立场和利益不同，难免有分歧，时而和风，时而疾雨，有时甚至会发生激烈辩论。大家就是在这种多元的信息和观点的交汇与碰撞中进行“头脑风暴”，寻找解答疑难问题的灵感和出路。而这正是办会者的意图所在。另外，出席者也可以利用这样的国际平台，就本国的政策和主张进行宣讲和游说，或者进行重要的外交接触。每个论坛之后，参加者各奔东西，像飘散的蒲公英一样把新的知识和信息带到世界各个角落。

一些著名的国际论坛往往能对世界的进程产生影响，比如，总部设在瑞士日内瓦、每年冬天在瑞士达沃斯召开的世界经济论坛，又称“达沃斯论坛”，是把脉世界经济、影响全球发展进程的重要国际论坛。2017 年 1 月 17 日习近平主席出席达沃斯论坛年会，发表了题为《共担时代责任　共促全球发展》的演讲。在逆全球化潮流强势来袭、贸易保护主义抬头、世界信心低迷的时候，习近平主席在演讲中提出要坚持经济全球化方向、构建人类命运共同体，在国际上产生强烈反响，引起广泛共鸣。

在安全和战略方面比较有影响的国际论坛是德国的慕尼黑安全会议，被誉为“防务领域的达沃斯”。还有由英国伦敦国际战略研究所（IISS）发起、新加坡国防部协办的亚洲安全会议，也叫“香格里拉对话”。这个会议聚焦亚太安全议题。本地区和世界主要国家的国防高官出席，常有围绕安全问题的交锋。另外，我早年参与比较多的东盟地区论坛属于官方论坛。中国参与这个论坛是同周边睦邻外交的拓展相生相伴的，也助力了中国同东盟国家和东盟组织互利合作关系的培育和成长。俄罗斯在普京总统亲自关心下创立的三个国际论坛也很值得重视。它们分别是瓦尔代论坛、圣彼得堡国际经济论坛、东方经济论坛。俄罗斯政府在近年国际处境困难的情况下，坚持不懈地培育国际论坛，通过它们保持积极的国际沟通，增进外界对俄罗斯的了解。

我注意到，在一些国际论坛上美国国会参众议员相当活跃。美国国会的会期约占全年工作时间的三分之一，每年夏天和冬天都有漫长的休会期，许多议员利用这个时间段出国，以个人身份或者组团参加国际论坛。不少论坛重视美国议员的参与，在时间安排上也会照顾到他们的需要，使美国议员成为论坛稳定的“常客”。在重要的国际论坛上总能听到美国人就世界重大议题阐述立场和观点，往往对论坛和后续舆论的走向产生影响。

例如约翰·麦凯恩（John McCain），这位出生于1936年的美国最资深共和党联邦参议员，以观念保守著称。他是各种国际论坛的常客，尤其是几个重要欧洲论坛的忠实参与者，22年来他从未缺席过一次慕尼黑安全会议。我常在一些论坛上与他讨论问题，最近一次是在2017年9月的意大利安博思论坛上。论坛前两个月他被诊断出患有一种名为原发性胶质母细胞瘤的脑病，刚做完化疗不久就来参会，他的乐观和执着令我惊讶。他在会上的发言赢得了长时间的掌声，这不仅是对他同病魔做斗争的坚强意志表达敬意，更是对他长期支持论坛表达感激。会下他告诉我，这是他坚持出席14年的又一个欧洲论坛。

曾几何时，国际论坛会议上鲜有中国人的身影，更不用说听到中国人的声音了。随着改革开放的深入和中国国际意识的提升，中国的官员、学者，还有很多年轻学生，开始出现在国际论坛上，把一个不断成长、日益自信、蓬勃活跃和建设性的中国形象展现在世界面前。当然，我们要真正实现在重要的国际论坛上不缺位，还需要进一步提高参与的意识和能力，需要有更强有力的政策和技术支持，让更多的人参与其中，也需要每一位参与者通过不断地学习和实践，提高掌握和使用国际话语权的能力。

现在，中国主动发起和主办的国际论坛也越来越多，历史最久和有一定影响力的是博鳌亚洲论坛。记得 1999 年我担任驻菲律宾大使时，利用回国述职的时间去海南的潭门镇走访渔民，途经博鳌，来到当时还只是想象中的博鳌亚洲论坛会址。那天下着雨，满地泥泞，在一幢盖了一半的楼房旁边的工棚里，我与那些参与设计和规划的年轻人讨论，憧憬创建中国的亚洲论坛。一颗种子如果能落在合适的土壤里面，就能发芽成长。这个设想恰逢其时，2001 年博鳌亚洲论坛正式创办，江泽民主席在论坛成立大会上做了致辞。此后，每届论坛都会有中国国家领导人莅临，参加论坛开幕式并做主题演讲。胡锦涛主席也曾三次莅临大会开幕式。时至今日，论坛已经取得了很大发展，成为连接中外的一个重要“窗口”。博鳌这个昔日的小渔村也因论坛永久定址于此而发展起来。每年论坛邀请亚洲乃至各国政要、企业家和学者云集于此，聆听中国国家领导人介绍中国政策和主张，围绕共同关心的重大问题研讨。2013 年以来，习近平主席三次亲临博鳌亚洲论坛开幕式，发表了重要的讲话。2018 年的博鳌亚洲论坛年会主题为“开放创新的亚洲　繁荣发展的世界”，4 月 10 日，习近平主席应邀出席论坛年会开幕式并发表重要主旨演讲，承诺将继续深化中国过去四十年来的改革开放，并宣布了若干新措施，包括加强市场准入、改善投资环境、加强知识产权保护和扩大出口，等等。这些措施的执行将使中国迈入新的开放阶段。

我在现场聆听了习近平主席的讲话，在场的国内外与会嘉宾对演讲中释放的中国坚持开放和改革的信号纷纷给予肯定，并表达期待。

2014 年创办的丝路国际论坛成为宣介“一带一路”倡议的重要平台，每年在丝绸之路经济带沿线国家轮流举办。首届在中国新疆喀什举办。2015 年 10 月在西班牙首都马德里举办第二届。2016 年 6 月在波兰首都华沙举办第三届，当时正对波兰进行国事访问的习近平主席与波兰总统杜达、总理希德沃共同出席了开幕式。习近平主席发表了题为《携手同心　共创未来》的重要讲话，就“一带一路”建设和中国 - 中东欧国家合作提出建议，还就中外智库对话、交流与合作提出具体指导意见。第四届论坛回到中国，2017 年 5 月在西安举办。

由于中国在世界上的地位和影响不断增长，一些有名气的国际论坛也越来越多地在中国举办年会和分支会议，以更好地了解和认识中国。达沃斯世界经济论坛的“全球行业峰会暨全球成长型企业年会”（也称“世界经济论坛新领军者年会”）已经落户中国，被称为“夏季达沃斯论坛”。2007 年 9 月在中国大连召开首届“夏季达沃斯论坛”，此后每年 9 月在天津、大连这两座城市轮流举行，中国国家领导人出席并发表主旨演讲。

在国际论坛与中国的互动日趋活跃的现象背后，是中国的声音在世界上获得更多关注和重视，而中国作为新兴大国，也需要更加积极地参与和利用国际论坛这样的平台，讲好中国故事。这可以成为中国影响世界和参与国际事务的一个捷径。

本章选择了我参加慕尼黑安全会议和瓦尔代论坛的一些经历作为案例，与读者交流一下自己的体会。

初识慕尼黑安全会议

始于 1962 年的慕尼黑安全会议是以跨大西洋伙伴关系为重点议题的世界防务大会，每年在德国慕尼黑举行。它的前身是德国政论家、出版商埃瓦尔德・冯・克莱斯特（Ewald von Kleist）在 1962 年创办的世界防务大会，是美国领导的北大西洋公约组织与苏联领导的华沙条约组织进行论战的平台。冷战后更名为“慕尼黑安全政策会议”（以下简称“慕安会”）。2002 年以来慕安会将视野从欧洲安全事务扩大到全球防务和多元化的安全问题上，议题也向非北约成员和欧洲之外的更广泛区域扩展，开始涉及打击恐怖主义、防止核导扩散、维护地区稳定等内容。慕安会得到德国政府的有力支持，德国总理和总统每年轮流出席并讲话。

慕安会吸引了世界主要国家的国防和外交高官以及安全领域的专家参加，欧洲和美国战略与安全领域的高层人士几乎悉数出席。出于对盟友体系的重视，美国副总统、国务卿和国防部长每年都要到会，发表政策演讲，还有 20 多位参众议员组团与会，俄罗斯外长也从不缺席。近年俄罗斯与美欧矛盾尖锐，慕安会常常出现对俄罗斯的“大批判”。即便如此，拉夫罗夫外长仍坚持参会发表讲话，回答听众的提问，坚定地为俄罗斯的立场进行辩护。这几年中东和亚洲国家对慕安会的参与也积极起来了，日本、韩国、新加坡的外长、防长都成了常客。这里也是各国领导人和国防、外交高官交流对话的重要平台，会场的会客室总是被预订得满满的。

沃尔夫冈·伊辛格（Wolfgang Ischinger）是慕安会的主席，我和他早年结识。他曾经是德国资深外交官，担任过联邦外交办公室主任和德国驻美国、英国大使等要职，为人温和、儒雅，对世界的变化和趋势有着敏锐而深刻的洞察力，很适合做国际论坛的掌门人。

从2015年开始，慕安会在开幕前夕推出由伊辛格主持编写的《慕尼黑安全报告》，为当年的会议确定主题和基调。例如，2015年重点围绕美俄在乌克兰的地缘战略冲突提出“坍塌的秩序，不情愿的卫士？”这个命题；2016年聚焦当年深深困扰欧洲的反恐和难民问题，感叹“无边的危机，鲁莽的破坏者，无助的守护者”；2017年则针对英国公投决定脱欧和美国特朗普当政给欧洲人带来的巨大“不确定”感，提出“后真相（注：指假新闻对国际政治走向的实质影响）、后西方、后秩序”的主题。这些主题的设定，既切中西方世界的时弊，又很有文采。而《慕尼黑安全报告》的一个特点是提出问题、摆足现实，但是回避预设答案。正是这种特点，让报告达到了为慕安会的讨论提引方向的目的，同时也留足了思辨的空间。

有鉴于世界对中国国际作用的关注上升，伊辛格认为在中国缺席的情况下，讨论涉及中国的国际和地区安全问题难免偏颇。因此，他每年都坚持邀请中国派高级别代表团与会，为此他多次来北京游说。中国国务委员和外长都出席过慕安会并发表演讲，产生了重要影响。

第50届慕安会于2014年1月31日至2月2日举行，适逢中国春节，那是我第一次应邀出席慕安会。那一年慕安会关注的重点包括跨大西洋安全格局、新兴国家与全球治理、欧债危机和欧盟的未来、马里和叙利亚局势、伊核等问题，现场聚焦最多的是乌克兰内部的形势。我和几位助手在1月30日除夕那天飞离北京，抵达慕尼黑。

我作为嘉宾出席了主题为“美国、欧洲和亚洲”的大会论坛，主要讨论的是全球力量与地区稳定的问题。出席论坛的另外三位嘉宾分别是克罗地亚总统伊沃·约西波维奇（Ivo Josipović）、美国国会联邦参议员林德赛·格雷厄姆（Lindsey Graham）、印度国家安全顾问克里希南·梅农（Shivshankar Menon），主持人是美国联邦参议员、退役海军上将詹姆斯·斯塔夫里迪斯（James G.Stavridis）。这几位当中，除了两位美国参议员，其他两人我都认识。我访问克罗地亚时曾拜访过约西波维奇总统，他对中国充满兴趣，当时我们谈得很愉快，印度的梅农则是我多年的朋友。但很明显的是，这几位嘉宾的背景和关注点差异很大，我很好奇这个论坛将如何找到大家共同感兴趣的聚焦点。

然而，主持人斯塔夫里迪斯参议员似乎毫不费力，就找到了自己的“聚焦点”。他一开场就说：“今天坐在台上的有五位嘉宾，其中四位来自民主国家。”这样的介绍从一开始就把我划到了对立面，让我成了来自另类国家的代表。而这恐怕也是当时欧洲乃至整个西方世界审视中国的视角，即“中国是非民主国家，中国的政治制度是错误的”。西方国家与苏联进行了近半个世纪的冷战，自认为最终赢得了对共产主义的“胜利”，“历史已经终结”。未曾想，中国这个共产党领导的国家不仅没有垮掉，而且继续生存发展，路越走越好、越走越成功，这是他们无法理解的。这位美国参议员与来自中国的代表坐在一起，显得气儿不打一处来。他的无端挑衅虽然也让我感到有些气恼，但此刻我保持了冷静，脑海里面想的是更重要的问题：如何摆脱他设定的套路。

论坛的议题与中国的政治制度没有任何关系，因此主持人的话并没有引起其他人的响应，各位嘉宾在接下去的发言中都没有涉及政治分歧问题。轮到我发言的时候，我考虑，一方面必须跟上论坛话题的节奏，向大会传递中国的立场和观点，但同时又不能对美国参议员的挑衅无动于衷。那天亨利·基辛格（Henry Alferd Kissinger）博士也坐在台下，他的座位很靠前，我能看到他正在朝我微笑。我与他已经很熟悉了，我们围绕涉及政治分歧的话题进行过多次辩论和探讨。但是，今天不是争论具体分歧的场合。如何回应美国参议员貌似无心却又非常刻意的政治挑衅呢？我从基辛格的微笑中看到了期待，这让我想到了一个轻松化解的角度。

我先笑了笑，说，昨天是中国农历新年的大年初一，这是中国人最重视的节日，全国放假 7 天，人们无论身在天南海北，都要设法在除夕夜之前赶回家，与父母家人团聚，一起吃年夜饭。当中国人都在团圆中或者奔向团圆的路上时，我和几位同事坐了 9 个小时的飞机，赶到慕尼黑，错过了与家人的团聚，为了什么呢？就是为了与你们增进彼此的了解。

说到这里，我可以听到会场上响起一片轻轻的笑声，也可以看到基辛格在微微点头，显然他认可了我这种迂回的应对。而现场的听众也很有悟性，我对斯塔夫里迪斯刻薄的态度做出这样一个清淡的影射，就足以让他们心领神会。我觉得自己已经赢得了场面，就继续往深说下去：“当然，这个了解的前提是彼此尊重，包括对各国基于不同历史而探索和构建的政治制度的尊重。中国改革开放 30 多年了，经济建设和社会发展取得了巨大的成功，这也是中国政治制度的成功。”

当时，如果我直接与主持人对抗，无异于接受了他的阵营划分。所以，遇到这种情况，不攻而破的最好办法是找到一个恰当的角度，把之前对方所做的价值判断和制造出的氛围都抹去，彻底摆脱原有的限定环境。这样就能把话头引上一个新的台面，在不受制约的环境中陈述自己的立场和观点。

之后的讨论就进行得比较顺利和正常了，嘉宾们各自发表观点，并且与台下的听众互动。慕安会采取的是一种“饥饿”席位方式，虽然应邀参会的有 800 多人，主会场座位却只有 200 多个，大部分人在会场外面的咖啡厅或者走廊里，用电脑通过网络直播观看现场的讨论。这天的会场挤得满满的，许多人站在走道上。会场上连续有人向我提问，可以从中感受到他们对中国浓厚的兴趣。

论坛结束之后，伊辛格走上台来向我祝贺，也表示了歉意，说以后一定要尽力避免慕安会的会期与中国春节冲突。他很感激我的参与，希望今后多来参加慕安会。他认为，中国的形象需要由中国人来表现和树立，慕安会讨论世界性的安全话题不能没有中国人的声音。

谁“控制”朝鲜？

2016 年 2 月 12 日至 14 日，我再次应邀出席慕安会，作为嘉宾参加了“中国与国际秩序”的大会论坛，并且做了题为《秩序及其再构建》的演讲，围绕对“秩序”的认知差异谈了看法。中心意思是，所谓“美国领导下的世界秩序”有三个支柱：一是美式价值观，也被视作“西方价值观”；二是美国的军事同盟体系，构成美国在世界上发挥“领导作用”的安全基石；三是世界经济体系，这个体系也包括联合国在内的国际机构，但并不完全重合。所谓“美国领导下的世界秩序”有其历史渊源，也在现代世界发挥作用，而美国长期在这个秩序中居于领导地位并因此而获得利益。这个秩序在政治和安全领域采取的是排他性的姿态，而在经济领域则开放度比较大。因此，所谓的全球化在很大程度上是经济的全球化。然而，在经济全球化深入发展、国际政治日益碎片化的今天，这个“世界秩序”面临越来越多的挑战，越来越难以提供有效的解决方案。

我向大会说明，中国人支持的“秩序”是现存“国际秩序”，这个“国际秩序”指的是以联合国宪章宗旨和原则为核心的国际秩序和相关机构。中国对这个现存“国际秩序”有归属感，因为我们既参与了其创建，也是获益者和贡献者，同时还是改革的参与者。2015 年 9 月习近平主席在美国西雅图发表演讲时就指出：“世界上很多国家特别是广大发展中国家都希望国际体系朝着更加公正合理的方向发展，但这并不是推倒重来，也不是另起炉灶，而是与时俱进、改革完善。”

我最后讲到，现在的问题是怎么办。中国不会是最后一个进入世界中心舞台的发展中国家，将来会有更多国家要求在国际秩序和机构中得到公平的待遇。未来世界的权力将更为分散，面对的挑战也更加复杂，世界需要改变。如果大家不能改变彼此，是否可以搭建一个更具包容性的秩序框架，就好比搭建一个共同的屋顶，能够最大限度地容纳各方的利益诉求和治理观念，“当然，这需要时间”。

那次慕安会上参加讨论的嘉宾有：澳大利亚前总理陆克文（Kevin Rudd）、新加坡国防部长黄永宏（Ng Eng Hen）和美国国会参议院对外关系委员会主席罗伯特·科克（Robert Corker）。科克之前访问过中国，围绕朝核等问题与我有过长时间的交谈，他很重视我的观点，但是我们往往“道不同”，很难说服彼此。那次我演讲时他坐在台上，可能听不太清楚我的讲话，他索性回到台下的听众席，听完才回到嘉宾的座位上。论坛的主持人是德国墨卡托中国研究中心总裁韩博天（Sebastian

Heilmann）教授，按照事前的安排，嘉宾们要围绕中国与国际秩序、中美关系等问题进行讨论，并回答听众的提问。

我每次确定出席某个国际论坛之后，都要认真做些功课，不仅要研究论坛的主题，还要了解主持人和其他嘉宾的背景，从他们公开发表的文章和讲话中了解其观点和立场，尤其对主持人要多做一些研究。有时会碰到对中国偏见比较深的主持人，更得事先做好发生对抗性辩论的准备。这次的主持人韩博天是一名研究中国问题的专家，从他以往的言论看，他对华态度友好，主张在德国与中国之间建立新的连接点。例如，一次他接受德国媒体采访时被问到中国的发展对德国是否构成“威胁”。他说，德国人很欣赏中国这个经济体，有不少人相信能从中国的发展中获益，但也害怕与中国竞争，而他认为德中未来会保持积极的互补性发展。对于中国的外交政策，他认为，中国作为负责任的大国，认识到了自己的地缘战略利益所在，愿意在中亚和东亚地区谋求发展。但中国军费的增加引起了一些误解，还有一些东南亚国家认为中国的崛起会给周边国家带来更多压力，中国在经济和军事上占据主导地位让他们感到担忧。作为一个观察者，韩博天希望中国能够为增进信任、消除紧张关系做更多努力。

根据这些资料，我判断在这次论坛上面对的将是一个相对平和的主持人。但在现场让我出乎意料的是，韩博天显得咄咄逼人，一再把话头引向朝核问题，并且把矛头对准了我，质疑中国的立场和作为。他似乎想让听众觉得，朝核问题发展到如此严重的地步，都是中国人“不作为”惹的祸。我估计他反映的也确实是欧洲人在媒体影响下普遍持有的看法，因此，他的言论在会场上是有共鸣的。面对他的追问，我没有马上反击，他反复地挑衅，一直把我逼到“墙角”。他此刻似乎觉得自己占了上风，隔着其他几位嘉宾，眼睛盯着我，严肃地问：“中国是不是已经完全失去了对朝鲜的控制？”我可以感觉到会场上出现的张力，觉得到了该做出回击的时候了，在这样的时刻回击才能实现借力打力的效果。

回答他的问题，无论说“是”或者“不是”，都会默认提问者设定的一个大前提，即：中国能控制朝鲜，朝鲜发展核武器是中国的责任。韩博天这样提问，本身就是基于对中朝关系和中国外交政策的错误判定。我不能陷入“是”与“不是”的辩解，必须釜底抽薪，从根本上质疑提问的合理性。当然，在现场听众一边倒地认可主持人观点的情况之下，如果我回应的态度过于强硬和富有对抗性，不仅难以赢得听众的认同，也会显得不自信。

我注意到他在讲话中无意间违反了联合国宪章关于国家平等的基本原则，可以成为反驳的切入点。所以，我选择了用笑呵呵的方式回应：“对一个国家失去了‘控制’？这种说法很西方化。”我的话还没有说完，现场听众就“哄”地笑了。

主持人马上意识到了自己提问中的漏洞，表情开始有些不自然了。我可以感觉到听众开始站到我的一边，就趁热打铁，接着说：“中国不是这么想的，我们不控制任何国家，我们从来没有控制过任何国家，我们也不想被控制。”顺着这个势头，我进而阐释了中国在朝核问题上的立场，强调说，“我们坚决反对朝鲜拥有核武器，我们了解他们有安全关切，希望美国能与朝鲜一起解决问题，但我们也希望朝鲜停止这种危险行为。王毅外长同克里国务卿在慕尼黑就朝核问题已经进行了很好的交谈，正如王毅外长昨天向媒体讲的，一是不管什么情况下半岛都不能有核，二是不能用武力解决问题，三是不能损害中国的国家安全利益。我希望中美两国能往同一个方向努力，通过对话和沟通解决所有国家的关切。”

我这些年的一个切身感受是，在西方世界，关于中国的信息存在比较大的缺失，偏见和谬误很容易有市场。因此，中国人在西方主导的国际论坛上经常会处于不友好的环境之中。如果一遇挑衅就争论起来，不一定能赢得听众的认可，也就难以达到传播的目的。所以，我尽量寻找比较有利的时机和恰当的切入点去反击，争取达到赢取听众的效果。当然，这需要事先做一定的准备，包括对自己的论点和表达方式进行打磨和练习。

无论面对记者还是出席论坛，要把施加影响的立足点放在赢得大多数听众的理解上，能赢得认可当然更好。我与对手是一场智慧的博弈，需要记住的是，我不是在与同台的记者或主持人、嘉宾争输赢，而是与他们竞争人心——争取那些坐在台下的听众和摄像机镜头背后的公众的心。既然敢登上国际舞台，就要敢于接受挑战，争取赢，也不能怕输。因此，我一直在努力学习如何在国际场合讲明白的话、讲在理的话，让人首先能听得懂，最好进而同意或接受我的看法，出席国际论坛给了我锻炼的机会。

辩驳与争论

第53届慕安会于2017年2月17日至19日举行，王毅外长出席了全体会议并发表题为《坚持合作理念　做出正确抉择》的主旨演讲。他介绍了习近平主席提出的“人类命运共同体”构想，表示二战之后建立起来的国际秩序和国际体系依然在保障世界和平与发展方面发挥着不可替代的关键作用，应当加以坚持和维护；世界上没有放之四海而皆准的发展道路和模式，也不存在什么“历史的终结”，关键是要符合各国自身的国情，得到人民的拥护，同时本着相互尊重的精神，交流互鉴，取长补短，共同进步；和平与发展仍是当今世界的主流。只要各国真正恪守《联合国宪章》的宗旨和原则，就完全可以和平解决争端，避免冲突对抗，在和平相处的基础上实现合作共赢。

我再次收到与会的邀请，作为嘉宾参加“东亚安全与朝鲜半岛”的分论坛，其他嘉宾还有韩国外长尹炳世（Yun Byung-Se）、新加坡国防部长黄永宏、美国国会参议员丹·沙利文（Dan Sullivan）和全面禁止核试验条约组织筹备委员会（CTBTO）执行主席拉希那·泽博（Lassina Zerbo），澳大利亚前总理陆克文担任主持人。程序是先由嘉宾轮流发言并讨论，之后回答听众提问。

到了会场我们才知道，临时增加了一项内容，由英国国际战略研究所所长约翰·奇普曼（John Chipman）介绍刚刚发表的《全球军事能力评估报告》。我在英国当大使时曾多次前往英国国际战略研究所讲话和参加研讨，并在那里认识了奇普曼。他花了7分钟的时间介绍报告，话里有话地评论亚洲国家的军力发展，尤其谈了对中国军备增长的关注。他说："英国国际战略研究所的数据显示，2012年亚洲取代欧洲成为全球排名第二的军费开支地区，以2010年美元不变价格计算，2016年该地区用在防御方面的开支是欧洲的1.3倍。其中，中国的军费开支最大。中国的官方数据显示，其国防开支是韩国和日本总和的1.8倍，是其他南海周边国家和地区总和的3.7倍。在某些军事能力方面，特别是在空中，中国的能力正在快速接近西方国家。"

奇普曼还强调说："中国在军事研究方面的进展，加之其在军事能力方面的发展，使中国已经成为推动美国在军事科技方面继续发展的最为重要的驱动力。评估报告显示，中国刚刚引入了能力很强的'霹雳-10'近距空空导弹，只有为数不多的国家能够研发这类武器，反映了中国在机载制导武器（air-launched guided weapon）领域的持续投入。中国配备相控阵雷达的多功能战斗机数量不断增加，空军将拥有更强的战斗力。中国海军已经开始制造3艘055大型驱逐舰，至少有13艘052D型号多功能驱逐舰开始服役或者正在建造。中国军队的演习训练更加贴近实战……"

他的介绍技术性很强，给现场的感觉好像亚洲"山雨欲来风满楼"。主持人陆克文在做了一个简短的评论后，就让嘉宾们发言。韩国外长按照事先准备好的稿子发表了关于外交和安全政策的讲话。轮到我了，如果我只讲原来准备好的内容，就错过了反驳奇普曼的机会。

我没有提前做功课，因此回避了对他的报告做具体评论，而是选择从一个与此次慕安会的整体氛围相关联的角度切入。我说："欧洲与亚太的关系密不可分，因此对于我们这些远离欧洲的人来说，看看欧洲如何审视和反省自己也很重要。然而，奇普曼先生的讲话，似乎在观察亚洲时换了不同的角度看问题。例如，昨天和今天欧洲国家的总理和国防部长们在讨论中关注的是，北约成员国如何将国防预算提高到国民生产总值的2%，大家对这个问题正进行着激烈的争论。但是在谈到亚洲的时候，奇普曼先生似乎认为，亚洲人做得太多了。"

我顺势讲道，中国国防费维持在国民生产总值的1.5%左右。"在全球化深入发展的时代，希望大家看问题的标准也能逐渐一致起来，平等地看待对方，我们并非敌人。我赞成应该有好的关于军备发展的分析报告，各国都应该能更好地向对方解释自己的行为，让彼此都感觉舒适。"

我接着说："我与很多中国人一样，为国家终于能够建设强大的军事力量保卫自己而感到骄傲。中国过去遭受了很多苦难，今天终于能够独立自主，中国的和平与安全也是实现世界和平与安全的重要条件。"

我回应奇普曼讲话的关键点是，指出他对中国采取了"双重标准"。奇普曼想传递的信息是中国军备建设对亚洲构成"威胁"和"挑战"。而就在这次慕安会上，北约成员国面对的要求是，将国防费提升至国内生产总值的2%，以更多地承担欧洲安全经费。这种压力来自北约的实际主导者美国。我的这个回应比较有效地化解了奇普曼渲染“中国军事威胁”的意图。

中国的国防费预算问题是我每年在全国人大会议新闻发布会上都会遇到的“必答题”，在慕尼黑的小小交锋可以算是一次“路演”了。回国后，我看到财政部提供的中国国防费的最新数据显示，2017 年中国国防费预算占国民生产总值的比重约为 1.3%，比我在慕安会上讲到的 1.5% 要低。在 2017 年 3 月的新闻发布会上，我采用了最新的数据。

讲完这段话之后，我按照事先准备好的讲话内容，就亚太安全问题发表了看法，强调有关亚太安全辩论的核心问题还是选择一条什么样的道路。是追求基于同盟关系的所谓“排他性安全”，搞零和博弈，以他国安全为代价实现一国或部分国家的安全，还是追求“包容性安全”，不把任何国家排除在外，地区国家共同努力实现共同安全？习近平主席在多个场合谈到这个问题，中国给出的答案显然是后者。

第一回合之后，论坛的讨论焦点不出意外地转向了朝核问题，显然无论是嘉宾还是听众，都期待听到嘉宾们的观点。全面禁止核试验条约组织筹备委员会执行主席拉希那 · 泽博是位核裁军方面的专业人士，我在会议前一天约他见过面。在参加国际论坛之前，只要条件允许，我会争取与每位嘉宾接触一下，提前沟通彼此观点。否则，如果遇到特别不了解的人，在台上很难预判对方会说什么。我向泽博介绍了中国对解决朝核问题的立场，尤其是王毅外长提出的“双暂停”和“双轨并进”的方案。他从专业角度马上意识到中国的主张是当前最现实的起点，并表示赞同和支持。我还把即将在布鲁金斯学会发表的关于朝核谈判历程的长文送给他参阅。第二天泽博再次见到我时已经连夜看完了长文，用他助手的话说："泽博完全被说服了。"我们商量在论坛上如何相互配合，泽博表示一定要督促美国和韩国的嘉宾对中国的"双暂停"方案做出回应。

在论坛上，泽博直接向韩国外长和美国参议员提出了这个问题："如同傅莹大使说的，我们今天就来谈谈怎么能让朝鲜同意停止核试验，或者停止继续发展自身核能力的计划。中国可以敦促朝鲜参与谈判，但同时建议推迟或者停止军事演习，因为这些对朝鲜来说都构成威胁。傅莹大使的意思是要减轻压力，给予朝鲜更多的安全感。这就是我想问的问题，如果真的有这样一份计划摆在桌面上，大家该如何反应？"

美国参议员沙利文可能没有估计到这个问题，也可能对背景不甚了解。他的回应有些应付："我的初步反应是，这个问题不仅仅涉及美国，也涉及我们的盟友，韩国和日本。我觉得，在这个地区，美国不能单独做出任何难以与我们的两个盟友达成共识的决定。我们的目标是半岛的无核化，但遗憾的是，你提到的建议并没有考虑到，我们面对的是一个一贯表现得毫无信誉的国家。所以我觉得在这种形势下进行军事演习非常重要。而且停止联合军事演习并不是单方面的决定，美国需要与盟友协商达成共识。"这个回答有点绕，也回避了美朝如何谈起来而不是打起来这个主要问题。

这样的回应刺激了泽博继续追问，在论坛结束前，他再次把话题拉到这个问题上，但是仍然没有得到明确的回应。这样的辩论虽然难以得出结论，但是中国合情合理的主张得到人们的理解和赞许。后来我与泽博保持着联系，也与美国参议员沙利文在华盛顿再次见面和交谈，他很希望多了解中国，愿意为美中加强沟通发挥作用。

我与瓦尔代论坛

2016年瓦尔代论坛

2016年，我第一次收到俄罗斯瓦尔代国际辩论俱乐部的邀请，参加10月24日至29日在索契举行的第13届年度会议。

瓦尔代俱乐部是俄罗斯成功打造的一个国际交流平台，2004年首次会议在俄罗斯诺夫哥罗德州度假胜地瓦尔代湖畔举办，因而得名。俄方将这个论坛的任务定义为："形成一个国际专家平台，使外国学者有机会从俄罗斯精英代表那里得到有关俄罗斯国家与社会发展的最权威、最可信的信息"。与慕尼黑安全会议不同的是，瓦尔代论坛聚焦与俄罗斯相关问题的讨论，每年吸引世界各国的政治、安全与经济方面专家学者与会，包括来自中国的学者。

我对瓦尔代论坛的关注可以追溯到2008年。那一年，俄罗斯与格鲁吉亚因南奥塞梯问题爆发军事冲突，俄罗斯出兵南奥塞梯的举动遭到西方严厉抨击。当时我在中国驻英国大使的任上，在一个酒会上偶然听到英国肯特大学的理查德·萨克瓦（Richard Sakwa）教授详细解释俄罗斯出兵的缘由，他的讲述显得客观和细致，这让我很好奇。后来他告诉我，这是因为他参加了瓦尔代论坛，有机会直接聆听俄罗斯领导人介绍情况。这些国际学者在俄罗斯得到第一手的信息，回国后就成为转达者，证明当时瓦尔代论坛向国际社会的传播是有效的。

瓦尔代论坛有意思的地方在于：一方面，它具有浓厚的俄罗斯色彩，其创办和发展得到俄罗斯领导人和政府的直接支持和指导，能提供权威信息和观点；另一方面，它对国际社会对俄罗斯的意见采取了开放倾听的态度，敢于与不同观点碰撞和争论。瓦尔代论坛建立起自己的信誉和吸引力，成为国际上研究俄罗斯的学者都不愿错过的重要交流平台。

中国与俄罗斯关系友好，我出席瓦尔代论坛不用担心面对刁难，但既然是国际论坛，就难免遇到不同观点的交锋。近年中俄关系的深入发展引起西方世界的疑虑，我撰写了《中俄关系：是盟友还是伙伴？》（Are China and Russia Partnering to Create an Axis？）的长文，美国《外交事务》杂志在2016年1/2月号上以《中国如何看俄罗斯》为题发表了这篇文章的摘编版，中文全文则于2016年4月发表在《现代国际关系》杂志上。瓦尔代俱乐部邀请我参加会议，应该也是因为看到了这篇文章，希望我能参与更直接的讨论。我不是俄罗斯问题专家，对出席论坛需要做更多准备和学习。

2016年会议在“进程中的未来，明日世界的轮廓”的主题之下，设了六个议题、两个特别会议议题和一个全体会议议题，涵盖几乎所有的世界重大问题，包括国际秩序、民主制度、中亚和中东地区安全、移民冲击、世界经济、欧洲发展前景、技术变化、苏联解体和欧亚地区合作等等。

我参加第一个专题“世界秩序，何去何从？”的论坛讨论，这是一个很大的题目，也是这一年国际关系界热议的话题。主持人是瓦尔代俱乐部学术委员会主席费奥多尔·卢甘诺夫（Fyodor Lukyanov），同台嘉宾还有澳大利亚前总理陆克文、美国芝加哥大学教授约翰·米尔斯海默（John J. Mearsheimer）、印度卡内基中心主任拉贾·莫汉（C. Raja Mohan）、瓦尔代俱乐部前主席谢尔盖·卡拉甘诺夫（Sergey Karaganov）。这些嘉宾有的我很熟悉，有的没有接触过。从他们的背景和发表的文章看，大家在秩序问题上的看法有比较大的差异，近期中俄学者在关于国际格局论述中，看法也不尽相同。出席瓦尔代论坛能让我更好地了解俄罗斯、认识中俄关系，也可以借助这个平台表达中国的态度和立场。

我第一个发言，题目是《大国需要培育信任》。这个讲话的构思源自对当时国际形势的观察和感受：一方面大国之间相互合作越来越重要，另一方面也存在相互猜忌和暗中博弈。大国之间的相互信任不足，这对于这个需要大国合作的世界而言显然是不利的。因此我提出，国家之间应该培养以合作应对挑战的习惯，从而逐步培育起信任。

我在发言中还谈到中美在秩序问题上的不同看法，这不是我第一次在国际论坛上阐述这一观点了：美国秉承和希望维系的是所谓的“美国领导的世界秩序”，在政治上推崇美式价值观，排斥其他意识形态；安全上基于军事同盟体系，不顾及非同盟国家的安全需求。而中国认同的是以联合国为中心的国际秩序，中国参与了这个“国际秩序”的创建，是支持者和受益者，也是改革者。这两种秩序观虽然在经济领域有比较大的重叠，但在政治和安全领域却不然。习近平主席提出构建“人类命运共同体”、建立“新型全球伙伴关系”的理念。未来世界应构建一个更具包容性的共同秩序，提供一个大家都能感到舒适的“屋顶”，因此，实现对未来秩序的构建和完善需要大国之间建立信任。

针对关于中国在秩序中角色的不同看法甚至疑虑，我回应：“中国在国际关系中重视几个原则：一是相互尊重，这是国家间关系的基础，任何国家都不应把自己的价值观强加于他人，各国根据国情探索发展道路的权利应得到尊重；二是共同安全，各国维护自身安全不应以损害他国安全为代价，21 世纪的世界不应再陷入地缘战略竞争或者新的集团政治；三是合作共赢，2016 年 9 月成功举行的二十国集团（G20）杭州峰会突出了包容性发展议题，强调要‘确保经济增长的成果普惠共享”。

在我之后发言的卡拉甘诺夫，是一位具有老派绅士风度的俄罗斯资深学者。他认为，人们对世界的认识不同于过去，力量对比发生了变化，出现很多新热点和新冲突，而美国主导的秩序无法适应变化，国际机制调整缓慢。面对这些变化，各国应改善彼此关系，在经济、核安全等领域展开谈判，同时建立稳定、正常的国际合作机制。中国提出“一带一路”倡议，俄罗斯提出“大欧亚伙伴关系计划”，这个计划可以先从欧亚大陆核心国家展开。未来世界体系应建立在更加自由的经济规则基础之上，尊重各国的利益、主权和领土完整，同时在政治上多元化，尊重各国自主选择的发展道路。

紧跟着发言的是一向直言不讳的美国学者米尔斯海默，他是“进攻性现实主义”的代表人物。2015 年我去芝加哥大学演讲时曾拜访过他，在他的办公室进行了相当激烈的辩论，预定 40 分钟的会面延长到两个小时。他认定中国要与美国争夺世界领导地位，南海和钓鱼岛争端都被他当作“中国在亚太扩张势力范围”的实例。当时他讲的一句俚语给我印象很深：“公鹅喜欢的，母鹅也会喜欢”（What’s good for goose is good for gander）。他想以此说明，美国曾经追求的世界权力必然也将成为中国追逐的目标。至于现存秩序，他对我指出的所谓美国主导的世界秩序缺乏包容性的问题并不否认，但声称这已无法改变，而中国作为“后来者”，只能要么屈服，要么挑战。他看着我的眼睛，说：“我相信中国是不会屈服的，如果中国保持现在的崛起态势，未来中美之间的权力争夺不可避免。”

这次我们在俄罗斯再次见面，米尔斯海默丝毫没有改变对中国的看法。他在发言中强调的核心观点是，世界权力政治的争夺出现回潮，大国安全竞争加剧。他说，世界从冷战时的两极格局到冷战后的单极秩序，再到现在已经出现多极化趋势，并且仍在不断深化，结构性变化推动着大国的相互竞争。大国权力政治之争是零和游戏，中国之所得必然会以美国之所失为代价。美国面临的最紧迫问题是美俄关系紧张，美国领导人忽视俄罗斯的安全关切，没有给俄罗斯以应有的尊重，导致两国关系恶化。但美国最大的对手不是俄罗斯，而是中国。决定21世纪世界走向的不是美俄关系，而是美中关系。米尔斯海默提醒俄罗斯人也要注意，未来真正能给俄罗斯带来威胁的是中国而不是美国。

最后发言的是印度学者莫汉。印度的大国意识有着鲜明的发展中国家印记，自尊心强，对自身利益高度敏感，对国际事务也有自己独特的视角，不愿意参与任何大国拉帮结派的企图。莫汉列举了影响世界秩序的三大因素：一是以英国脱欧为代表的去全球化浪潮；二是新兴科技改变资本和权力的分配；三是民粹主义兴起，挑战西方主流政治。莫汉认为，北约扩张与俄罗斯发生地缘政治冲突、中美南海分歧，本质上都是势力范围之争，大国应考虑相互尊重彼此势力范围，给对方的生存需要留出空间。

随后进入讨论环节，焦点很自然地回到中美俄大国关系上。米尔斯海默保持了他的“进攻性”，在我面前毫不避讳地提出，在中美俄三大力量的较量中，美国虽然仍处优势，但同时面临中俄两国的挑战，他建议美国联俄抗中，因为中国才是美国最大的威胁。

在这个论坛上，中俄印都是全球化影响下的新兴力量，立场、观点有比较多的共同点，米尔斯海默的言论无法撼动这些新兴经济体之间的共同利益基础。但他的观点对现场一些年轻学者很有刺激性。我觉得有必要挑战一下米尔斯海默的逻辑基础。我回敬他说："大国地缘政治争夺植根于西方人的历史与思维。世界变了，不能用过时的西方模式来套中国，否则会发生战略误判。国际社会需要更新思维，21 世纪的世界不应重演 20 世纪的战争和冲突的悲剧。美国担心中国要把美国挤出亚洲，争夺美国的全球主导地位。但在很多中国人看来，所谓美国领导的世界秩序陷入一片混乱，谁愿接手这个乱摊子呢？而对于其他国家而言，世界有一个美国还不够受吗？"

同台的资深俄罗斯学者也没有轻易坠入米尔斯海默描绘的前景中。卡拉甘诺夫认为，俄中已成为美国主导的世界秩序最大的挑战方。陆克文认为零和博弈并非不可避免，国家间合作仍是主流。他提出了"三国集团"（G3）的概念，认为美国仍是世界地缘政治和经济超级大国，俄罗斯决心重新成为地缘政治超级大国，而中国已是经济超级大国，正在努力成为地缘政治超级大国。只有以 G3 为代表的大国政治、以 G20 为代表的大国协调以及联合国框架下的全球治理三个层面共同努力，人类才能有效应对未来的全球性灾难。莫汉则强调美中俄印等大国应尊重彼此的"势力范围"，以免发生不必要的冲突。他建议，美国、中国、俄罗斯等主要大国应进行反思，携手改革现行秩序，以使之更加合理、有效。

瓦尔代论坛的热烈讨论气氛不只存在于发言嘉宾之间，台下听众很踊跃，提出的提问很尖锐。一位听众问我，中国与其他国家建立的战略伙伴关系与美国的军事同盟有何区别？我说，军事同盟基于主从关系而不是平等关系，而中国与其他国家的战略伙伴关系则是建立在平等互利、相互尊重的基础之上。另一位听众问我，中国的不结盟外交很保守，应当改革，假设将来中亚国家出现动荡，俄罗斯要求中国出兵中亚，中方有无可能同意？我说，中国国内也有如何发挥国际作用的讨论。中国历史上饱受侵略战争之苦，公众经常从电视中看到战争和冲突给妇女儿童带来的灾难。中国总体上支持和平解决争端，反对用战争方式干涉他国内政。改革开放以来，中国人均国内生产总值从不足 230 美元提高到 8000 美元，人民生活有很大改善，这得益于中国走和平发展道路，所以没有理由放弃。关于出兵他国的假设，相信中方会认真听取所有相关方的意见，中国已经在联合国框架内积极参与国际维和行动。

2016 年瓦尔代论坛邀请了 4 名俄罗斯高官专程从莫斯科来到索契，他们是第一副总理舒瓦洛夫、国家杜马主席沃洛金、总统经济顾问库德林（Alexei Kudrin）和外交部长拉夫罗夫（Sergei Lavrov）。他们分别出席了与学者的见面会，解释俄罗斯的政策和他们本人对相关问题的看法。例如，第一副总理舒瓦洛夫详尽介绍了俄罗斯经济政策和形势，而总统经济顾问库德林则从不同的角度评估了经济政策的效果和存在的问题，国家杜马主席沃洛金详细分析了俄罗斯的政党分野和议会选举，外长拉夫罗夫坦率和全面地分析了俄罗斯面临的国际环境，阐述了外交政策。

听众提出的问题和发表的观点包括：如何看待杜马选举中的舞弊、选举投票率低迷、总统权力不断扩大、2018 年后普京总统是否继续执政等问题，西方学者提出俄罗斯在发生民主倒退和民粹化或集权化的趋势；如何看待不断扩大的财政赤字、飙升的军费占比、更加严格的网络管控等问题；如何看待俄罗斯的国际角色，西方学者认为俄罗斯在叙利亚和乌克兰的政治和军事行动破坏了国际秩序的基础，中东和中亚学者则对俄罗斯在保障地区稳定方面的作用给予正面评价。围绕“大欧亚伙伴关系”倡议，欧美学者认为俄罗斯只是利用亚洲作为重返欧洲的砝码，中亚学者则对俄罗斯提出“大欧亚伙伴关系”以政治一体化先行的路径表达了担忧。

让我印象深刻的是，俄罗斯政要和学者对这些尖锐问题毫不回避，正面做了回应。

瓦尔代论坛的最后一场活动是普京总统演讲并与论坛学者对话。这个环节也邀请了芬兰前总统塔里娅·哈洛宁（Tarja Halonen）、奥地利前总统汉茨·费舍尔（Heinz Fischer）和南非前总统塔博·姆贝基（Thabo Mbeki）等发表讲话。但是在提问环节，全场目光都集中到了普京总统身上，差不多九成以上的问题都抛给了他，有的问题明显“来者不善”。普京总统对这些问题娴熟应对，完全驾驭了场面。

他批评了现有国际秩序的弊端，强调联合国拥有“无可比拟的代表性和普遍性”，重申支持加强俄罗斯领导的欧亚经济联盟和中国领导的丝绸之路经济带的协调对接，以“推动更广泛的欧亚合作伙伴关系发展，并且这一伙伴关系将发展成为广阔欧亚融合地带的中心之一”。他对俄罗斯与中国的关系非常肯定，并且表达了乐观和积极的态度。普京有问必答，以至于延长到 4 个小时。

我也提了一个问题："过去 25 年俄欧关系并没有像人们期望的那样发展，请问总统先生，哪些愿望没有实现？这对未来 25 年能提供什么样的哲学意义上的经验和教训？"

普京的回答很诚恳，他说，25 年前，苏联和俄罗斯认为自己只要采取更开放的意识形态和政策，便可以弥合与西方的分歧，但事实上国家利益和地缘政治方面的分歧远比意识形态复杂，这也导致今日俄欧关系的曲折。但是普京对未来的俄欧关系还是抱有信心的，他强调只要建立新的国际安全体系，俄欧之间的关系将会变好。

也有专家提出了关于中俄合作的目的和关于美国大选的问题，普京否认俄罗斯意图与中国结盟对抗美国，重申无论哪位候选人赢得美国总统大选，他都愿意与之合作。

2017 年瓦尔代论坛

2017 年我再次收到瓦尔代论坛（10 月 16—19 日）的邀请函，这次的主题是"创造性破坏：冲突中是否存在新的世界秩序？"。"创造性破坏"一词来自经济学家熊彼特，解释经济萧条和技术革新之间的关系：每一次的萧条都酝酿一次技术革新的可能性，经济的创造性与毁灭性是同源的。如果用中国的成语来表述，那就是"不破不立"。俄罗斯为何要设置这样一个主题？如果结合过去一年俄罗斯自己的"遭遇"，不难理解会议组织者的深意。

记得2016年10月的瓦尔代论坛之外有一个悬念——彼时美国总统大选尚未揭晓，许多俄罗斯人对特朗普当选后的俄美关系抱有期待。然而，2017年特朗普上台后，专家预判中的美俄接近并未到来，俄罗斯却被卷入“通俄门”等美国国内政治争端，美俄关系前景愈发不容乐观。本届瓦尔代论坛体现了对国际政治的悲观情绪，主题围绕“冲突”这条线展开，在五个阶段的分议题集中探讨了五对冲突：不同世界地缘政治观之间的冲突、贫富之间的冲突、人类与自然之间的冲突、西方民主理念与自我认同之间的冲突、技术进步与人本主义之间的冲突。

我参加第一场论坛，嘉宾有瓦尔代俱乐部前主席谢尔盖·卡拉甘诺夫，埃及前外长纳比勒·法赫米（Nabil Fahmy），德国《时代周报》总编辑特奥·索莫（Theo Sommer），达特茅斯大学教授威廉·沃尔夫斯（William Wohlforth）。主持人与去年相同，仍是卢甘诺夫。这场论坛的题目是“不同世界地缘政治观之间的冲突”。

这是一个颇具火药味的题目。组织方设置这个题目，意在显示大国之间存在新的地缘政治上的分歧和利益冲突。俄罗斯学者认为世界地缘对抗正在加剧。卡拉甘诺夫说，现在世界正在面临新的冷战，国际格局变得更加僵化，更加依赖军事平衡。德国和美国的嘉宾也从地缘政治的角度观察当今世界大国关系，并认为中国的“一带一路”倡议具有地缘政治的意图。

但是在我看来，中国不宜陷入地缘政治的窠臼。中国的发展成功和国际地位的提升，并不是靠参与地缘政治博弈而获得的。

地缘政治这种从帝国主义时代和殖民主义时代发展起来的零和博弈思想已经无法解释今天的世界。中国近 40 年的改革开放历程恰恰表明，大国可以超越地缘限制和地缘竞争，利用全球化与和平的外部环境，通过自身努力和广泛的国际合作，实现强国梦想。习近平主席提出构建人类命运共同体的观念，就是对旧的国际政治的超越。

来之前，我与一些中国学者进行了“头脑风暴”。虽然大家意见不尽相同，但是大部分人认为，超越地缘政治应该是符合当今国际现实的选择。我考虑利用这个场合阐述超越地缘政治的想法，强调国际社会应寻求合作，而不是退回到零和博弈。我把发言题目设定为《要冲突还是要合作？超越地缘政治思维》。

我在发言中强调了两个观点。一是地缘政治无法为解决人类面临的新问题提供答案。30 多年来，人类经历了前所未有的经济全球化，资金、技术、资源更加自由流动。一个直接后果是，世界的地理空间被重塑，不再被权力和集团所割裂和隔绝，过去的中心与边缘的概念也已经被颠覆，我们都在同一经济体系之内，地缘政治思维解决不了今日世界的问题。但地缘政治并没有消失，尤其对传统大国影响很大。例如在亚太，美国难以摆脱控制海上要冲的地缘战略思维惯性，甚至试图介入海上争议，令人担心局部争议会被转变为大国间的地缘战略竞争。一个更加突出的案例是朝鲜半岛。美国正是出于地缘政治思维的考虑，不断错失解决朝核问题的时机，我们正目睹严重的核扩散危机。全球安全合作严重滞后，面对极端主义、恐怖主义的严峻威胁，大国如果拘泥于自身地缘利益，则意见分歧、进退失据，不能形成合力。

二是中国怎么办？中国在世界经济中是海陆兼具的超大型国家，自身就是一个大的变量，中国的到来本身就会给世界带来新变化。中国的成功印证了大国可以选择不同道路。中国一方面依托海洋融入全球经济，同时自身辽阔的陆地经济纵深可以通达中亚乃至欧洲，处于连接海洋与大陆的“节点”，也构成国际贸易结构从低端向高端过渡的“节点”。需要看到，世界已在大步前进，需要更多地鼓励和培育共同体意识。

习近平主席在 2017 年 5 月“一带一路”国际合作高峰论坛上讲过，我们推进“一带一路”建设不会重复地缘博弈的老套路，而将开创合作共赢的新模式；不会形成破坏稳定的小集团，而将建设和谐共存的大家庭。

我的结论是，超越地缘政治既是中国发展的切身体会，也是世界发展的潮流所向。未来，世界各国应该携手走向人类命运共同体，而不是退回到地缘博弈的格子里去。

显然，我不赞成新的地缘博弈的主张对论坛的冲击还是比较大的。在问答环节，针对我的提问明显多一些，有人对中国“一带一路”倡议的战略意图提出了质疑，还有人拿中国在吉布提建设“军事基地”挑战我的观点。

可以感觉到，关于中国的批评性提问，多是因为缺乏了解和一手信息，所以我把重点放到介绍情况上，讲“是什么”。比如，我介绍了“一带一路”倡议的提出和推进的情况，说明为什么这是经济合作倡议，如何奉行共商、共建、共享的原则，强调是开放包容的区域合作平台，等等。关于吉布提，我介绍了中国在吉布提建设的保障基地，也谈到中国海军在亚丁湾的维和努力。上述事实也支持了我提出的超越地缘政治的观点。

俄罗斯的“瓦尔代经验”

通过 2016 年和 2017 年两次亲临瓦尔代论坛，我有机会近距离观察俄罗斯如何办好这个有影响力的国际传播平台，很有收获。由此也能体会到，处于国际舆论逆境的俄罗斯是如何在国际传播上独辟蹊径，走出一条属于自己的道路。

与会间隙，我向一些瓦尔代论坛的常客了解他们的观察和看法，虽然一些西方与会者不认为自己能被俄罗斯官员传递的信息和观点所说服，但大部分人对这种扩大国际传播和影响力的方式是认可的。有学者回忆起瓦尔代论坛早期的情况：2004 年第一次举办瓦尔代论坛时，普京总统邀请与会学者到他的度假别墅做客，席间就俄罗斯的内外政策进行了坦诚沟通，改善了一些国际学者对俄罗斯和普京的片面印象。瓦尔代论坛最初取得的传播效果坚定了俄方的信心，此后坚持每年举办这一会议，总统和与会学者之间直接沟通的环节也作为会议的精华延续了下来。而瓦尔代这个国际论坛之所以能长盛不衰，也是普京总统本人持之以恒关注和投入的结果。

经过 14 年的经营，瓦尔代论坛国际化的议题设置和会务组织已经很成熟，并已积累起一个比较大的邀请对象名单库，接触到的各类人员遍布世界各国和各领域，每年根据议题选择邀请100多人与会。瓦尔代论坛从成立之初就以打破西方世界对俄罗斯的错误认知为目的，邀请的主要是西方国家知名和资深的俄罗斯事务专家，通过提供充分的信息影响他们，进而改善西方舆论和学界的看法。会议也邀请来自中国和印度这样与俄罗斯关系密切的亚洲大国的专家。然而，瓦尔代论坛的会务组织并不铺张，接待人员很少，班子非常年轻，安排极为紧凑。

每年瓦尔代论坛的主题由俱乐部智库与总统办公厅共同研讨决定，切中国际和国内的焦点话题。在瓦尔代论坛上，各国与会学者也会带来针对俄罗斯的各种看法和批评意见，透过会场辩论可以观察到国际社会对俄罗斯的关注焦点。会议着眼于不同观点的交流，不设禁区，大家畅所欲言，同时也使俄罗斯的观点得到充分的传播。

观察瓦尔代论坛，无论是组织会议的年轻人，还是参会的政要和学者，俄罗斯人给我留下的一致印象是他们专业化和国际化的态度。可以看出，瓦尔代论坛帮助俄罗斯实现了至少以下三方面的效果。

第一，向国际社会的有效传播。与会的各国学者多在本国和国际上比较活跃，都直接或间接地参与过本国外交决策讨论。他们有机会直接听取俄罗斯对自己的政策和战略意图进行比较透彻和权威的说明，可以将这些信息带回到本国的学术圈和决策层。另外，俄罗斯通过瓦尔代论坛的议题设置，可以引导国际精英的观察角度，构筑俄罗斯在国际事务中的议题设置能力和话语权。

第二，有助于合理决策和减少误判。通过与国际学者直接交流和交锋，俄罗斯能比较客观地了解外部世界，掌握国际舆论关注焦点，为决策获得更多参考依据。另外，俄罗斯注重培养参会者的稳定性，通过他们的反馈评估相关国家对俄罗斯的了解和判断，及时梳理潜在合作空间和冲突点，增加己方战略判断的空间。而俄罗斯通过向相关国家澄清真实情况，也有利于降低对方对俄罗斯战略的误判风险。

第三，加强自身智力储备和能力建设。俄罗斯高官和学者借助这个平台与国际高水平学者辩论，可以提升能力和开阔视野，增强对国际问题的了解和判断能力。尤其俄罗斯高官直接参加国际辩论、应对专家的诘难质问，也锻炼了他们的应对能力。

在当今这样一个多元化和多主题的国际环境之下，大国的对外交往应该是多层面和多触角的，需要通过成功的国际传播来赢得理解、认同和支持。俄罗斯虽然面临比较大的外部压力，但他们不因遭遇封堵而关上沟通之门，而是继续努力开展广泛的国际交往，这种执着令人钦佩。虽然传播和舆论本身不能完全改变客观世界的存在，也无法彻底转变西方世界对俄罗斯的负面看法，但是瓦尔代论坛将俄罗斯的国家政策和立场精准有效地投放给国际特定的专家学者群体，进而实现国际传播。从这个意义上看，瓦尔代论坛作为俄罗斯开展公共外交的有效平台，基本达到了目的。

在2016年瓦尔代论坛上，一位学者向普京提问："瓦尔代论坛您年年必到，还要面对那么多尖锐的问题，图的是什么呢？"普京几乎不假思索地回答："我可以了解你们，知道大家的想法，也可以让你们了解我，知道我的观点。"

第七章 英伦追忆

中国的国际形象需要由中国人自己去树立和改善，这是必要的，也是可能的，我们与国际社会，尤其是西方公众之间并非不能沟通和相互理解。我自己的体会是，需要不断增强沟通的意识和能力，尤其在与西方媒体打交道时，需要学习和掌握相应的技巧。

如何提高与媒体打交道的能力，尤其是如何应对那些充满偏见的刁钻问题？我在担任驻英国大使的三年多期间，从对媒体的观察和与记者的接触中，逐渐认识到自己在能力上的差距，并且开始接受专业的培训，慢慢掌握了其中的一些门道和技巧，并从中受益。我想在此与读者分享自己的一些经历。

在这三年多的时间里，2008 年的经历尤为让我刻骨铭心。

2008 年被外界认为是中国走向世界大国华丽转身的一年。而那一年，中国经历了太多的大悲大喜，中国的国际形象也经历了如同坐“过山车”般的大起大落，可以认为是中国走向世界舞台途中所经受的非同寻常的洗礼。

从始于 2008 年初的南方雨雪冰冻灾害开始，西方媒体就对中国政府应对自然灾害的能力品头论足，而最终中国高效的处置结果令人刮目相看。乍暖还寒的 3 月，“藏独”分子在西藏拉萨进行了令人发指的“打砸抢烧”暴力活动，西方媒体完全不顾事实，几乎集体对中国政府和人民抹黑。4 月初，北京奥运会火炬在境外的传递受到“藏独”分子的冲击，成为西方媒体攻击中国的又一大话题。再到 5 月发生汶川大地震，中国政府、军队和人民展现出来的勇敢和团结得到国际媒体的一致好评，中国的形象在西方社会再次实现反转。

8 月，中国成功举办北京奥运会，开幕式的炫目表演让全世界为之惊叹，运动会的高水平服务和中国人民的现代精神面貌，化解了外界的种种质疑。

到了 9 月，“三聚氰胺毒奶粉”事件一时间成为国际媒体的热点话题，引发对中国食品安全的广泛讨论。紧接着，“神舟七号”顺利完成载人航天飞行任务的消息又登上国际媒体的头条，被认为开启了中国征服太空的新篇章。

整个 2008 年，作为中国驻英国大使，与媒体打交道成为我的一项重要工作内容。我发现，英国记者在报道中国时态度大起大落，似乎心中并没有一个恒定形象，他们看到的中国像一个万花筒，变化太多，太快，以至于无法把握。虽然英国记者大多对中国有偏见，很容易相信关于中国的任何负面信息，但是，当他们能得到中国的正面信息并且感到信服时，也可以不吝笔墨地予以报道。

北京奥运会开幕前后英国和西方媒体冰火两重天的态度让我认识到，国际舆论在一定程度上折射的是国家自身的表现，需要通过坦率、透明的信息交流来产生和传播影响。诚然，不是一次好的沟通就能一劳永逸地化解偏见，舆论如潮起潮落，新的事态出现后，媒体的态度也会起起伏伏，陈旧的历史偏见仍会不断有所反映，而信息是否通畅会是影响舆论的关键因素之一。

进入 21 世纪，中国的发展和成功逐渐为世界所关注，也因而更多地进入国际公众的视野，如何主动把握国际传播成为一个新课题。而我们面对的是一个经过复杂的历史和现实演进而形成的西方舆论场，这个场域在对中国的看法上依然背负着冷战期间积累下来的负面成见。因此，如何与英国乃至西方媒体打交道，成为我在英国履职期间印象最深刻的经历，也是费力学习提高的过程。

初到英国

2007 年 6 月 12 日，我作为中华人民共和国驻大不列颠及北爱尔兰联合王国特命全权大使，向女王伊丽莎白二世递交了国书。之后在位于波特兰大街 49 号的中国驻英国大使馆举行到任招待会，各国驻英国使节和当地各界友人出席。其间我接受了中央电视台和新华社等中国媒体的采访，记者们对递交国书的过程很感兴趣，请我描述了当时的场景。那天女王身穿淡粉色的连衣裙，笑容可掬，对华友好之情溢于言表。白金汉宫用双架马车迎送我和先生郝时远，那辆马车是有 167 年历史的古董，但车子运转正常，而且整体色彩艳丽，里面的装潢高雅舒适。马车缓缓穿城而过，经过闹市和街道，路人和游客都十分友好，向我们招手致意。我对英国以如此隆重的方式向国民推介外国大使表示了赞赏和感谢。

我是新中国第十任驻英国大使，能够接任那些我所敬仰的外交前辈出使英伦，我深感荣幸，对党和国家委我以如此重任也充满感激，心怀忐忑。20 世纪 80 年代我曾在英国肯特大学研修，硕士毕业论文的选题是关于中英贸易的。当年为收集资料，我走访过致力于推动中英贸易关系发展的 48 家集团俱乐部（The 48 Group Club）等英国企业机构，认识到中英之间的交往有历史积淀和现实周折，同时也预期后劲可观。

经过多年发展，中英关系已经进入良好、稳定的发展阶段，如何推动它更上一层楼，是我作为新任大使需要思考和努力的。据我观察，增进中英关系的条件广泛存在。一方面，中国工业化步伐加快，面临许多新挑战和机遇，英国是我们可以寻求合作的伙伴；另一方面，在经济全球化的背景下，两国在国际和地区事务中有不少需要相互协调的地方。然而，英国社会对中国缺乏了解，媒体偏见很深，这会影响到社会大众的看法，是拓展中英合作的障碍。我需要了解英国媒体的行为方式，尤其是媒体与政府互动关系的源起乃至背后的逻辑，以便于考虑如何与英国社会沟通，让更多人了解中国。

我每天必不可少的一件事是阅读报纸、收看电视新闻，平日也翻阅大量资料、阅读书籍。日积月累，收获了对英国政府、媒体与公众关系的观察和思考。英国政府、媒体和公众三者间的交互影响，经过了上百年的打磨和较量，最终形成了既博弈又彼此依赖的关系。政府是媒体监督的对象，同时又是媒体的重要信息来源，媒体在社会管理、政策实施和沟通民意上，给予政府传播上的支持，而政府则需要不断提升应对媒体的专业能力。

例如，托尼·布莱尔在20世纪末期成功当选为英国首相，离不开两位资深而又亲密的传媒顾问——彼得·曼德尔森（Peter Mandelson）和阿拉斯泰尔·坎贝尔（Alastair Campbell）的辅佐。他们被视为英国传媒政治演进中的一种新现象，为此还生成了一个专门的称呼——传媒顾问（Spin Doctor或Spin Doctoring）。这一称谓的含义有人为操作媒体的意思，Spin作为动词指“快速旋转”，这个词在上世纪70年代最初流行时，是指通过制造有倾向性或歪曲性的报道，扩大自己对公众的影响。源自一个词组Spin a yarn，字面意思是“纺纱”，引申意思为“讲故事”，来源于航海行话，指人们一边纺纱，一边听海员们讲海外奇谈。后来其含义进一步引申，指通过改变事实认知“轨道”来影响公众看法。Doctor原意是医生并引申到令人肃然起敬的“博士”，不过在这里却略带贬义，甚至有“伪造者”之意。

传媒顾问这个词的现代用法有一定的政治戏谑意味。美国作家索尔·贝娄（Saul Bellow）在1977年的一次公开演讲中首次使用了这个词。而更广泛出现在大众视野里是通过1984年10月《纽约时报》的一篇文章，文中把传媒顾问描述成专门负责与记者倾谈和打交道的政治顾问，他们被描绘为力图把自己分析事物的角度加诸于媒体报道的人。到了20世纪90年代，Spin Doctor不再有贬义的隐喻，而是特指政客在竞选活动中聘用的传媒或政治顾问，他们的任务是对竞选活动事无巨细地进行包装，想尽一切方法使其频繁、光彩地进入媒体乃至公众的视野。

我曾经与曼德尔森有过交往，当时他是英国的欧盟贸易委员。曼德尔森是一位姿态优雅、说话慢条斯理、具有典型英式忧郁气质的人。2007年夏日的一天，我去他的办公室拜访，他表达了对中国经济规模将会迅速扩大的乐观看法，认为英中之间应该有效扩大贸易，也探讨了两国贸易中存在的问题和解决办法。由于彼此看法接近，我们谈话很愉快。有趣的是，聊到一半时商务部大楼的火警响了，职员们从办公室拥出来，顺着走廊往外走。我稍微有点紧张地问："这火警是真的还是假的？"曼德尔森从容地回答说"真的"，随即补充说"也有可能是假的，我们定期有火警演习"。他陪着我跟随人流往外走，在大楼附近一个相对安静的角落继续谈话，这件事似乎完全没有影响到他的思维。

谈到与英国媒体打交道，他鼓励我主动接受媒体采访，在他的观念里，一切与媒体接触的努力都是有价值的，都会结出果实。他还建议我在面对媒体之前，先要学会"武装自己"，也就是要接受专业培训。

英国政府有新闻官，但是没有专职的新闻发言人，一般政府部门的正副部长就承担了发言的任务，而首相本人则被认为是第一新闻发言人，他拥有 2~3 名媒体特别顾问。英国的政府部门不举办例行发布会，每遇重大事项，首相府必须发声，因此唐宁街 10 号的新闻发布就成为政策传播的主要渠道。英国政府和官员对传播形成了一套自己的路径，通常发布信息，先讲面对的问题或者风险是什么，再讲正在采取什么措施，最后讲预期取得什么结果。结束时最好有几句话作为总结。

英国人谈到应对媒体的准则时，往往强调：一是不要试图欺骗，否则真相出来以后会非常被动；二是尽可能第一时间提供已知信息，避免形成信息真空；三是保持与媒体密切的信息沟通，赢取记者的信任。

“3·14”事件后的舆论冲击

2008 年 3 月 14 日，一群不法分子在西藏自治区首府拉萨市的主要路段打砸抢烧，甚至惨无人道地杀害群众，对藏族群众也不手软，导致大量人员伤亡，包括公安民警和武警官兵。那次事件给当地人民群众造成了巨大损失。驻拉萨的武警官兵、公安民警迅速出动控制住局势，同时始终保持极大克制。对此，当时仍在拉萨的个别外国记者如实地进行了早期报道。

证据显示，“3·14”事件是由达赖集团策划组织的，企图在北京奥运会之前以暴力方式制造恐怖和混乱，向中国政府施压。“3·14”事件当晚新华社就对外发布了消息，说明事件起因、死伤情况和背后主使。然而，此后的一周时间内，这方面的信息就不太多了。而与此同时，在世界的另一边，是西方媒体对拉萨事件铺天盖地的报道，许多评论显然是基于猜测和妄断，一些源自流亡藏人的虚假信息广泛传播、大行其道。就这样，外界的观感和看法受到西方媒体歪曲报道的影响，广泛形成关于中国的负面舆论氛围。

拉萨暴力犯罪事件发生的第二天，《纽约时报》驻京记者写了一篇题为《西藏的暴力事件：僧人与警察发生冲突》的长文，把这次暴乱的起因描述成僧侣和藏民不得已发起的抗议示威以及由此引发的与汉族武装力量的冲突，只字不提暴徒杀害平民和打砸抢烧的行径。文章声称这是一次“和平的抗议活动”，“抗议者”被警察殴打和杀害。这类违背事实的观点迅速传送到了世界各个角落。

接下来的3月16日和17日，西方媒体在头版一边倒地批评中国，以所谓的“人权问题”和“宗教迫害”为主题，对拉萨事件进行歪曲报道。此后的10多天时间里，《纽约时报》、CNN、BBC、《泰晤士报》等媒体发表了上百篇专题报道。认为此事的原因是长久以来中国政府干涉藏传佛教活动的后果，对“藏独”分子充满同情。“藏独”集团谙熟西方媒体特点，对公关下的功夫很深，主动“喂料”，并且附有多语种译文，方便媒体报道。

西方媒体鼓噪起一股“中国政府压制宗教自由”的舆论。最令人匪夷所思的是，一些西方媒体找不到图像能够证明他们所说的在拉萨发生镇压事件的故事，居然采用了张冠李戴、移花接木、局部裁减的手法，用假图像和假视频栽赃、抹黑中国政府和军队。比如，CNN 把一张原本是有人在路边向军车扔石头的照片，剪辑成军车冲向民众的照片；德国电视新闻频道（NTV）竟然采用尼泊尔警察在当地驱赶示威的僧人的镜头来报道拉萨发生的事件；《华盛顿邮报》网站也登载了一张尼泊尔警察在加德满都驱赶民众的照片，声称是拉萨学生的和平示威，被警察驱赶。

西方媒体如此广泛地集体制造假新闻，实属丑闻。令人遗憾的是，西方公众对这种错误缺乏判断力，对所谓“中国政府镇压”的说法笃信不疑。一些西方政要在强大的舆论压力之下，也做出政治上的误判，发表不当言论。这不仅伤害了中国人民的感情，也影响到国家关系。西方媒体鼓噪起来的这种舆论氛围，进一步鼓舞了达赖集团和“藏独”分子继续制造谎言，挑动事端。

在外界来势汹汹的负面舆论面前，我们使馆面临严峻的挑战。针对不公正的舆论，我最初采用的是通常的外交交涉和劝说办法，密集走访了英国各家媒体，登门交涉，要求澄清。所到之处，对方都非常重视中国大使的到来，每次都有资深记者、总编甚至高管和董事会成员出面接待和座谈，往往会进行长时间的讨论，不乏激烈的争论。我拿出事实，批评他们的错误报道，而他们毕竟不如我了解情况，掌握的信息也没有我多，辩论起来是赢不了我的。更何况一些媒体发布的假消息是不可否认的丑闻，而这在新闻界是忌讳的。

但是，每家媒体最后都会提出一个我难以回答的问题："你们的声音在哪里？""如果你们那么有理，为什么不在第一时间拿出真实的图像和资讯？为什么不出来接受采访？"有位编辑说，他每天都收到流亡藏人和同情者提供的十多条信息。也有记者承认对信息来源的真实性未能核实，但声称，当突发事件引起读者高度关注，公众出现信息饥渴时，记者们压力很大，往往拿到什么信息就报道什么。这促使我思考，我们自己如何能通过更加及时主动地传递信息来影响舆论和对冲偏见？

此时，中国驻其他国家的使馆也陆续向作假的西方媒体提出严正交涉，接到一些媒体的致歉。但不实和歪曲报道已经造成广泛的负面影响，外国公众的错误印象已经形成。

吉米当时是美国哥伦比亚广播公司的驻京记者，他来伦敦开会，与我通话，我质问：为什么会出现西方媒体普遍造假的现象？吉米承认这种移花接木的做法是错误和愚蠢的，但他辩解说，当时得不到充足的资讯，西方媒体普遍以为在西藏发生了镇压和流血事件，而且确信很快就能得到真实的图片，在抢新闻的压力之下，暂时用其他图片表现。而且，西方媒体一向批评中国不讲人权，因而认为发生这样的事情是有可能的。他说，你想过没有，为什么这样的事不会发生在其他国家身上，而对中国就可以无所顾忌？他认为如果中方更加透明，提供的权威信息更多，这样的消息就不容易有市场了。

我对他用“抢新闻”作为借口不能接受。无论什么理由，西方媒体的这种造假行为违反了他们所标榜的职业道德，是对中国的恶意诽谤和中伤，对中国的国际形象带来严重的损害，是不能原谅的。不过，吉米提出的问题让我进一步认识到，需要行动起来。

“干得那么好，说得这么差”

“3·14”事件的负面舆论影响还没有散去，北京奥运会火炬的境外传递于3月24日正式开始了，将在4月5日抵达伦敦。这是中英关系中的一件大事，多家英国媒体要求采访中国大使，还提供了具体的采访提纲，主要是针对北京奥运会和刚发生的拉萨事件的。我觉得应该接受一些采访，直接面对英国公众，传递中国的信息和事实。

英国人喜欢阅读，对新闻和信息兴趣很高，在这个6000多万人口的国家，拥有的报纸、杂志、书籍、电视、广播以及各种音像制品等传媒之多，在人们日常生活中影响之大，在世界各国当中也是少见的。而且作为现代传媒业的发源地，其影响不仅在本国，也覆盖西方世界乃至国际社会相当广阔的范围，例如《泰晤士报》《卫报》《太阳报》和英国广播公司等，国际知名度都很高。

英国新闻记者专业性强，而且会摆出站在公众立场上的架势，对政府和政策提出质疑，而政府为了应对媒体需要不断提升能力和技巧。这就促使政府和媒体形成相辅相成的伴生关系，也造就了越来越专业化的公关咨询公司及其提供应对媒体培训服务行业的成长。

有人向我推荐了大卫·希尔（David Hill），他曾经做过布莱尔首相的媒体顾问。我约他谈了两三次，了解英国的媒体环境，听他介绍媒体的特点和应对的办法。我注意到，他尤其强调专业训练这个环节，建议不仅要了解应对媒体的技巧，而且每次接受媒体采访之前都应进行有针对性的演练。他以当年为英国政要做顾问的经历为例，如果政要准备接受5分钟的采访，之前至少要花上25分钟，针对几个关键问题进行反复演练。希尔会从不同角度发问，尽可能地刁难被采访者，让他适应面对从各种角度切入的问题，并且坚守住自己的立场，清晰地表达准备好的观点和信息。经过这个磨人的过程，被采访者就能从容地去面对任何刁钻刻薄的记者了。“媒体可能无所不问，所以需要充分的准备。被采访者需要把握住的关键点是：自己想表达的信息是什么”（What is your message）？

与希尔的交流对我帮助很大，让我认识到，在英国这样的国家应对媒体，需要一定的专业训练。我与其他国家的大使也进行了交流，发现在应对媒体方面，他们也很重视专业训练和应对准备。大使馆做了一些考察，考虑选择合适的专业机构，寻求技术上的支持。

英国公关公司的服务相当专业。通常要根据客户的特点和需求，广泛搜集相关媒体报道和资料，有一个团队在运作，进行专业分析，量身定制一套方案，为客户提供服务。公关咨询公司和专业人员的市场地位与律师差不多，收费不菲。由于当时缺乏这方面的专项预算，面对希尔公司的报价，我们只能放弃。

经朋友介绍，我们找到一家规模比较小的公司，结识了沙先生和他记者出身的妹妹沙女士。他们是埃及裔英国人，父亲见过周恩来总理，兄妹俩在父亲的影响下对中国充满好感。我们一见如故，说到中国的国际形象，他们说："没有见过一个国家，干得那么好，说得这么差。"这句话触动了我，说明他对中国使馆面对的困难和挑战是有了解的。当使馆获得一笔奥运会专项经费时，邀请他们提供服务的事就定了下来。其实每次支付了一小时的费用之后，他们总会长时间甚至连续多次提供服务，而且使馆经常是多人一起听课，他们从不计较。

他们和背后的团队开始认真研究中国，了解中国人的文化、理念和价值观，而且沙氏兄妹的家庭背景也使他们更容易从我们的理念中体会到发展中国家的共同点。他们主张中国人要注重传播自己的理念和价值观，让英国乃至更多国家的人民了解和接受，这样才能让中国的形象获得尊重，让中国人的故事广为知晓，在国际上赢得更多信任。他们认为，如果中国人的价值观和理念不能为外界所了解和理解，伴随着中国的强大，外界对中国的疑惧和敌意只会越来越大。

要实现与外界良好沟通、增进相互了解，尤其要与一个对中国缺乏了解的西方社会进行交流，要与存在较多偏见的西方媒体打交道，就必须提升自己说服人的能力。作为外交官，我曾有多年的驻外经历，深刻体会到中国人在西方世界乃至整个国际社会上的声音是多么微弱，在一些重大时间点和重要问题上经常话语缺失。我们需要建立起应对媒体的意识和比较有效的传播能力。西方有句俗话说："与魔鬼吃晚餐，要用长勺子"（He who sups with the devil should have a long spoon）。与困难的对手打交道，尤其是在你无法改变规则的情况下，需要洞悉"其人之道""师人长技"，这样才能更好地借助当地的传播渠道，传递中国信息、解读中国人的理念和讲述中国人的故事。

严厉的教师

沙氏兄妹是严厉的老师，当我们一起喝茶、闲聊的时候，他们总是谈笑风生。一旦开始上课，他们就会说，现在我们是记者，不再是朋友。

第一堂课先做模拟记者采访，他们提出一连串通常被我们视为"敏感"的问题，态度也表现得"很不友好"，尖刻地质疑中国的政治制度和内外政策。当然，这些都是西方媒体的老生常谈，我可以毫不困难地慷慨陈词，统统予以反驳。

模拟采访结束后，我们开始在电脑上回放录像，一起做分析。他们让我注意观察镜头画面，听到尖锐的提问时，我的表情显得非常严肃，脸上的肌肉开始发紧。这种表现在电视屏幕上会被进一步放大，让人感觉到气氛的紧张度上升。

他们认为，这给镜头背后公众的印象是显得不够冷静，甚至缺乏自信，好像有什么要藏着掖着的，难以让听众建立起信任。他说，有些记者的用意就是刺激情绪，被采访者态度越平和，就越能让听众把注意力放到讲话的内容上去。沙的建议是："在回答记者提问的时候，要避免辩解，当记者说你'是什么'的时候，若极力去否认，就容易陷入辩解的旋涡。"更有效的办法是讲你是什么，用有说服力的事实来说明记者的判断是错误的。

他的话对我很有启发。我们接受采访、面对媒体，是为了什么？为了传播信息和观点。如果把采访看作一场较量，表面上看博弈的对手是提问的记者，而实际上，双方争的未必是你高我低，而是如何赢取镜头背后的公众。媒体是传播的桥梁与媒介，如果不信任媒体，可以索性不与他们打交道。但是，如果我们决定接受媒体采访，一旦面对话筒和摄像机，就一定要把着眼点放到媒体背后的公众身上，想着如何去说服公众，而不仅仅是与记者斗嘴斗法。

接受专业训练的第一步，是学会态度轻松地去面对记者，怀着自信、透过媒体去与传播的对象——公众，沟通。从录像画面中可以看到，当我微笑着回答问题时，确实更容易让人有亲切感和信任感。其实这跟人与人交往的道理也是一样的。

专业训练的第二堂课是语言的构建，也就是要设计回答问题的要点和方式，使自己对问题的回应具有说服力，避免陷入"我对，所以我对"的套路。普通西方人没有太多关于中国的背景知识，他们大多数人接触不到或者不常能接触到这方面的信息。例如，一名英国的卡车司机或者是家庭妇女，通常是在酒吧或者厨房的电视节目中了解外部世界，而其中来自中国的一手信息非常有限。对我来说，如何用尽可能简洁的语言与并不太了解中国的英国公众沟通，是一个技巧问题，也可以从表达艺术的层面去认识。有时候，讲道理不如讲故事，尽量用对方熟悉的表述或者比喻，或许更容易让人明白和接受。

沙氏兄妹开始与我比较系统地讨论西方媒体经常报道的关于中国的一些问题，我拿出包罗万象的口径白皮书，用英文一个问题一个问题地讲。他们在听的过程中，有时会很信服和赞同，有时会提出质疑，让我注意讲话的破绽，与我讨论如何构建更加严谨的表述。这个过程很磨人，有些口径的表达在我看来明明是很给力的，沙却说“You lost me”（我听不明白）。他听我解释之后，承认这些讲法和想法都很好，但是英文听上去不大好懂。尤其当形容词叠加，或者口号化语言比较多时，原本要传递的信息就模糊了。他常提议用具体的故事和案例去说明理念，我们一起探讨一些概念的内涵，在此基础上重新组织句子，对重要的动词和形容词反复斟酌。

训练是比较全面和严格的，对细节也很注重，对语气、停顿和手势都有具体的要求和建议。例如，话讲得越重、越冲，语气越要缓，有点像咱们中国人常讲的“有理不在声高”。再比如，讲到重要的地方，适当停顿可以引起重视和共鸣，但是不要停顿太多，打乱节奏。手势不能完全没有，那会显得木讷，但要尽量少，恰到好处才能自然和有效。面对镜头，用什么样的语言和语气也有一定的讲究，需要考虑一定的情景铺垫，对语态和语言细节也要有一定的设计。电视采访是看和听的艺术，因而也是表达的艺术。接受记者采访能否实现预期目的和效果，在明确了要表达的信息和政策之后，就要看语言的表现力了。

就这样，我们从模拟采访和看录像，到纠错和讨论，再到演练，循环往复，在日程允许的时候，甚至会连续一天都在练习和讨论，内容也逐步深入，我一点点地取得进步。高强度的训练让我看到了自己的不足，也比较快地提升着自己的能力。例如，在面对压力时如何保持冷静，对无论是熟悉还是不熟悉的话题，如何做充分的准备，如何灵活应对，等等。我的表现越来越好，逐渐能比较娴熟地应对甚至是反击各种提问了。沙笑道：“现在你可以主导了，不再是我抨击你，你也可以对我发起攻击了。”我还逐渐掌握了一些有用的技巧，例如，如何重视和利用细节，如何运用幽默和自嘲，如何摆事实、讲道理，如何在最恰当的时候反击对方以赢得主动，等等。

沙氏兄妹的专业团队所发挥的作用也很重要。例如，如果我要接受某家媒体采访，他们不仅要阅读这家媒体近期对中国相关事件的报道和评论，调阅采访者的背景资料和观点，还会搜集其他媒体和不同人群的看法。在海量信息的基础上，浓缩出 20 页左右的关键信息，作为研究应对方案的基础。经过这样充分的准备，我在接受采访时遇到意外问题的可能性就小多了，失败或被动的概率也会降低。

接受专业咨询和训练让我更好地了解了英国媒体的运作规律，掌握了一些应对的技巧。在信息化时代，公共外交的成功不仅取决于有没有好的故事，一定程度上也取决于谁讲故事的能力高人一筹，谁更能抓住人心。要影响和改变西方世界对中国的偏见难度是很大的，非短期内可以实现，而且最终还是要让中国发展成功的实际结果去说服人。但是如果能借助专业技巧提升能力，如果能成功地通过西方媒体传播中国的观点和信息，就能在局部和具体问题上对公众产生影响。如果再能持之以恒、锲而不舍，点点滴滴地做下去，总会有效果。

试水《早间新闻》节目

2008 年 3 月底，英国广播公司《早间新闻》（BBC Breakfast）节目提出希望采访中国大使。这是一档在英国收视率最高的早间新闻栏目，采访主题是关于即将到来的北京奥运会。沙氏兄妹同意提供技术支持，这是我们第一次实战合作。

研究方案时，他们先问："为什么接受这个采访？"

我说："是他们主动找来的呀，我也需要通过他们向英国公众传递一些观点和立场。"

"最想表达什么观点，解决什么问题？"

准备工作不是从对方可能会提什么问题入手，而是先考虑我想讲什么。我说："看英国媒体的报道，似乎中国举办奥运会是国家机器的行为，而不是出于人民的意愿，他们不知道中国人怎么看和怎么想。"

"好，既然目的清楚了，咱们就围绕这个做准备吧。"

采访是在早上的黄金时段，约定时间为五分钟。这类早间新闻节目的主持人节奏非常快，预期我能回答 3~4 个问题。以往我做采访的准备工作时，先是撒大网猜题，然后做答题准备，为四个问题差不多要准备 20 多条应答口径，基本可以涵盖被问到的事项。但往往因为准备的内容太多，背不下来，到现场还是想到哪儿说到哪儿，表述的完整性得不到保障。这次采用了更加科学的方法做准备。

第一步是确定答题方向。他们不建议我准备五倍的答题量，而是只准备四个要点，也就是估计出最有可能谈到的四个问题方向，据此做准备。沙氏兄妹的团队在调研的基础上提出了英国公众和媒体关于中国的主要关切和当时最热的问题，我也提出了希望英国公众了解中国和减少误解的关键点。把这两条线合拢，就能找到记者最有可能问到的内容与我最能实现采访目的内容的交叉点。

我们一起摆问题，从中做出判断和选择，确定了四个方向：中国承办奥运会的目的；关于火炬传递；涉及西藏的问题；关于中国的政治制度。准备工作就围绕这四个方面的问题进行。

第二步是设计答问的要点。

主要是对每个方向的问题构建答问要点，找到恰当的回应方式。我们花了半天的时间研究关于这四个方面问题的中国立场，我把例行的口径念给他们听，他们又开始摇头了，“You lost me”。

例如，关于北京奥运会，我讲到“绿色奥运”、“人文奥运”和“科技奥运”，他们请我再讲一遍，经过我的解释，他们听明白了。但是，显然这些修饰性的语言需要时间做充分的解释才能让人听明白。而且，过多的口号会模糊北京奥运会本身的体育竞技意义，让人搞不明白中国人到底要做什么，难以构成强有力的传播信号。沙说，早上人们都很忙，看电视新闻的人希望在尽可能短的时间了解尽可能多的信息，如果一位外国大使坐在那里洋洋洒洒地讲大道理，人们是很难听进去的。

他们建议："可否把官话先放到一边，自己静下心来想一想，中国人民是怎么看和怎么做的，什么样的场景可以表明中国人民在支持、期盼和参与奥运会？""你面对的是不了解中国的英国普通公众，不必讲得太高深，说说普通人的事儿就可以。"

我想了想，开始讲述我在北京休假时的直观感受，我讲到出租车司机盼奥运的故事，讲到北京胡同里的大妈们如何努力学习英语……他们鼓起掌来，说，如果能这样讲就太好了，尤其北京胡同的例子，足以把10分钟都解释不清的道理说明白，而且还很生动，有画面感。就这样，我们找到了路径，逐步把其他几个问题的要点也推演出来了，而且都采用了举例子的办法，语言简洁，每条回应控制在一分半钟左右。

第三步是演练，我需要能够用准备好的四个要点回应记者的任何提问。

由于我平日工作日程比较紧张，沙建议用通电话的方式进行演练。早上我的闹钟刚一响，电话就打进来了，我一口气回应了四个问题，头脑清醒、回答顺利，自我感觉还不错。

然而，演练结束后，沙却问："大使阁下，咱们准备的那四个要点呢？怎么没有说呢？"

我说："你没有问呀！"

确实，早晨演练中提出的问题与我准备好的要点南辕北辙，我被提问牵着走，早忘记用自己的要点了。

“不会有人顺着咱们准备好的要点提问的，需要随机应变。很抱歉，第一轮演练不及格，一是准备好的要点和观点没有表达出来，二是语态生硬，话也比较冲。公众一大清早在电视上看到一个外国大使带着情绪回应他们的关切，会产生反感，”沙评论道。

我觉得有点郁闷，但是接受了他的意见，重新思考了一下如何回答。在乘车上班的路上，电话再次打进来，提问的角度变化了。这次我试图用准备好的四个要点回应提问，结果总是顾此失彼、生搬硬套。结束时，我主动说，这一轮看起来还是不及格。

上午我在办公室开会，间歇时出来，又通话演练了一遍，提问又有新的变化。而我的回应依然进步不明显，虽然基本可以讲出自己准备好的要点，但明显是答非所问。三次演练的结果都不理想，我的压力感陡然上升，索性调整了下午的日程，静下心来琢磨一下到底是怎么一回事儿。我仔细复盘前几轮演练过程中不断变化的提问，慢慢寻找其中的门道。

终于悟出了一个关键点：必须找到对方提出的问题与自己叙事之间的“接口”。接受采访时，脑子里不能总是紧张地想“问题的答案是什么”“我要怎么回答才好”，而是换个思维角度，努力利用对方的提问引出自己想讲的话。当然，也不能完全忽视记者的提问，自说自话、所答非所问肯定是不行的，那样的表现同样会遭受公众诟病。

只要最初我们对公众和记者关注焦点的判断是准确的，无论问题怎么变换，都应该有办法引到自己准备好的回应轨道上。不能指望记者的提问与自己准备的问题完全契合，也不必纠结于是否能直接回答记者的问题，重要的是争取主动，把想传递的信息表达出来。接受记者采访，尤其是电视直播采访，个人要承受的心理压力是非常大的，因此，对自己准备的要点最好能“倒背如流”，无论怎样都不会忘记，这样才能自如和自然地表达。

下午，我重新熟悉了一下自己的应答要点，把要素尽可能地背下来，还把每个要点都分解成独立的小单元，像“乐高”积木一样，可以随时打散了重新组合。我的新领悟和努力在下一轮演练中立竿见影，无论问题从哪个角度提出来，我都能用一两句话引到预设的轨道上来。反复的演练使我对自己想要表达的内容更加烂熟于心，过程虽然艰苦，但我能感觉到自己在进步，逐渐不再紧张，反而非常享受这种与提问方斗智的过程。

晚上最后一轮演练之后，沙说，通过了，现在不要再多想了，一定会很顺利。我舒了一口气，带着轻松的心情去公园散步，期待着第二天的实战。

2008 年 4 月 1 日清晨，天气很好，我在使馆新闻参赞的陪同下，如约来到英国广播公司在伦敦的电视台大楼。时间还早，工作人员不多，有专业美容师为我化妆。

采访是穿插在新闻节目中间的，我进入演播室时，两位主持人还在讲其他新闻，工作人员借插播广告的空档安排我到演播台上坐好。电视镜头切入之后，女主持人先开始向我发问，男主持人也会问一些问题，虽然他们态度和气，可问题却不怎么客气。此刻我提醒自己，我面对的不仅是眼前的两位主持人，更重要的是电视机前吃早餐的公众，我坚持在脸上挂着微笑，尽量选择简短的语言回应。

主持人面向镜头，开门见山地说，在中国政府全力打造2008年夏季奥运盛会之际，公众从媒体上看到的却是发生在西藏的“暴力画面”。随后主持人转过头来问我，2008年对中国是很重要的一年，你们是否担心这些负面的镜头会成为这一年的标志性画面？

我没有马上接过这个不友善的话头，而是先对主持人的采访邀请表达了感谢。沙强调过，接受采访时面对的第一个问题通常是富有挑战性的，甚至有可能是挑衅性的。无论对方如何开头，自己的第一句话永远是：“Thank you for inviting me”（感谢邀请）。这么说不仅是礼貌，同时还可以为自己和观众创造一个短暂的过渡，利用这几秒钟的时间转换情绪和气氛。

接下来，我把话题引向奥运会的本质和目的。我说，一段时间以来，人们都在议论北京奥运会，大家似乎把这一场体育赛事当成“联合国”的讨论会，想要解决很多国际和国内问题。对于广大中国人民来说，这是一场体育运动会，中国的电视上播放的都是关于奥运会比赛方面的报道。

主持人马上打断我说，你的观点是把体育和政治分开，但这在现实中很难做到。我没有被主持人的话岔开，而是坚守住我想表达的观点：政治问题更重要、更复杂，不可能在足球场和游泳池里解决。中国是有56个民族的多民族国家，我们面临各种各样的问题，正如英国也面临很多自己的问题一样，但中国正在不断努力改善和解决自身的问题。

主持人开始问发生在西藏拉萨的事件，问中国政府准备怎么解决。我强调，首先要停止暴力。对于中国政府而言，最重要的是安抚好群众的情绪，阻止伤害，让大家平静下来。

主持人接着问，为什么不能让西方记者在西藏自由采访？我解释说，当时主要是出于人身安全考虑。事实上最初拉萨有西方媒体的记者，也有外国游客，刚刚被疏散出来。

主持人问，中国政府会和达赖喇嘛对话吗？我说，早在20世纪70年代，中国政府就已经在和他对话了，80年代甚至曾邀请过他回来。即使现在发生了暴力事件，对话的大门也一如既往地没有关闭。

采访节奏很快，话题跳转到即将到来的北京奥运会火炬传递上。主持人问，拉萨事件之后的火炬传递有没有“不一样的地方”，比如在媒体报道自由和安保方面。我当时对国内在媒体报道方面的安排还不太了解，但是强调会做好安保方面的工作，还提到中国境内的火炬传递会去西藏。

最后，主持人问中国人民如何对待即将在8月举办的北京奥运会。我很自信地回答说，大家都感到兴奋。我没有忘记提到胡同里大妈们学英语的例子。我也强调，火炬传递应该能促进中英之间的交流，让伦敦人民最大限度地感受到北京奥运会火炬传递的氛围，中国人民也将从电视上看到伦敦，改变心目中对英国人

“黑西装”“打雨伞”的刻板印象。

当主持人开始对我接受采访表达感谢和告别时，我在镜头前向他们赠送了北京奥运会吉祥物福娃贝贝和迎迎，表示希望把美好的祝福传向世界。

这是我在专业训练之后第一次接受电视采访，准备好的答问要点与现场记者的提问有百分之七十的重合度，这给了我充分的自信和思考的空间。虽然当时还是有些紧张，但是，作为中国大使在英国电视上的初次亮相，反响是好的。尤其是在“3·14”事件之后，英国社会对中国充满了负面看法，在这个背景之下，采访成功地传递了来自中国第一手的正面和积极的信息。当然，仅凭几次采访是难以完全消解偏见和误解的，中国的国际传播和沟通仍需要更多人持之以恒地不懈努力。

北京奥运会圣火来了

伦敦是火炬境外传递的第一个西方城市，如何确保北京奥运会火炬在伦敦成功传递，并以此为契机促进两国之间乃至中国与西方世界之间的了解，这是驻英国大使馆在2008年的重要任务。

这段时间我在英国的演讲中经常引用在国内刊物上读到的关于奥运三问的故事。100年前的1908年，一位南开大学的青年学生在《天津青年》杂志上刊登了一篇文章，提出著名的“奥运三问”：中国何时才能派一位选手参加奥运会？中国何时才能赢得奥运奖牌？中国何时才能举办奥运会？ 1910年7月17日上海《申报》也曾刊登题为《中国运动大会之先声》的通告书，亦有类似三问："试问中国何时能派代表赴万国运动大会？何时能于万国运动大会时独得锦标？又何时能使万国运动大会举行于中土？"

在近一个世纪的风风雨雨中，"奥运三问"一一得到回应。1932 年，中国短跑运动员刘长春孤身一人乘轮船抵达洛杉矶，参加了第 10 届奥运会，尽管没能取得成绩，却填补了中国体育的这项空白。1984 年 7 月 29 日，还是在美国洛杉矶，在第 23 届奥运会的矶普拉多射击比赛场上，中国射击运动员许海峰以 566 环的成绩夺得男子 60 发手枪慢射冠军，为中国夺得第一枚奥运金牌。第三问直到 2001 年 7 月 13 日才有了答案，那一天，时任国际奥委会主席萨马兰奇宣布，中国北京赢得第 29 届夏季奥林匹克运动会主办权。

我还记得，在 13 日那天的晚间新闻上看到中国赢得奥运会主办权的消息时，电视机中传出了现场的欢呼声，我们全家人都欢欣鼓舞。女儿当时还是中学生，自己跑了出去，加入到天安门广场欢庆的人群中。我等到凌晨不见孩子回来，担心得不得了，她回来时兴奋得满脸通红，看我急得要报警的样子，说："你们是白垩纪的恐龙吗？中国要举办奥运会了！"之后的七年，中国人期待着和准备着 2008 年北京奥运会的到来，年轻人用各种方式歌颂、祝福和盼望着这一天。

而外部世界是否都了解中国人的心情呢？

2008 年 3 月 24 日，北京奥运会圣火采集仪式在希腊南部城市，古代奥林匹克运动会遗址奥林匹亚隆重举行。希腊总统帕普利亚斯、总理卡拉曼利斯、国际奥委会主席罗格与时任北京市委书记、北京奥组委主席刘淇等出席仪式。

就在采火仪式进行之际，不和谐的声音和画面出现了。我当时在伦敦观看电视直播，只见一个黑衣人进入镜头。是一位记者无国界组织的成员闯进了会场，他展示着抗议标语，同时还有一些"藏独"分子试图冲击圣火采集。希腊警察有着良好的专业素质，立即制止并带走了闹事者。可以看到会场远处仍然有"藏独"分子挥舞着旗子，表达对北京奥运会火炬传递的抵制。我隐隐感到，阻碍北京奥运会火炬传递的气氛已经在欧洲积聚。

正所谓邪不压正，希腊女祭司采集火种的进程并未受到影响。当身穿传统亚麻长裙的最高女祭司把点燃的火炬交给首名火炬手、希腊跆拳道运动员亚历山大·尼克拉泽斯（Alexandros Nikolaidis）时，北京奥运会的火炬传递正式启动了。

2008 年 3 月 30 日，为期 5 天的奥运会圣火在希腊境内的传递顺利完成，在雅典的体育场举行了圣火交接仪式。为了确保安全，雅典警察早已行动起来，街道两侧每隔一百多米就会出现十几个警察，荷枪实弹地在进行巡逻，这个保卫水准贯穿火炬传递全程。可以说，奥运会圣火传递面临的挑衅从未如此严峻，而各国保卫奥运会圣火安全和捍卫奥运会尊严的决心也是空前的。

交接仪式现场，华人社团带来的五星红旗迎空飘舞，在雅典蔚蓝天空的映衬下显得格外鲜艳。交接仪式结束后，圣火于次日抵达北京，再由北京出发，开始了它的全球接力，这是奥运会历史上线路最长、传递范围最广、参与人数最多的一次火炬接力活动。

2008年4月2日，奥运会圣火传到哈萨克斯坦的阿拉木图市，这是古代丝绸之路的重要一站。哈萨克斯坦政府高度重视，在阿拉木图麦迪奥高山滑冰场举行了隆重的启动仪式，纳扎尔巴耶夫（Nursultan Abishevich Nazarbayev）总统身着白色运动服出席并致辞。6小时后，阿拉木图站的传递圆满结束。

4月3日和5日，北京奥运会火炬先后到达土耳其的伊斯坦布尔和俄罗斯的圣彼得堡，传递活动同样是很顺利的，从电视转播的镜头上可以看到一路上都是鲜花的海洋和欢庆的人群。

5日19时20分，“奥运圣火号”专机CA2008抵达伦敦希斯罗机场，我和英国政府负责奥运事务的大臣乔维尔（Tessa Jowell）一同前往机场迎接。飞机停稳之后，北京奥运会火炬接力运行团队总指挥、北京奥组委执行副主席蒋效愚率队，他手里端着圣火火种灯走下舷梯，传递活动在境外的第四站——伦敦——正式开始了。

伦敦是北京奥运会之后的2012年奥运会举办城市，这次火炬传递的意义似乎显得格外不同。事实上，当时的西方舆论环境对北京奥运会的态度已经非常负面了，公众中有许多人在关于“3·14”事件的歪曲报道的影响下，迁怒于中国政府，北京奥运会火炬在西方国家传递的背景气氛是相当凝重和严峻的。

跌宕起伏的火炬传递

伦敦的圣火传递活动是22个境外传递城市中路线最长的一

站，规划路线约 50 千米，途经大理石拱门、海德公园、唐宁街 10 号、唐人街、大英博物馆、圣保罗大教堂、伦敦塔桥等著名景点，最后抵达庆典仪式现场——千年穹顶外的半岛广场，预计用时 7 个半小时，共有 80 名火炬手确认参加传递。而在传递开始之前，围绕火炬手的争夺就已经开始，“藏独”机构给火炬手写信，劝告他们退出火炬传递。

国内为了让驻外使节集中精力做好火炬传递的指挥工作，要求各使领馆不要安排馆长做火炬手。但我很早就报名参加火炬传递了，这在英国是公开的信息，也是我对英国火炬传递主办方表示支持的一个重要姿态。现在退出，需要考虑可能造成的政治影响。

我请使馆新闻官在出席一场记者聚会时释放“试探气球”，说傅莹大使可能当天分不开身，正在考虑是否还能做火炬手的问题。结果不到一小时消息就传开了，英国有媒体立刻发出“中国大使弃跑”的报道，海外一些中文网站也出现“中国驻英大使退出火炬传递”的报道。很快，使馆开始接到一些英国火炬手的问询，因为有人给他们施加压力，说中国大使都退出了，他们何不也退出。

这样看来，我不能退，不能让人借题发挥，动摇火炬传递团队的“军心”。我连夜给国内负责的同事打电话做了说明，第二天使馆正式声明：大使是火炬手！ BBC 等多家媒体不得不对其前一天发出的“弃跑”报道进行更正。

火炬传递前夜，我前往国内代表团下榻的饭店，与随团的中国记者们会面，通报和交流情况。我坦诚地介绍了北京奥运会火炬传递在伦敦可能会遭遇的困难。中国作为 2008 年奥运会的主办方，拥有火炬传递全球电视转播的首发权。在火炬手前面行驶的转播车上，中方保有两个最佳摄像机位，BBC 也有一个机位。我希望中国媒体能在第一时间把北京奥运会火炬传递的正面信息播报出去，因为无论是文字还是画面，谁抢了先，谁就掌握了影响国际舆论的主导权。

2008 年 4 月 6 日早上，天空阴沉，飘着小雪花。

上午 10 点 30 分，北京奥运会火炬传递的起跑仪式在温布利球场内举行。三名护卫手从火种灯中引出圣火，点燃伦敦站的第一棒火炬，蒋效愚高高举起祥云火炬做了展示之后，将火炬交给大伦敦市副市长尼基·盖夫隆（Nicky Gavron）。他传递给了一号火炬手——曾连续在 5 届奥运会夺取金牌的英国赛艇选手史蒂夫·雷德格雷夫（Steve Redgrave）。整个仪式的过程简短庄重，没有向公众开放，空荡的体育场显得冷清。

当雷德格雷夫跑出体育场时，外面广场上的文艺表演已经进行了半个多小时。雪花在风中飞舞，挡不住人们庆祝的热情，各国艺术家带来街舞、印度舞、爱尔兰舞和中国红绸舞。聚集在那里的数百名观众等待着火炬到来的这一刻，其中有不少华人和中国留学生。雷德格雷夫举着火炬跑过来，将现场气氛推向高潮。英国人对公共活动的热情和爱好是很有传统的，伦敦也是善于主办大型公共活动的都市，各区都安排了自己的欢迎火炬活动，包括盛装仪式和舞蹈表演。

然而，如同天空压下来的乌云，支持“藏独”的组织和各种反华势力也出动了。他们早就掌握了火炬传递的路线，设计好干扰传递的方案，在火炬途经的不同路段伺机抢夺火炬。他们有个迷信的念头，执着地认为，只要能抢到和熄灭火炬，就算成功地阻断了北京奥运会火炬传递的进程。

传递接力开始不久，就发生了抢夺火炬的事件，抢夺者夸张的肢体动作和火炬手惊异的表情构成富有视觉冲击力的画面，立即被 BBC 传向世界。“北京奥运会火炬传递受阻”的信息瞬间成为热门话题，也构成了这一天国际报道的主题。众多西方电视台纷纷把相关新闻报道切换、升格为重大突发事件的现场直播，镜头对准火炬传递沿线的紧张场面，而那些欢迎和支持北京奥运会的热烈场景则被刻意地忽略了。

从上午传递开始，一直到最后一位火炬手抵达终点，捣乱分子利用地铁等便利交通，蛙跳般地抄近路阻击火炬车队，对火炬手的冲击行为就没有停止过。这一天我一直陪着蒋效愚和他的指挥团队坐在车队后部的大巴上，一起处置围绕火炬传递出现的各种事态。

上午 11 点多车队接近我传递火炬的路段，这个地点早先被英国报纸公布过，此刻使馆得到消息，在我的传递路线旁边的狭长巷道里埋伏了大批人。他们显然希望用冲击和干扰大使的火炬传递来争取最大新闻效果，志在必得，而这个路段又蜿蜒穿过楼宇密集、道路狭窄的街区，车队只能缓行，是很容易中埋伏的路段。

之前，我和使馆两位年轻参赞到这里踩点时，就商量过，如何确保大使有尊严和安全地完成火炬传递。这不是个人的问题，而是关乎国家形象，绝不能让火炬在我手中被抢夺。我们当时就发现这个路段不理想，设计和考察了备选路线。而且，在年轻同事的坚持下，把备选路线保密到最后一刻。

果然，在我原定的传递路线上，当车队慢下来时，大量身份不明的人围住车队探头探脑地逐辆查看。我和蒋效愚商量了一下，决定把这段火炬传递路线整个放弃。车队花了相当长时间绕出这片区域，进入下一路段才恢复传递，而我则利用行进中的一个空当，换乘到伦敦警方提供的一辆小型警车上。

伦敦保卫火炬传递的警察来自苏格兰警场（Scotland Yard），他们的职业素质非常好。不管个人持有什么样的观点，这一天所有上岗的警员尽职尽责，忠实履行着警场事先做出的保卫火炬和火炬手的承诺。在筹备火炬传递活动时，我曾与苏格兰警场的高管一同考察传递路线，他们向我介绍了富有想象力的各种护卫安排，包括大路上安排骑马的警察和窄路上安排骑自行车的警察，以及他们可以采取的各种应急手段。

然而，在4月6日这一天，他们所面对的暴力冲击的严重程度完全出乎预料，原来设计的许多方式和手段完全施展不开。几个小时下来，持续不断的抢夺火炬行为造成的混乱激怒了英国警察，场面的不可控也让他们压力陡增。我在现场与警场局长直接通话，他也值守在总部，并且通过视频看到所有情况。我和他都认为此刻不能退缩和放弃，他再次承诺，一定能保证每个火炬手和火炬的安全。苏格兰警场根据新的严峻形势调整了部署和手段，也增加了警力。

下午，警察预备队都被调上来了。整个传递过程中，中方团队的火炬护卫队员负责对火炬手的贴身保护，圈外主要依靠英国警察，这一天如果没有他们的不懈努力，很难想象车队将如何不断突破重围坚持前行。但是，显然英国警察的手段受到制约，既不能采取强制力，也没有抓扣任何人，结果就是任由同一群捣乱分子，反反复复地冲击火炬传递队伍。

当中国大使没有出现在原定的火炬传递路线上时，坐在BBC演播室里的嘉宾评论员们开始了关于“中国大使还是弃跑了”的议论。

上午10点55分，车队来到唐人街。这里是使馆第二位火炬手张建国武官的原定传递路线，同时也是我所选择的备用路线，现在决定启用。张武官的传递路线则改到了城郊，那边几乎没有干扰，他后来的传递跑得轻松和顺畅。此刻车队已经来到了唐人街入口，因这里通道狭窄，主车队进不去，直接行进到下一路段，先导车也与主车队一起在唐人街出口等候。只有火炬手和护炬手徒步进入唐人街。

我乘坐的英方警车抵达唐人街的一个三岔路口，我从车上下来准备接火炬，年轻的护卫队员迎上来，说了一句让我出乎意料的话：“大使您今天真漂亮！”虽然我早已过了女人虚荣的年纪，而且经过连日周折，身心疲惫，我的面色怎么也不可能用“漂亮”来形容，但此时此刻，这句话所表露出的那种只有年轻人才会有的阳光心境，让我精神抖擞。

我和护炬手一同走向接力路段，前一棒火炬手、来自辽宁鞍山的中学体育老师柏剑跑过来了，他看到我既惊讶又高兴，我从他眼神中看到了今天所有中国火炬手都怀有的那份自豪和责任。我从他手里接过了火炬。唐人街张灯结彩，洋溢着节日气氛，路旁站满了华人华侨，有些是老人和孩子，大家挥舞着中英两国国旗。当我身着红白相间的火炬手服装高举火炬出现在唐人街时，人群爆发出雷鸣般的掌声和欢呼声。这时天晴了，阳光灿烂，我非常高兴看到这么多人来欢迎北京奥运会的圣火，满街都是笑脸。后来我每次回到伦敦唐人街都会想起那一天，想到中国人有冲破任何阻力的勇气。

大使火炬手

我手持火炬从唐人街跑步出来，突然出现在先导车摄像机镜头前。当我把火炬交给下一棒火炬手凯利·霍姆斯（Kelly Holmes）女爵士时，她没有估计到会是我，先是有些惊讶，但马上露出友好的笑容。对她、对我，这都是重要的一天，我们都面对考验。

中国大使传递奥运会火炬的画面立即传到了 BBC 的导播室，“中国大使还是弃跑了”的讨论在嘉宾们的诧异和感叹中尴尬收场。而另一边，支持“藏独”分子的人群没有在小巷子里截住中国大使，恼羞成怒，转而寻找新的发泄机会。当我们的车队来到首相府所在的唐宁街时，已有大量示威人群拥过来。他们高呼口号，试图给布朗首相施压，要求他抵制北京奥运会火炬传递。而按照预先安排好的程序，首相将在这里出面迎接火炬，表达对北京奥运会的支持。这时，华人的队伍也来到唐宁街，敲着锣，打着鼓，舞着狮子，表达对北京奥运会的祝福。

布朗首相是位重信守诺的人，尽管这一天的火炬传递遭遇严重冲击，他并没有在压力面前动摇。当第 34 棒火炬手、英国田径名将丹尼斯・刘易斯（Denise Lewis）和第 35 棒火炬手阿里・贾瓦德（Ali Jawad）抵达唐宁街 10 号门前交接火炬时，布朗首相如约走出门来，同他们亲切握手、拍照。布朗在路旁人群的掌声和欢呼声中见证了火炬交接，而此刻，马路对面那些抗议的声音也更加高亢。

布朗首相的现身很重要，以最高形式表达了英国政府对奥运会圣火的欢迎态度和对北京奥运会的支持，维护了伦敦火炬传递的政治基调。

晚上 6 点多钟，北京奥运会火炬平安抵达格林尼治区千年穹顶外的半岛广场，国际奥委会英国委员安妮（Anne Elizabeth Alice Louise Laurence）公主出席了庆典仪式，见证了火炬传递的胜利完成。

在这一天跌宕起伏的传递过程中，火炬一刻也没有熄灭。虽然一路坎坷，但有更多的人欢迎北京奥运会火炬。伦敦各个街区按计划完成了多种多样的欢迎节目，演出的小朋友们在那么冷的天气里依然舞得认真、兴奋，还有新婚夫妇从教堂里跑出来，以火炬车队为背景拍照。沿途许多感人的镜头被火炬团队记录下来，遗憾的是，这些画面从未出现在国际传播的镜头中。

中方虽然有权独家首发北京奥运会火炬传递的消息和图像，但由于时差和内部流程，直到火炬传递进入下半程，中方的画面还没有进入传播渠道。而从传递的第一刻起，BBC 的直播镜头就传遍世界，他们选择播放的只有火炬传递被冲击、被争抢的画面，面对伦敦人许许多多欢迎火炬的场面被刻意忽略，结果是，关于火炬传递受到冲击的故事充斥了国际信息空间。

我在火炬传递结束时接受中国记者采访，用“今天是北京和伦敦相遇”来含蓄地表达了我的心情。确实，这个相遇是一场碰撞，而且是火花四溅，在伦敦的北京奥运会火炬传递困难空前。但是，当我看到中国的护炬手在英国警察和使馆的陆军武官唐步生的陪伴下，并排整齐地跑步进入终点会场，把火种完好地交还给蒋效愚，我可以肯定地说，中英两国团队不辱使命。我与奋斗了一天的中国火炬护卫队的年轻人一一握手，他们的勇气和坚韧让我为国家感到骄傲。我也向苏格兰警场的警员们表达了敬意。

在北京的一位年轻同事守在办公室里彻夜观看 BBC 和 CNN 的直播。他给我发来简短的电子邮件，写道：“祝贺你们坚持下来！我是含着泪看完直播的，这何止是一次艰难的火炬传递，也喻示着中国走向世界的道路充满艰辛。”

英国和西方媒体一边倒地对北京奥运会火炬传递做负面报道。4 月 6 日的《星期日泰晤士报》评论栏刊发了一篇题为《站起来，因为今天你能迫使中国通过一条耻辱隧道》的文章，鼓动英国人在当天的火炬传递活动中举行抗议示威。在 BBC 电视台当天下午播出的《24 小时新闻》节目中，一位受访者把火炬传递与西藏拉萨“3·14”事件联系起来，声称中国人权问题是导致北京奥运会火炬传递受到干扰的主要原因。4 月 7 日的美联社网站可以搜索到 186 张新闻图片，其中 96 张是“藏独”分子各种举牌扬旗诋毁北京奥运会、反对中国的怪异面孔与行为，反映北京奥运会火炬受到欢迎的照片几乎为零。在另外两大通讯社法新社和路透社的网站上，也看不到支持北京奥运会的当地华人华侨热情洋溢的队伍，看不到他们手中挥舞的五星红旗，更难寻到那些热爱奥运会的外国朋友的身影。

这是一场精心策划和早有准备的“大戏”。一名“藏独”分子在接受《纽约时报》采访时直言，“一开始我们对中国获得奥运会主办权这一荣耀感到沮丧”，他说，“但是五分钟以后，我们立即意识到，这对于我们来说也是一次唤起国际社会对西藏问题关注的大好机会”。《纽约时报》这篇报道还详细披露了“藏独”分子是如何利用各种手段吸引国际媒体关注的。由于他们缺乏其他渠道，唯一能吸引公众注意力的渠道就是媒体，所以对媒体投其所好，下足了功夫。“藏独”组织还定期举行示威活动“训练营”，教参与者如何组织抗议活动，如何对付警察。由此可见，流亡“藏独”集团是做了精心的准备，要在境外打一场针对中国形象的舆论“伏击战”。

火炬传递结束的当天晚上，我和使馆的同事们尽管已经疲惫不堪，仍一鼓作气地对这一天的经验和教训进行了总结，请国内和后续的几站参考。北京奥运会的火炬传递在巴黎和旧金山继续遭遇“藏独”势力的严重干扰，火炬团队和中国驻各国使领馆很快调整了策略，华人华侨和中国留学生也都参与进来，抵御干扰的能力不断提高，后续传递的情况逐渐好转，欢迎火炬的场面逐渐主导传递的进程，国际媒体镜头中的画面也开始发生变化。

当圣火来到南太平洋地区唯一一站、我曾作为中国大使长驻三年多的澳大利亚首都堪培拉时，欢迎人群达到高潮。华人华侨、中国留学生和当地民众从澳大利亚各地赶来，涌上街头欢迎圣火，他们挥舞着大幅的五星红旗和奥运会旗帜，载歌载舞，完全压倒了“藏独”分子的声势。80 名火炬手顺利完成传递。堪培拉这座小城市有 30 多万居民，那一天据估计有 3 万多人参加这场活动，澳大利亚媒体惊呼“这是史无前例的一天”。

2008 年 4 月 29 日，北京奥运会火炬的境外传递接力在越南胡志明市画上句号，完成了它在境外历时 1 个月、19 个城市之旅。

在《星期日电讯报》发表文章

伦敦这场较量之后，我思考了许多。我开始认识到，当说到中国在国际舆论中“缺少话语权”的时候，实际情况可能不完全是这样，至少我们对有限的话语权使用得不够充分。特别是在这类重大公共事件中，时效性也是政治，我们需要学会主动和充分地传播信息，越及时则越主动，主动行动会强化主动地位，迟缓只会加剧被动。视而不见不行，抱怨也没有意义，必须提升应对舆论危机的意识和能力。

2008 年 4 月 13 日我在英国《每日电讯报》的周末版《星期日电讯》上发表了文章，题为《西方媒体“妖魔化”中国》（Western Media Has “Demonised” China）。写这篇文章的动力源自与《每日电讯报》共同主席巴克莱兄弟（David Rowat Barclay 和 Frederick Hugh Barclay）和报社编辑们的辩论，他们说，如果你不喜欢报纸说的，何不自己写文章向读者介绍你的立场呢。我当时忙，没有时间专门写稿。经历了伦敦火炬传递之后，在观看巴黎和旧金山火炬传递的电视直播时，我感触颇多，曾随手记下了一些想法，断断续续写了 6 页纸。

听了报社的建议，我回到办公室，从字纸篓里找回当时写的几页笔记。大致整理成一篇散记般的文章，起名为《火炬传递之后的思考》，交给了报社。报纸的编辑对文章内容未做任何改动，只是把标题改成了“Western media has ‘demonised’ China”（《西方媒体“妖魔化”了中国》）。一般报社的规矩是，文章内容由作者负责，栏目编辑负责确保语言文字没有错误，并且可以决定文章的标题。这篇文章也引起了国内媒体的注意，以《如果西方能倾听中国》为题，进行了转载。

文章发表后，一石激起千层浪，在英国产生较大的反响，让很多人注意到了中国人的意见，也引发相当广泛的争论，网络版留言之多出乎报社的意料。这让我意识到，只要我们去争取，就能赢得话语权，就能让世界听到中国人的声音，了解到他们还未掌握的信息。这篇文章在许多国家被转载，我后来在肯尼亚访问的时候，当地人也提到这篇文章，从中了解到中国人自己的感受和想法。

夜幕降临，看着奥运包机慢慢滑动到跑道上，我不禁想，飞机是否变得更加沉重了？北京奥运会火炬全球传递这个艰难的旅程将让13亿中国人民可以更好地认识这个世界，也让世界更好地了解中国。

一个年轻朋友看了BBC对火炬伦敦传递的转播，他在给我的信中写道，此刻百感交集，有悲哀、愤怒，也有不解。像他一样，很多人可能从中领悟到，中国融入世界不是凭着一颗诚心就可以的，挡在中国与世界之间的这堵墙太厚重了。

最近，在中国两亿网民中最流行的不仅是有人企图抓抢火炬的场景，更是一些感人至深的场面，例如火炬在巴黎段的传递中，坐在轮椅上年轻纤弱的中国残疾人运动员金晶，用自己的双手和身躯紧紧护住火炬，使冲抢火炬的暴徒无法得逞。中国网民们对一段时间以来，西方一些媒体不惜使用移花接木的手段和来自别国的假照片攻击中国进行所谓“镇压”，也感到尤为愤怒。

而在这堵墙的另一边，情况则完全不同。像我这样身处中西方之间的人，不能不对中国和西方国家公众之间彼此印象向两个不同的方向下滑的趋势深感忧虑。

我不禁要问：为什么在涉及中国的问题上，一些媒体的一概而论的随意批评能够被西方公众不假思考地接受，为什么没有人质疑，这样的批评到底涉及哪些具体问题，确切情况如何？为什么一些报道，包括数字，能够在毫无事实依据的情况下连日登载在新闻里面？

这是文章中的几段，表达了对西方媒体的质问，也对中国与西方国家在传播与沟通上存在的距离有所反思。正是从这篇文章开始，我和驻英国使馆的同事们更加积极主动地传播中国政策和观点。英国媒体上出现任何涉及中国的报道和评论，我们都要跟进，都要表达意见。使馆新闻发言人经常回答媒体的问题，我也开始更多地接受采访和发表文章。

我们的努力逐渐赢得媒体人和公众的尊重和重视。BBC 的记者也开始有所顾忌，凡与中国有关的重大报道都要找使馆确认或者采访。当年的这段经历，给我一个很深的感受，国际传播的舞台就像足球赛场，上场可能有输有赢，但是如果缺席不上场，就只能是输了。如果一支球队从来都不出现，别人说它是什么水平，人们就会认为它是什么水平。在舆论战面前，不说话或者回避辩论，就会给偏见和谬误留下更大的空间。在和平年代，一个国家对国际舆论的影响力，也是重要的战略资源。

与资深记者琼恩面对面

继我接受 BBC《早间新闻》的采访和在《星期日电讯报》上发表文章之后，向我提出采访要求的英国媒体多了起来。2008

年 5 月，我收到英国第 4 频道新闻栏目（Channel 4 News）琼恩（Jon Snow）的采访要求，这时已有消息说达赖要访问英国，并将受到布朗首相的会见。新闻的规律是，当出现热点时公众关注度会上升，媒体也会因此而聚焦热点问题。此刻主动传播信息效果最佳。

这是我与英国公众对话的难得机会，琼恩的新闻节目在英国声望不错，我决定接受采访。从调研资料中可以了解到，琼恩对达赖势力持同情态度，他是资深记者，一向言辞犀利。这次采访是一个专题节目，时间稍长一些，属于专访性质，难度是比较大的。我决定再次接受沙氏兄妹的指导和培训。我们按照上次准备的路径，对采访中可能提出的问题做了分析和评估，对我需要表达的观点也进行了梳理，尤其对几个难点问题进行了细致的研究和斟酌。

例如，琼恩很可能要问：达赖到伦敦时如果与布朗首相会面，中国政府持什么态度？他知道中方是反对外国领导人会见达赖的。可以预见，如果我在电视采访中表达反对的意见，他就可以借题发挥，说中国对英国领导人的日程进行“干涉”，甚至挑起一场中国大使与英国公众的争论。

如何回答这个问题是准备中的难点。最初我与沙氏兄妹分歧很大，我坚持必须明确表态，反对英国首相会见达赖，这是中国政府的立场，也是我通过这次采访需要传递的重要信息。而他们坚持认为，外国大使没有权力这样要求英国首相。沙说，英国公众肯定不会接受你的观点，哪个国家的民众会允许自己的领导人接受一位外国大使的“指示”呢？“琼恩和英国公众都会认为，你没有权力决定英国首相见谁还是不见谁”。

我打开地图向他们介绍西藏和问题的历史经纬，说明英国首相会见达赖恰恰是在干涉中国的内政。他们虽然被我的道理说服了，但坚持不赞成我在电视上直接说“反对”，“在采访现场没有足够时间让你这样讲道理”。我说，如果不能明确地表达反对意见，则不如不接受采访，因为那样实现不了我的意图。

最终，他们理解了我必须表达反对的意见，但建议找一个英国人能听懂和理解的方式，找一个恰当的词来表达我的意思。沙坚称，让公众理解是实现传播目的的基础。大家为找这个词卡住了，差不多花了一个小时，终于在他们的建议下选择了“unfortunate”（不幸的，遗憾的）这个词。英国人的语言习惯偏向含蓄，倾向于采用灰色的表达方式，这与美国人直抒胸臆的风格不同。“unfortunate”的意思看似中性，实际上表达的是对不当行为的否定态度。在这个问题的语境下，有比较明确的阻止之意。对英国人来说，这样表达的分量足够重了。

果然，琼恩在采访中提出了英国首相可能会见达赖的问题。我回答说，如果发生这样的事情，将是“unfortunate”。琼恩对此很难辩驳，又无法追问下去，我的任务就这样简洁、明确地完成了。

准备工作中遇到的第二个难题是，如何表述达赖的身份。他在西方世界通过多年的公关和经营，已经塑造了自己的形象，英国很多人视他为宗教领袖和智者，而不认为是政治人物。如何按照中方的立场说明他的政治身份和意图？如何让英国公众能理解中国人的关切？我需要一个令人信服的说法。

在与西方世界对话时，我们有几个“老大难”话题：人权、民主、西藏等，始终存在如何说服西方受众的问题。与世界对话，在表述时要注意到事实与价值观之间的相互支撑关系，当我们强调事实是什么的时候，不能忽略对我们所主张的价值观的表达。达赖集团很擅长用西方价值观来包装自己的议题，用人权、宗教自由这样的说辞争取人心。我们需要在价值层面找到他们的弱点和破绽，只对达赖个人进行抨击效果不一定好，因为这样做反而会激发英国受众对他的同情。

我想到英国的历史，宗教与世俗政权的分立是英国基于历史教训所秉承的原则。历史上国王与教会的矛盾复杂，比较有名的像都铎王朝第二任君主亨利八世与教皇决裂，自立宗教门户，摆脱了罗马教廷对国王权力的干预和控制。今日的英国女王是英国国教的世俗领袖，在王室、教会和一些人心中，国王或者女王是上帝挑选的，半数英国人支持保留王室。但是，世俗法律规定国王或女王是与普通国民一样的自然人，现代英国社会不认可“神王合一”（God and King in one）的制度。

由此我想到，否定“神王合一”的制度可能是英国人与中国人在西藏问题上最能相互沟通的共同话语，可以成为揭示达赖特殊政治身份和政治企图的切入点，因为西藏在旧社会曾经是政教合一的。在英国乃至西方世界，普通公众都了解历史上存在过的宗教统治的黑暗时代，不赞成把宗教和国家混为一谈。在接受琼恩采访时，我先用“神王合一”描绘了达赖的身份特点，再讲述达赖集团把宗教和政治捆绑起来和图谋分裂中国的政治目的。在此基础上表达了中国反对达赖言论和做法的立场，而且我认为不仅在中国，这样的做法在西方也应该受到排斥。

我表达的观点在英国社会产生了影响，许多人给我写信。有位 70 多岁的女士写道，你让我从另外一个角度去认识这个问题。英国社会也出现了不同的声音。当达赖在伦敦的代表接受媒体采访时，就有记者问他：“达赖到底是宗教人物还是政治人物？”他毫不犹豫地说：“都是，都是。”这无意间印证了我关于他兼具宗教和政治身份的定性。

琼恩还在采访中提到中国护炬手的身份问题。北京奥运会火炬在伦敦传递之后，英国媒体炒作和渲染中国护炬手是职业警察，质疑英国政府允许外国警务人员在英国境内执法。琼恩问我，北京来的护炬手是警察吗？这个问题我们在准备时也估计到了，商量过如何回应。

接受媒体采访一大禁忌是讲假话，无论是有意还是无意，假话经不住检验，是最损害信誉的。因此，对于被采访者来说，首先必须了解事实真相，知之为知之，不知为不知。据我了解，这些护拒手是从全国招募来的，主要是大学生，也确有来自警校的学员。我在火炬传递的过程中接触过这些护炬手，他们那么年轻，多是不到二十岁的样子，充满对世界的好奇和热情，我要维护他们。

琼恩在护炬手的身份问题上设的新闻陷阱是，迫使我在

“是”与“不是”之间做选择，这是媒体的一个典型手法。我如果直接否认，就会让自己陷入不得不做出进一步解释的辩解麻团，例如他们为什么那么富有专业手段，如何进行的训练，等等，也必然会给已经出现的炒作填料。我们再三研讨，决定重点讲护炬手“是什么”，而不去纠缠“不是什么”。

我回答说，这些中国护炬手是在全国征召和选拔出来的，都是很优秀的年轻人，至于他们的身份，在入境时都做了详细说明。我进而讲到，中国年轻一代都是独生子女，他们的父母是那么骄傲和自豪地让孩子到英国来护卫火炬，看你们在报道中说了些什么？那些话如果让他们的母亲听到，她们会怎么想？我用一个有人情味的切入点，把问题引向新的角度，这种回应方式敲到了公众内心的柔软点，让他们意识到媒体的责难是有问题的。

第 4 新闻频道对采访进行了客观报道，我对结果也比较满意。

关于这次采访值得一提的还有服饰的搭配。

沙氏兄妹建议我穿西服套裙，既符合官方身份的形象，又不失女性特色。我选择了一身灰色套裙，她看过之后建议我用红色搭配，包括穿红色高跟鞋。这最初让我难以接受，无法想象灰衣、红鞋搭出来是个什么效果，而且我原本就很少穿红色，何况电视画面如此局限，谁会注意到脚上穿的鞋子？但两位老师都很坚持，用他们的话说，红鞋最能展现女性魅力。

他们专门研究了这档节目演播室的环境，背景通常是靛蓝色的大屏幕，会根据采访内容播放画面。中间摆放的桌子是透明的，我将与琼恩面对面地坐着接受采访。在这个过程中，摄像机镜头会在我们之间滑动切换，而且会从局部拉到全景。他们从一开始就会有我的全身镜头，结束时还会拉回到全景画面，观众可以不止一次地看到红色的鞋子。我对他们如此注重细节的设计虽然不大习惯，但还是信服的，答应考虑。回到官邸，我分别用白色、黑色和红色的鞋子搭配灰色西服套裙拍照，看效果，结果发现还是红鞋效果最好。

采访当天，我穿着灰色套裙，里面搭的是红色打底衫，还特意戴了一对小小的红珊瑚耳钉，脚上穿着红色的高跟鞋。见到琼恩，他穿着淡灰色西装，我注意到他的领带不仅颜色鲜亮，而且图案活跃，当我们坐在沙发上开始聊天时，他翘着脚，露出的袜子居然与领带是同样的花色。看起来，在英国注意细节是有一定道理的，正所谓入乡随俗嘛。

采访播出后，除了内容得到广泛关注，我的衣着搭配也引来评论，“当戴着珊瑚耳钉的女大使坐在那说……”这样的字句出现在报纸文章中。我也理解了，所谓“专业性”就包括不放过每一个细节。衣着搭配得体，展现的是对对方和公众的尊重，也展现了个人魅力。

美国心理学家阿尔伯特·梅拉宾（Albert Mehrabian）提出的“梅拉宾法则”（The Rule of Mehrabian）认为，听众在评价一个讲演者的表现时，表情、服装、发型的重要性占55%，声音、语气、语调占38%，而演讲表达的信息和内容只占7%。这个评论似乎太不重视实质内容，但从大众心理的角度揭示了形式在现代传播中的重要性。

2008 年 7 月下旬，北京奥运会开幕前两周我曾在北京休假。当时英国媒体关于北京奥运会的报道仍然相当负面，都是在说会如何不顺利，如何受到干扰和抵制，等等。为了直接了解看法，也为做好工作，我邀请了十几位常驻北京的英国记者座谈并共进晚餐。

他们提了很多问题，大多尖锐甚至刻薄，从服务和设施的不完备，到场馆的赛后利用，以及外国来华记者的采访自由等，都是批评性意见。我耐着性子一一回答，能感觉到他们态度的冷淡和不时流露出来的沮丧情绪。晚餐上甜品的时候，我说："你们问了这么多问题，现在我能不能也向你们提一个问题：哪位对北京奥运会有一两条乐观的看法吗？"餐桌上一片沉默，竟然没有一位记者说话。在西方媒体普遍对北京奥运会评价负面的舆论环境中，这些英国记者没有谁愿意在大家面前反向出头。

然而，2008 年 8 月 8 日晚上 8 时，北京奥运会恢弘开幕的那一刻，一切都发生了逆转，开幕式的成功震惊了世界，也彻底改变了英国媒体的看法。

北京时间晚上 8 点，正是英国夏令时的中午 1 点，我在伦敦的中国使馆举办了一场观摩开幕式的招待会。主楼的大厅里面摆满了椅子，靠墙摆着使馆最大屏幕的电视机，我邀请到英国各界友人和华界代表，馆员们也都来了，大家齐聚一堂观看直播。所有人都看得如醉如痴，异常兴奋，对开幕式的华美壮观和浓郁的中国风格赞叹不已，看到激动处甚至鼓起掌来，都忘记了其实我们并不在现场。电视转播结束后，许多友人久久不肯离去，有英国朋友紧紧握着我的手，热烈祝贺中国的成功，"这是中国成为世界大国的成人礼呀”，一位英国老人如是说。

第二天，英国报章无不在头版显要位置刊登了北京奥运会开幕式的巨幅彩照，展现的都是华丽绚美和充满激情的画面，所有叙事都是正面的，之前的那些尖酸刻薄甚至诬蔑诋毁都不见了。英国媒体几乎一致的评价是，只有中国人能把奥运会的开幕式办到这个无法超越的水平。

这是当代中国国家形象的一次决定性提升。

英国伦敦是 2012 年奥运会主办地，因此，布朗首相应邀出席北京奥运会的闭幕式。我在奥运会进入后半程时回到北京，准备陪同布朗首相访问中国。在鸟巢看足球比赛的时候，我被几位英国记者认出来了，他们提出现场采访的要求，我欣然应允。采访开始前我做了些思考，预设了几个可能被问到的尖锐问题，结果，在整个采访过程中，记者没有提任何批评性的问题，他们态度平和，关心的是我对北京奥运会的感悟和对两国关系的期待。

与巴伯争论一个词

2009 年 2 月温家宝总理对英国进行正式访问，筹备期间我向国内建议，请总理接受《金融时报》总编巴伯的专访。我推荐巴伯，一方面是出于对他的了解，另一方面也是考虑到这个时机比较合适。在美国次贷危机引发的国际金融危机冲击之下，全球经济陷入低迷，欧洲遭遇困境，中国作为多年保持高速增长的大国，对这场危机持何态度，打算如何应对，这是全世界都想知道的大问题。

2月1日，温总理在下榻的伦敦文华东方酒店接受了巴伯的采访。在一间装潢古典雅致的小厅里，温总理侃侃而谈，介绍了中国的经济发展情况和应对国际金融危机的主张。采访时间大约一小时，《金融时报》在头版和第二页显著位置做了大篇幅的报道，在国际上产生了相当大的影响，是关键时刻的一次成功传播。时隔许久，伦敦城的金融家们还会向我提到这个采访，认为中国总理能在危机时刻表现得如此坦诚和沉稳，对稳定国际金融市场上的紧张情绪有重要意义。

但是，任何成功背后难免有磕绊。在采访的后期处理过程中，我与巴伯发生了严重的分歧。事情是这样的，采访中，巴伯谈到国际金融危机虽源于美国，但也有人认为至少应部分归因于世界经济的失衡，比如中国当时有2万亿美元的巨额外汇储备。巴伯问温总理对此持什么看法。总理说，这种观点是荒谬的，靠举债而过度消费的人反过来责难借给他钱的人，这是颠倒是非，是"猪八戒倒打一耙"。采访过程中采用的是交替传译，口译把"猪八戒"直接翻译成"pig"（猪），当时听上去没什么问题，但细想一下，把一个国家或什么人比喻成"猪"恐怕不合适，也不是总理的本意。这样报道出去也许会引起误会，甚至被人利用挑拨是非。结束后，代表团随行的领导嘱咐我去和巴伯商量一下，对英译文做个调整。

我追出去，在饭店门口的台阶上叫住巴伯，和他商量，结果他坚决不同意改，因为他听到的英文翻译就是"pig"。他说，这个采访是有录音的，根据报社坚持原意的规则，他无权改变。我解释说，所谓原意应该是指中文原意，而温总理说的“猪八戒”是中国神话故事中的虚拟角色，并不是通常意义上的“猪”，你有责任反映中文原意，这句话的重点是“倒打一耙”。

二月的伦敦很冷，我出来得急，没有穿大衣，和巴伯在饭店门外争了半个多小时，他就是不同意改。我只好说，你我有言在先，如果有重大分歧，中方有权不允许发表这个采访，如果你坚持发，我会发文章反驳，那就复杂了。我说到的这个约定是在采访之前安排的“退出机制”。我虽然信任巴伯，但并没有失去对西方媒体的警惕，采访之前还是与他约法三章，给自己留有余地。现在，既然协商不下来，不如退一步看看，也许只有这样，双方才有可能找到妥协点。

他开始犹豫了，我趁热打铁，把《西游记》故事的梗概讲给他听：“猪八戒”长什么样儿，如何从天蓬元帅变成猪的样子，在唐僧取经途中扮演了什么角色等，然后请他提建议，怎么表述更好。这样的戏谑性角色在莎士比亚剧目中很常见，对巴伯来说应该不难理解。他动心了，说，既然是神话人物，就用故事中的名称来表述吧。我觉得不错，建议用：“神话人物猪八戒”（mythical person Zhubajie）。巴伯想了想，同意了，还问是不是要加上“Mr”（先生）。我觉得可以不加。后来见报的就是“mythical person Zhubajie”。

我们发生这样的争论并非出于敌对立场或者是巴伯故意与中方过不去，而是各自都有职业原则和利益要维护，但只要有妥协的意愿，照顾到彼此关切，总能找到超越分歧的办法。英国人讲究原则，有时候甚至很“轴”，但比较重视说理，交朋友可以持久。我在英国期间，每隔一阵子就会与巴伯相约聊一聊，听他对时局的看法。他是资深编辑，对世界上发生的事和英国政情都比较了解，他也从与我的谈话中增加了对中国的了解。

后来，2010 年 2 月我离任回国前，在伦敦的戈林酒店接受了巴伯的采访，这是《金融时报》一个比较著名的专栏——《与 FT 共进午餐》(Lunch with the FT)。这个兼具知识与乐趣的专栏诞生于 1994 年，由编辑邀请知名人士共进午餐，敞开心扉、信马由缰地闲聊，谈话被整理成夹叙夹议的人物访谈，刊发在“生活与艺术”版上，迄今已有近千人接受了这个采访，称得上一卷丰富多彩的百科人物画卷。

这次采访中，巴伯东拉西扯地问了许多我个人的经历和趣事，也围绕民主制度、各国的不同价值观念和言论自由等问题进行了探讨，同时也谈到了中西之间的认知差异。我还讲了在英国履职的感受，表达了对英国人民向 2008 年四川汶川大地震捐款的感谢。后来他写的访谈录在我看来有个别缺憾甚至记录上的错误，但社会效果是好的，不少英国朋友告诉我，他们看到了一个更加鲜活的中国大使形象。那是一次成功的宣介。

之后，我与《金融时报》一直保持着交往。2015 年初，我还接受《金融时报》中文网创刊总编辑张力奋的邀请，再次接受了《与 FT 共进午餐》专栏的访谈。

G20伦敦峰会前接受采访

2009年3月29日，我接受了BBC第一频道（BBC One）“安德鲁·马尔秀”（The Andrew Marr Show）节目的采访。这档节目每周日早上9点播出，时长一小时，由著名主持人马尔与各国政要、名人就时事热点进行一对一的专题采访。这期采访主要是针对3天后即将在伦敦召开的二十国集团峰会。马尔还采访了澳大利亚总理陆克文、俄罗斯总统梅德韦杰夫和英国外交大臣米利班德等人。

二十国集团于1999年倡议成立，最初为财长和央行行长会议机制，2008年国际金融危机后升格为领导人峰会，着眼于改进金融领域的全球治理。中国作为一个大国，以建设性姿态参加了二十国集团的机制建设，在全球经济治理中发挥了更多作用。这是G20峰会第一次在欧洲举办，英国乃至国际社会对这个会议高度关注，对会议为解决欧洲债务危机发挥作用十分期待。马尔已经采访了英国和俄罗斯等多国领导人。

节目一开始，马尔先是面向镜头讲开场白，直接提出了国际社会对中国出席峰会的关注焦点和猜测。他说，《经济学人》杂志表达了欧洲国家的担忧，这次峰会是否会成为中美两国之间商讨的“两国集团”（G2）峰会而不是20个国家的经济合作论坛？中国国家主席胡锦涛是否要和美国新任总统奥巴马实现首次会晤？

随后他转头向我表示欢迎，正式开始采访。马尔的提问集中在中国的发展和国际作用上。他说道：“如果说世界上还有一个国家拥有钱财，拥有大量可以自由支配的资金，那么这个国家就应该是中国了。人们在猜测中国可能打算要建立西方式的医疗体系、福利制度或出台什么大手笔。中国是否会在峰会上宣布一个大的增资计划？”

马尔表达的是英国乃至欧洲许多人对中国的期望，就是“掏钱”帮助他们克服危机。我在接受采访时还不知道中方代表团的与会方案，但是对国家的基本政策方向还是清楚的，而且我需要让英国和国际社会了解中国人的基本想法。

我答道：“当人们给中国戴上‘富裕’、‘有钱’和‘有大量外汇储备’等各种帽子的时候，中国民众会感到这是在吹捧，甚至是在忽悠中国。外界对中国的外汇储备存在误解，这些外汇储备并不是财政资金，不是总理可以拿来开支票的。这些钱是中国人民和企业的外汇收入，存放在中央银行，央行有责任保障储备的安全。虽然外汇储备的规模看起来很大，但是中国有 13 亿人口，按照人均算就很少了，大约只有人均 1000 英镑。人们不应该忘记，中国仍然是一个发展中国家，虽然 GDP 总量排位到了世界第三位，但人均 GDP 只有 3000 多（美元）。”

马尔还问到中国是否会推出新的大规模增资计划，是否有意终结美元的国际主要储备货币地位，中国是否想增加自己在国际货币基金组织（IMF）中的投票权等问题。他提出的一些问题有点天马行空，但确实是当时英国社会议论比较多的问题。

对美元问题，我采取了模糊的回应，表示储备货币和储备货币的替代问题一直是一个很有意思的话题，最近中国国内也有很多讨论。关于 IMF 投票权问题，我说，“中国履行了自己根据份额应尽的责任，中国在其中的份额不足 4%。如果希望中国多出资的话，就应该对 IMF 的治理结构进行改革，以提高中国份额。中国会乐意据此承担更多的出资义务”。我还提到时任国务院副总理王岐山在《泰晤士报》上发表的文章，表示，“如果国际货币基金组织寻求替代增资计划，比如发行债券，中国持开放态度。我想，也许要看看这个债券的条件好不好，是否可以认购”。

最后，马尔不出意料地把话题落到一个老问题上：“您肯定常常被问到中国的人权问题。如果中国愿意成为这个国际体系的一员，并且大大增加银行业的透明度，那么，您是否认为，对报纸、互联网和境外新闻实施审查既不可行，也是错误的？中国是否必须在各方面都成为一个开放性体系的一部分？”

西方社会在人权问题上一直对中国有偏见，搞“双重标准”，我若与他陷入具体问题是纠缠不完的，当然也不能完全回避。我说：“安德鲁，西方一些人认为，中国的人权进步问题只能由西方来包办，（他们）有这种假设，即你们的制度至高无上，是最优越的，其他国家必须拷贝。我想说的是，这种态度在许多中国人看来是傲慢的。”

马尔很老道地追问：“这听起来像是个否定的回答？”

我说：“在人权问题上，我认为，重要的是我们要进行平等的对话，应该看到和承认中国在人权方面已经取得的巨大进步。至于开放问题，中国正在成为一个非常有活力和开放的社会，到过中国的人都会看到这一点。”这个回答可以让镜头背后的公众认识到我的立场和观点。

这次采访对我来说原本是有些吃力的，毕竟当时英国社会关注的焦点是金融问题，而我在这方面无论是知识积累还是对现实政策的了解都是有限的。但是在金融危机之后，西方社会对中国的看法开始转变，开始对中国有更多的期待。这个时候，中国的声音应该更多地出现在G20峰会之前的舆论场上，而且此刻传播的效果也是最佳的。

提起2009年的这次伦敦G20峰会，顺带分享一下我对美国总统奥巴马在峰会闭幕时举行记者会的印象。我一直比较关注奥巴马总统的公开讲话，发现他非常善于和公众沟通，每次讲话的核心观点简洁清晰、贯穿始终。一场演讲下来，听众很容易就能抓住他想表达的关键信息，他的风格比较适合西方社会重视公共演说的文化。

2008年7月，奥巴马还是总统候选人的时候就曾到访欧洲，在德国柏林掀起“奥巴马旋风”，据说有超过20万人聚集在格兰登堡门前听他演讲。然而，时隔一年奥巴马以总统身份再次来到欧洲之际，他的处境已全然不同了。随着美国次贷危机引发的连带效应伤及欧洲乃至全球，欧洲人对美国怨声载道，对奥巴马领导的美国能否扛过这场风暴充满担忧，当然也有对美国出手相援的期待。从“空军一号”着陆英国那一刻开始，欧洲媒体就对奥巴马的到来保持着高度的关注。而美国总统此次出席峰会不仅有调动国际力量共同应对危机的使命，恐怕也有在欧洲公众面前如何维护美国形象的压力。

多克兰德斯区（Docklands）的国际会展中心（ExCel）被泰晤士河环绕，这里造型独特的O2体育馆，由昔日的船坞港口改建成金融新区的金丝雀码头，展现出传统和现代交融的气息。现在，这里被打造成了G20峰会的主会场。4月2日，领导人会议在国际会展中心一层开启，偌大的场地被划分成会议和新闻两个区域。在新闻区的发布大厅里，聚集了来自世界各国的2000多名记者，大厅的顶头是一个空旷的狭长讲台。下午四点半多会议闭幕后，布朗首相会向记者们宣布峰会成果。

这一天我和代表团的其他成员一起在会议区的客厅里，通过闭路电视观看了领导人峰会的讨论。布朗首相对成果的出色包装令我感到惊讶，甚至是佩服。尽管会议的实际讨论过程松散，基本上是各说各的，但他在总结中集中渲染了与会各国在应对金融危机上做出的出资数字承诺，成功地向国际社会释放了二十国集团齐心协力抵御危机的信号，而这正是国际社会所期待的。

奥巴马来到这个讲台时，差不多已经是晚上七点多，大会闭幕三个多小时了，他显然花了不少时间对记者会进行推敲和演练。这里聚集的庞大记者群体体现了国际社会的高度关注。奥巴马走上讲台后，首先感谢记者们耐心等候，在简短的开场致辞之后，开始回答问题。记者们提出的问题相当尖锐，但他始终保持着微笑，也注意使自己的肢体语言显得谦卑，在这个长长的讲台上缓慢地从一头走到另外一头，照顾到各个角落的人。他手里似乎捏着一张提示用的小纸条。

奥巴马对记者各种提问的回应非常自如，由此能够看出他接受训练的痕迹和效果。归结起来，他的核心观点有三个：第一点是美国错了。很多记者诘问美国为什么会发生次贷危机，奥巴马毫不掩饰美国在金融监管上存在的失误和对席卷全球的金融危机应承担的责任。他是新总统，美国领导人像这样批评前任的做法并不鲜见。第二点是你们也错了。显然欧洲多国陷入债务危机，不仅是因为受到美国的冲击，也暴露出自身在金融监管和财政政策上存在的严重失误。他希望各国认识到加强全球金融监管的重要性，加快国际金融体系的改革。第三点是美国正致力于提升经济和就业增长，愿与各国一道努力，克服困难走出危机。这应该是奥巴马与会的主要目的，即动员国际社会共同抵御危机。他的回应一定程度上缓解了欧洲聚集的对美国的不满，也有效调动了国际媒体对团结起来应对危机的重要性的关注。

奥巴马的表现说明，他身后有一支强有力的团队，把欧洲和整个国际社会此刻的关切研究得很透彻，对回应的把握也相当准确。整个记者会上，不管记者怎么问，奥巴马的回答几乎是万变不离其宗，始终围着这三个观点转圈。从第二天的报道看，他想传递的信息得到了有效的传播。

把伦敦经验搬到北京

接受专业训练有利于提升与公众沟通的能力，更好地实现传播的目的，这个我已经深有体会。其实，针对媒体的培训在发达国家已是很普遍的行业，例如，驻英国的许多其他国家大使也经常接受这样的培训。美国大使告诉我，他每年接受上百次媒体采访，事前都会做演练，使馆有专门的费用，重要的采访可以请专业公司做培训，而大部分一般性采访都是请使馆的同事来帮助他做模拟演练。当然，大家都有同感的是，接受培训是需要勇气的。

我在英国学到的这方面的知识和技巧，为后来的工作积累了经验，回到国内后我继续采用学到的研究方法和演练技巧，并且在新的工作环境中探索提高。

2011 年 8 月 17 日我在北京接受了德国《明镜周刊》（*Der Spiegel*）的采访，此时我已经担任外交部副部长，主管欧洲事务，这是我在国内第一次接受外国记者采访。《明镜周刊》总部对这次采访相当重视，对后来的采访结果也是满意的，整个报道登满了四个版面。

《明镜周刊》在德国的读者主要在知识阶层，在国际上也有一定的影响，刊物的基调偏右，对中国的看法一向比较负面。当时，德国已经成为中国重要的经贸伙伴，但媒体偏见依然很深，德国人乃至相当多的欧洲人普遍对中国了解有限，意见不小。接受《明镜周刊》采访可以让我们的观点通达一些不常能得到中国一手信息的民众。

德国媒体行事严谨，尊重受访者，例如，记者撰写的文稿在发表前能拿给被采访者看，如果有引用或者概念不准的地方，可以要求调整。这种态度让受访者有安全感，避免被误解。而其他国家的报刊就鲜有这么通融的情况。

记得我在澳大利亚当大使的时候，接受过一家杂志的采访，记者是位女性，她的家族是从东欧国家移民来的，有很深的负面记忆，以至于她对任何共产党执政的国家都充满敌意。我当时缺乏经验，之前对她的背景没有做足够的了解，贸然同意了接受采访。当我意识到她的敌视和片面态度时，就试图用大量事例说服她，让她更全面地了解中国，希望以此影响到她写文章的基调。原本约定谈 40 分钟，结果谈了近 3 个小时，我真是苦口婆心，甚至拿出中国的书刊，用上面的照片图像来说明中国的现状。而她铁了心认定中国是“错误国家”，显然是带着结论来采访我的，自始至终在质疑中国，而对我介绍的情况似乎并不关心。

采访之后她就不再与大使馆联系，我是在那期杂志发刊后才看到她是怎么写的。她的文章就像剥洋葱头一样，层层数落中国多么不对，最后剥到葱心，结论是这个女大使是个“死硬的共产党人”。她对我花很长时间介绍的中国的情况、政策和原则立场只字未提，只是利用这个采访表达了自己的立场和看法。此后我在选择接受哪家媒体、哪位记者采访时，对背景一定要做更加透彻的调查研究，对记者的意图也要有所判断。

这次，《明镜周刊》安排来采访我的是一位女记者，叫苏珊·科博（Susanne Koebl）。我注意到她正在中国参加培训，而且已经三个月，说明她对中国有了初步的了解，估计在看法上不会太刻板和陈旧。她年纪不大，似乎不是很有名气的资深记者。但在我看来，记者的资历并不重要，我更看重的是记者的知识结构和基本素质，希望对方思想开放、善于沟通，是个通情达理、可以对话的人。如此，我们才有可能谈好，他 / 她也才有可能写好，从而实现传播我的信息和观点的目的。

科博提交了问题提纲，属于框架性的，实际采访应该在这个范围内，但是记者很少能严格按照提纲提问，会有比较大的发挥。守信用的记者一般不会偏离提纲太远，因为记者也需要有好的采访效果，期待被采访者有备而来，谈深谈透。

这次是在国内接受外国媒体采访，做前期准备时没有了专业人士的帮助，我需要复制在英国学到的基本方法。我邀请了外交部欧洲司几位年轻的外交官，组建起一个小团队，一起研究如何应对这次采访。我们按照科博的问题提纲，设计出 10 个焦点问题，无非是德国乃至欧洲媒体对中国成见最深的那些，例如“中国政治体制改革”“中国军事威胁”“中国人权”“中国经济崩溃”之类的，还考虑到了德国人目前最关心的几个热点问题。

团队每个人承担一个题目，分头收集资料，根据中国的政策和立场，拟写应答要点。这次采访内容多、分量重，而我当时工作特别忙，没有充分时间去思考和准备，主要依靠团队提供素材。周末，我邀请大家一起商议如何解决难点问题。

第一轮演练，我把团队分成提问和应答两方，我做观察员。结果发现，提问完全达到了实战水平，足够尖刻和深入，而应答则多是照着例行口径念，虽然很周正，但显得被动，也缺乏说服力。当我把两拨人对调位置之后，应答仍然显得吃力，而且经不住追问。也许存在对具体情况掌握不够充分的问题，需要进一步查找资料、补充知识。当然也不完全是知识的问题，在记者尖锐提问的压力之下，人的思考能力容易受到一定的制约，包括我自己，很容易被问题牵着走，陷入辩解。

第一轮演练的结果不理想，我抓紧熟悉材料，做了充分准备之后，进行了第二轮演练，由我直接作答，让团队的每个成员模仿西方记者随意提问。这些年轻人很快进入角色，不依不饶，步步紧逼，越问越狠。而我虽然讲了很多，态度也足够坚定，但仍感觉被动，是被问题牵着走，态度也是对抗性的，达不到说服人的目的。如果现场的采访是这个状况，效果不会太好，就不如不做了。我有些沮丧，请大家先回去，自己留在会议室里静静地想了好久：为什么会这样？中国明明做的是对的、是成功的，为什么在说理的时候总是争取不到主动？从哪里解扣？

分析起来看，我对每个尖锐和批评性的问题都有答案，都能说清楚中国不是这样的，真实情况是怎样的，但就是摆脱不了被动辩解的处境。我反问自己，为什么要像在审判台上一样，接受西方媒体的诘问？更糟糕的是，越解释，越容易被追问，说出的话挂一漏万，结果很容易在纠缠不清中失去了自己的立足点。

经过反复的自我审视，我终于认识到，问题出在自己的思考方式上，用大白话讲就是太老实了，我一直在跟着提问者的思路走。比如，当对方质疑中国增加国防费预算、批评中国军备带来威胁时，我便去解释增加国防费的用途，包括改善官兵的生活条件和更新装备等等。而对方就会进一步追问国防费的构成，或者直接提出关于先进武器配备等方面的问题。且不说我是否掌握这方面的全部信息和知识，就是专家，也容易在这样的问答中陷入被对方穷追不舍的境地。而且采访不是做报告，没有足够的时间引述大量事实和数据来完成对一些专业问题的说明。这样的答问难有好的效果。

我终于想明白，必须破解对方设问的套路。对方提问的立足点是有问题的，是从否定中国的角度出发，如果我不能从根本上否定对方的出发点，就不可能与对方站到一个平等的位置上去对话。就好比有人设定了一个错误的公式让你去推导，如何得出正确的结果？

思维的转变使我悟出了其中的门道，认识上的提升让难题迎刃而解。我请团队成员回来，再次进行演练。这一轮我不再是坐在“被告席”上了，而是从一开始就争取到主动的地位，无论他们的问题多么尖刻，我都可以摆脱被动，甚至用反问的方式掌握主动。比如，当问到中国为什么要造航母，是否对世界构成威胁时，我不再费力地解释中国制造航母的过往、目的和用途，而是反问，为什么英国、美国的航母不是威胁？这样就可以釜底抽薪地让记者走下“道德高地”，这样的回应可以让欧洲读者意识到他们的双重标准和偏见是多么不合理。

后来的演练进展就很顺利了，我在每一个问题上都能找到新的切入点，确立主动地位。这种突破让团队成员十分高兴，大家与我又进行了两轮演练，帮助我进一步完善了表述。

2011 年 8 月 17 日，我在外交部南楼一间中式会客厅接受了苏珊·科博的采访。我当时很放松，有那种胸有成竹的感觉，因为已经想好了回应的方式，准备好了主打信息和表述的方式。整个采访内容基本在估计到的范围之内，科博在提问中表现出来的批评态度也在意料当中，我总能比较自然地找到变被动为主动的方法。例如，当她提到艾未未的问题时，我先反问，除了艾未未，德国人还知道多少中国的艺术家呢？我这个提问听上去很客气，但已经把记者转到了被动的位置，也能让读者意识到，应该更加全面地了解中国。她一直试图批评和诘问中国，而我的回应贯穿始终的一个潜台词就是：你们对中国有偏见。

采访进行了一个多小时，我和科博都态度平和，我在开始的时候就征求了她的意见，可否用“苏珊”来称呼她，这样彼此都不感觉生分。她的职业素养很好，虽然不断遭到我的反击，但从未面露不快，反而显得很享受这种激烈的对话。

到最后，她几乎穷尽了所有问题，突然提出了一个我没有估计到也从未遇到过的问题：“那您觉得，今天的西方可以向中国学习什么？”这个提问本身是很有内涵的，也是委婉地说明她接受了我的回应，承认了中国有自己的道理和成功之处。这恐怕不是仅仅与我一次对话就能达到的效果，应该是她从过去三个月在中国的经历中，对我们取得的成就有了更深刻的认识，才能有这样的视角。我没有想过如何回答这样的问题，当然，准备不到的问题永远会有。我犹豫了一下，说：“谦虚吧，中国人常说，‘三人行，必有我师’”。

写在后面的话

这本书的前七章快完成的时候，中国共产党第十九次全国代表大会在北京胜利召开了。

习近平总书记在做十九大报告时语重心长地告诫全党：“不忘初心，方得始终。”

“中国共产党人的初心和使命，就是为中国人民谋幸福，为中华民族谋复兴。这个初心和使命是激励中国共产党人不断前进的根本动力。”

这些年国家的发展日新月异，人民的生活水平不断提升，社会主义现代化建设不断取得新成就。中国的政治制度和共产党的领导显示出更加强大的生命力，其中一个重要原因就是，全心全意为人民服务一直是中国共产党人不变的宗旨。

我还记得，1967 年得到自己第一个军绿色的帆布书包时，我用红色的绒线把毛泽东主席写的“为人民服务”五个字绣到书包上。对于我和同时代的许多人来说，“为人民服务”是一生的信念。

作为全国人大会议发言人，我面对的“你”，归根结底是中国广大的人民群众，当然也有面对世界公众的成分。了解“你”的关切，做好全国人大与中国老百姓沟通的桥梁，做好中国与外界沟通的桥梁，这是我走进天安门广场侧畔的这座大楼时所想到的。

在我30多年外交工作生涯中，主要是向外国人讲述中国故事，说明中国如何改革发展，如何开放学习，解释中国为什么选择这样的道路，秉持什么样的原则和政策。而在全国人大五年的工作经历，让我更多地接触到国内事务，了解到社会各界的声音和诉求。

在信息时代，尤其对于大国来说，国内传播和国际传播的边界相对模糊起来了。国际上的问题会即时地反射到国内，国际政治中的许多故事也恰是源自一些国家的内部事务。这意味着，我们做对内传播要顾及国际影响，开展对外传播也要考虑国内老百姓的想法。

党的新闻舆论工作是关系到治国理政、定国安邦的大事。“联接中外、沟通世界”，是习近平总书记亲自提出的党的新闻舆论工作在外宣方面的职责和使命。

习总书记明确指出，“在全面对外开放的条件下做宣传思想工作，一项重要任务是引导人们更加全面客观地认识当代中国、看待外部世界。”党的十八大以来，以习近平同志为核心的党中央高度重视对外宣传工作，做出了一系列重要工作部署和理论阐述。习总书记多次强调，要加强国际传播能力建设，精心构建对外话语体系，增强对外话语的创造力、感召力、公信力，讲好中国故事，传播好中国声音，阐释好中国特色。

我一直在思考，如何按照总书记的要求，为开展有公信力的传播，为培育这方面的能力，做些实实在在的事情。写这本书的目的，是想结合自己在实践中积累的经验和教训，与读者分享这方面的一些体会，特别是希望给未来年轻一代人更加深入的探索和实践提供一些参考。

及时发声、讲“实在话”

新闻传播有一个先入为主的规律。现代社会信息媒介多，需求总是处于“饥渴”状况，当今世界舆论场上，对涉及中国的信息需求是相当突出的。当发生某件事情时，能第一时间进入传播渠道的信息往往给人印象最深，也很快就能在受众当中形成心理定势。政府部门和新闻机构需要能够主动和及时地提供第一手信息，走在舆论的前头。如果第一时间传播的信息是错误的、虚假的、片面的，就有可能出现“三人成虎”的效果，而后则需要投入数倍的资源去澄清、矫正，还不见得有效，甚至会引起舆论反弹。

为了避免被动，需要争取走在舆论前头，采取最有效的方式引导。信息发布得越早、越快、越多、越准确和全面，就越能抢占舆论制高点，越能赢得信任。而且最好能同步考虑国内和国外受众的需求。遇事采取压制或者封锁信息的办法，似乎觉得不让人知道问题就不存在了，就容易处理了，显然不是好的办法，真相总会浮出水面。久而久之，容易失去公信力，即便说的是对的、真的，大家也不愿轻易相信了。因此，关键是要以对人民负责的态度，释放充分的信息。遇到敏感或者热点问题，及时释放足够和明确的信号，虚假信息就不容易挤进来。

现代社会对政务公开、信息公开的需求和期待日益上升。尤其在中国，我国已经基本实现基础教育的普及，公民的知识和文化水平提高，对社会信息的需求更大，要求更高。我们有责任、有义务将真实、准确的信息及时传达给社会公众。发言人要对人民的知情权负责，以谦卑之心与记者、公众耐心沟通，努力回应人们的关切，及时解困释疑。

现代社会信息传播之快，现实情况之复杂，事实真相之难求，远超从前，谁也不敢保证自己了解的信息足够准确和全面。发言人切不可不做准备仓促上阵，也不能想到哪里就说到哪里。我自己在发言之前，总要多打几个问号，多问自己几遍：对问题搞明白了吗？对事实掌握得清楚吗？发言人需要养成反复研究和确认的习惯，对自己要讲的话斟酌再三。面对公众的时候，必须重事实、讲逻辑，避免过多受到其他因素的影响。

当然，对于什么是“真话”，不可避免地会有主观判断的成分。而且“真话”往往需要时间去了解，也将受到时间的检验。因此，传播者最好讲有把握的真话，没把握的宁愿不讲，或者等情况明朗了再讲。有时出于国家安全或者政策考虑，真话也许不能全讲或者马上讲，但一个普遍适用的规则是，在授权范围内尽量讲实在话。我观察在一些国际场合，有的大国发言者表达的内容并不那么充分，但他们出色的口才和自信以及参与讨论的诚恳态度往往能赢得一定的认可。

我的体会是，无论在什么问题上，讲实实在在的中国故事，讲事实、讲数据、讲困难、讲作为，是最有说服力的。毕竟，真实的故事最能打动人、说服人。诚然，在这个充斥了大国之间打打杀杀历史的世界上，一个新兴大国的崛起难免引发外界的猜测、质疑甚至误解。如何超越长期以来我们与其他国家存在的语言文化、思维方式和利益诉求上的差异，如何以让外界听得懂、能理解的方式阐释自己的意图和作用，如何让我们的声音出现在所有有需求的地方。习近平总书记说过，“尊重新闻传播规律，创新方法手段，切实提高党的新闻舆论传播力、引导力、影响力、公信力”。如何认识好并尊重新闻传播规律，如何找到更好的方法和手段来切实提高新闻舆论工作，我们还有许多需要学习和改进的地方。

在全国人大会议的新闻发布会上，我常会遇到针对各种社会热点和国际热点问题的提问。有的我了解情况、有了准备，可以从容回答，有的是突发的状况，需要临场依靠积累的政策知识回应。发言人也是普通人，不是万能和全知的，总会有不懂或不知的情况，此时，诚恳的态度很重要。哪怕简单表一个态，“我不掌握情况，可以进一步了解一下”，也是可以的。

此外还有一个“容错”的问题。遇到突发事件，新闻发言人在第一时间知道的情况可能不比公众多多少。这个时候，新闻发言人要尽可能地了解情况、考虑周全。但对发言人的一些失误和无心之过，社会各界是否也可以多一些宽容和耐心呢？

让世界更好地了解中国

我早年从事外交工作时，中国与外界的交往相对还是比较少的，当国际上出现涉及中国的热点问题并且引发广泛关注时，中国人自己的声音比较薄弱和单一。我还记得1985年在英国留学时，经常在图书馆里翻看各国报纸，难得偶尔能找到一篇涉及中国的小块文章，但其中很多内容并不客观。现在关于中国的文章和著述已经多得看不过来了。最近一段时间，国际战略和安全界以及经济领域的学者发表了大量关注中国的书籍和文章，考察和分析这个新兴大国将如何影响世界。然而，一个基本事实并没有大的改变，那就是，在国际出版物当中仍然不多见中国人写的关于中国的第一手信息和观点。

总体看，在国际知识和信息库里面，源自中国大陆的现代知识一直是比较匮乏的，更谈不上系统性和完整性。例如，我在英国做大使期间经常参观知名大学，注意到图书馆的藏书中虽然有关中国的书籍不算少，但多是历史类和民国时期的出版物。2017年访问美国时，在国会图书馆的亚洲部看到书架上摆放着多份地区杂志，细看却没有来自中国大陆的出版物。由此可见，外界关于中国的一手“资讯赤字”是普遍存在的，而信息的缺乏往往导致媒体和公众依循旧的逻辑去推断今日中国，使得政界人士在不完整的资料基础上构建看法。

一位西方记者曾私下告诉我，他们写的对华报道稿件有三类最容易受到总编的青睐。一是说中国“太大”，有种种“超规模”

现象；二是说中国“太怪”，与他们很不一样；三是说中国“太坏”，某些方面与西方所谓的主流价值相悖。而这些看法的形成，亦是外界常年对华报道缺乏客观性的结果。

然而，就是他们眼中这个“又大、又怪、又坏”的中国，在过去的40年间一步步走向成功，不管世界如何风云变幻，始终如一地坚持自己正确的发展方向，坚持共产党的领导。

进入21世纪的第二个十年，中国的大国地位更加稳固，在世界事务中占的分量越来越重。中国的优质产品为外部世界所承认，中国游客遍布世界各个角落，中国在国际事务中的公正态度和响亮声音更加为国际社会所瞩目。中国没有照搬西方模式，中国特色社会主义不断取得成功。西方媒体无法再像过去那样简单化、程式化地报道中国了，越来越多的人希望了解中国、认识中国——有的是出于好奇，有的是出于事业发展的需要，也有的则是出于对自身的反思。

最近几年在国外访问和参加国际会议，可以感觉到中国的快速发展和建设治理的成功正带动外部世界对中国的看法快速发生变化。一个明显的印象是，各方普遍感受到国际格局和秩序的变革压力，而影响这个趋势的中国话题越来越受瞩目。经常听到人们花很多时间讨论中国近年来的内外政策，外界想知道日益发展强大的中国将在世界上发挥什么样的作用，将影响世界走向何方。

我经常与一些国家的议员和学者讨论这些问题，向他们介绍中国的发展和面临的挑战，谈到中国人清醒地认识到自身发展的路还很长也仍然艰苦，需要集中精力办好自己的事。同时，中国也要承担必要的国际责任，我介绍了习近平主席倡导的构建“人类命运共同体”理念及共同安全等观念，强调中国将始终致力于基于相互尊重和互利共赢的国际安全合作，期待在相互尊重和互利的基础上与世界各国建立牢固的、可以适应新形势的伙伴关系。很多人愿意认真倾听，也非常重视。

随着中国日益走近世界舞台中央，外界对中国的看法呈现多元态势。

一方面，大多数人意识到中国崛起势不可当，看到中国带来的机遇。对许多发展中国家来说，中国的成功道路值得它们思考，中国提供的帮助和支持为他们克服发展难题提供了新机会。中国提出的全球治理主张和提供的公共产品在日益固化和保守的世界中，让国际社会感受到东方吹来的清新之风，为国际秩序朝更加公正合理的方向变革带来新的希望。

另一方面，不乏有人担心中国像历史上曾经的列强那样走上争霸的道路，现存的世界强国和传统势力对中国的警惕和防范上升，担心中国挑战甚至取代传统大国的世界权力。而这方面看法的形成和传播，也在一定程度上受到关于中国的各种负面信息的影响。

近年我国对外叙事的意识和方法都有了很大的提升，也正在取得效果。中国有了更多的自主平台和新媒体工具，硬件不断完善，有条件将国家发展和人民的面貌更加鲜活地展现在世人面前。我们在对外传播中不仅讲“中国不是什么”，“中国不做什么”，而且开始更多地讲述“我们是什么”，“我们要做什么”，以及“我们会成为什么”。

但是舆论场有很强的惯性，外界多年积累形成的刻板印象不大可能在短时间内彻底改变。国际上对中国仍存在诸多模糊和错误的认识，有些是基于一些人头脑中根深蒂固的地缘政治观念、冷战零和思维和意识形态偏见，有些是出于对世界权力转移的恐惧，有些则是因为中外语言文化和表达方式差异造成的理解上的偏颇。还有少数反华分子和他们背后的势力，常年靠攻击、抹黑中国谋生，大肆收集、编造和散布负面信息。

近年随着中国特色社会主义日益显现出强大的生命力，美国长期以来希望通过鼓励中国融入世界秩序而促使中国发生政治变革的希望落空，在意识形态上对中国的排斥感上升。有些人极力鼓吹把中国作为首要的战略竞争对手，美国在《国家安全战略报告》等文件中已经明确提出将全球战略重心从应对恐怖主义等非传统安全问题和全球性挑战向传统大国竞争重新聚焦，展现出试图构建围堵和阻碍中国崛起的思维和部署。

这些变化使中国与世界沟通的话语环境变得更加复杂，如何向世界清晰、系统地说明自己，成为对外传播的一项紧迫任务。传播者需要不断学习和摸索实践，包括认真地了解自己的国家，跟上发展变化，在这个基础上逐步提升掌握和使用国际话语权的能力。我们自己也可以思考一下，在国际传播的操作上如何更加细致和精准，如何将外界的质疑转化为传播的机遇，如何以更有说服力的方式在世界上更好地传播中国的政治理念和文化精髓。

中国更多、更好地参与和影响世界事务的一个重要必备条件是，实现自身知识、信息和政策与国际社会的沟通，让世界更充分和准确地了解自己。我们需要努力改变旧的偏见，同时避免新的偏见生成和积累。国与国之间偏见的形成和人与人之间的情况类似，如果一个人的背上总是被人贴上标签，自己不做努力去摘除，就会越贴越多，容易成为“公认的事实”。

新闻和舆论上的周全安排，是现代国家推行政策和赢得国际信誉不可或缺的。在重大决策出台前，最好能对可能出现的国际舆论反应做科学和平衡的预评估，以便于有所准备。换言之，作为大国，政策方面的言论和行为不仅要考虑如何赢得国内各界的理解和支持，也需要考虑如何说服国际社会。在这方面存在许多新的挑战。例如，当中国发生重大事件、出台重大举措或者发表重要的政策宣示的时候，往往世界各国的媒体都会重视和快速报道。这时，如果没有了解情况的中国官员或者专家学者第一时间直接在国际媒体上做阐释，而是由外国的新闻人士或者学者去解读和介绍，往往很难正确和准确地反映中国的情况和政策意图。再比如，我们的一些新的提法或者是主张，在翻译成外文的时候，由于语境和词汇内在的政治或者文化上的差异，也容易带来理解上的困难。这些都是我们在完善国际传播时需要研究和思考的新问题。

中国坚持走和平发展道路，奉行独立自主的和平外交政策，国防政策本质上是防御型的。我们与外部世界打交道，积极参与全球事务，推动构建“人类命运共同体”，构建新型国际关系，目标和方式是坦坦荡荡的，不搞“当面锣背后鼓”。因此，我们在国际上阐释自己的战略目标和政策趋向没什么可遮遮掩掩的。应该积极主动地跟上国际形势的发展变化，适应世界人民对中国了解的需求，及时向外界提供中国信息和中国故事。尤其当外界存在对中国的误解和错误认识时，我们需要反思，是否是自己的传播存在缺位的问题？是否可以更加积极主动地发声？是否能及时出现在所有关心和关注中国的国际受众面前？

我们对外讲述中国故事的主要对象是国际上的普通公众，他们是国际社会的基础，往往没有预先设定的立场，对中国的认识基于自己亲眼看到、读到的信息和与中国人交往的亲身体会。但很多时候，如果他们看不到来自中国的一手信息，就容易受到歪曲信息的影响。

我们需要提升国际传播意识，需要有更多的中国人通过在国际媒体上接受采访和撰文、参与国际论坛，阐释中国政策，需要中国媒体更多地向国际传播信息，需要更多的中国资料和书籍被翻译成高质量的外文，进入世界的知识传播渠道。为此，需要从政策上、程序上和财力上加快改革和调整，鼓励和培养这方面的人才，让更多的人更加积极主动地参与到国际传播中来。

不同类型的人构成不同的社会群体。国际传播面对的许多国家与中国的社会制度存在一定差异，这些国家的社会舆论和国际传播的构成也比较多元。例如美国，从政府到国会、智库、院校乃至媒体，都有各自的影响方式和利害考虑，以好莱坞为代表的文化软实力也是美国舆论和国际影响力的重要组成部分。我们需要根据不同对象有针对性地开展传播工作，逐步培育多渠道传递信息的意识和能力，不仅需要在官方层面加强与世界各国的沟通，而且应在社会的各个层面构建传播的能力和渠道。

这些年，外界与中国打交道的主体人群在发生变化，越来越多的年轻人直接同中国人接触、交往。他们不是从冷战深处走出来的，过往的意识形态对他们的影响淡了许多。随着时间的推移，他们乃至更年轻的一代有条件摆脱冷战思维的羁绊。这对中外更好的沟通和了解是契机。

心里装着“人”

沟通和传播是有明确对象的。不论是演讲、接受记者采访还是出席国际论坛，对象虽然不同，但有一个基本共同点——面对的都是人，是有思想和各种文化习惯的人。我的体会是，无论是做国内传播还是开展国际传播，心中始终要装着“人”。

“心中有人”包括三个渐进的层次：了解、重视和尊重。

首先要了解你的对象，特别是“第一现场”的听众，即在特定时间和空间下对话的具体人。比如采访你的记者、记者会上的媒体人、演讲或者论坛上面对的嘉宾和听众。这些“第一现场”的人与你的互动关系最为直接和密切。因此，对他们的了解越具体、越精准越好。

如果是采访，记者或主持人关心什么问题？相关的新闻机构有什么政治倾向，秉持什么立场？最近有没有在相关问题上发声，讲了什么？采访者通常会对被访者先期做大量研究；作为被访者，也需要对采访者提前“做功课”。

如果是国际论坛，主持人或者嘉宾也会有自己侧重的问题或者角度。最好能尽量多了解他们的背景，论坛的重点是什么？讨论的主题是什么？同台的嘉宾是谁？他们关心哪些问题？对中国采取的立场是什么？

如果是演讲，需要考虑面对的主要是中国听众还是外国听众，主要是学生、学者、业界人士，还是政策制定者，最好能够搞清楚听众是什么样的构成，可能对哪些方面的政策和情况更加关注或者有疑问。这样，不仅可以使自己准备的讲稿有更好的针对性，也有利于对在问答环节可能提出来的问题有周全的准备。

每次参加论坛前，这些准备都是我和团队的“必修课”。有时我会让团队每个人“认领”一位嘉宾，负责搜集他/她的立场和观点，然后在模拟时“扮演”他/她，与我进行“攻防演练”。对发布会而言，进行这方面的准备就更加重要了。就像我在这本书中介绍过的，大量准备工作都是围绕着了解媒体和公众的关切展开的。

正所谓“知己知彼，百战不殆”。了解对方，才能进行有针对性的对话和回应。现场很难有足够的时间进行思考和组织语言，预先做好充分准备对临场应变非常重要。讲中国故事，目的是让对方了解自己。重要的不仅是自己想讲什么，也需要了解对方想知道什么。“讲”和“听”这两个管道接通了，才能达到传播的目的。

第二是重视。这既包括要重视同意你的观点的人，也包括要重视那些反对或者不认同你的观点的人。有时在出席国际论坛或者接受采访时，能明显感觉到交流对象不认可中国的政策或者政治制度。遇到对中国误解和偏见比较深的人，还有可能遭遇挑衅性的尖锐问题。有的人甚至会挖“坑”，也就是预设一个类似“圈套”的语境，诱导、刺激你说出一些他们需要的话，来证明他们预设的观点或者判断。

在新闻传播的环境中，采访者与被访者之间进行的是一场智力的博弈，双方都是要赢取镜头背后公众的认可。尤其面对西方媒体时，对方不会轻易让我们利用他们的平台传播自己的主张，总要试图抬高门槛、提升难度。而我们既然要登上他们的平台，就要做好打硬仗的准备，努力提升自己应对尖锐问题的能力。

提尖锐问题的人，可能是出于偏见，也可能是希望通过引起争论增加新闻性。其实，提尖锐问题对提问者本身也是有风险的，因为他们同时也把自己暴露在了“竞技场”上。而对于回应者来说，尖锐问题既是挑战，也是机会，就像打网球，对方打过来的球越重，越有机会借力打力。因此，对尖锐问题最好是不回避、不闪躲，而是在充分准备的基础上正面回应。需要判断对方的质疑是基于错误的事实还是错误的逻辑，如果“事实”存在问题，那么真实情况是什么？如果逻辑存在问题，如何找到其破绽，再釜底抽薪地化解掉？认真回答问题而不是环顾左右而言他，通过回答问题赢得理解，才能实现传播的目的。

三是尊重，对人的尊重，对人性的尊重。这是我一直以来秉持的信念。今年（2018年）是周恩来总理诞辰120周年。周总理无论是为人处世还是在处理内外事务中，一个鲜明的特点就是，时刻彰显出那种源自内心的尊重，使得与他打交道的人，无论是朋友还是对手，都对他充满敬意。

2016年12月，我在美国纽约大学（NYU）以《国际行为中“人”的因素》为题进行演讲时，表达过这方面的一些思考：“多年的实践让我观察到，在现代文明环境下，无论是多么富有激情的理念和有什么样的道义目的，对国际行为的最终判断，还是要看它对人和家庭带来什么样的影响。”

“人民”是我在全国人大工作中体会最深的概念，也是我在新闻发布会中贯穿始终的关键词。在党的领导下，不管是媒体、政府各部门还是全国人大，我们的目的都是服务于人民——听到他们的声音，回应他们的关切。对人的尊重、对人民的尊重，这方面的体验和体会带给我很多，包括沉甸甸的责任感、谦卑和敬畏的心态，以及不断前行的动力。

在国际环境里，大部分沟通的对象也都是普通的人，既然要沟通，就是打算赢取对方理解，因此同样需要怀着尊重去表达自己的立场和观点。

既要有“道”，也要重视“术”

总之，向国内外进行有效传播，既要有“道”，也要重视“术”。这里所说的“道”，指的是沟通和传播中的理念和价值观，它决定了我们站在什么立场上，为谁服务，追求什么样的目标和理想。而“术”则是技巧和方法，这也很重要。“讲好中国故事”强调“术”的重要性，“讲好”本身包含着对“术”的要求：讲什么？怎么讲？如何才能“讲好”？故事是讲给人听的，要让人听得进去，能够吸引人、打动人，进而说服人。习近平总书记要求领导干部要增强同媒体打交道的能力，善于运用媒体宣讲政策主张。要实现这样的目标，需要一定的方法、技巧，做足功课。

根据现代国家治理的要求，今天的传播可能格外需要重视沟通的“术”——技巧。例如专业培训，是实现自如面对媒体的有效途径，也是一个自我完善的必要过程。我自己是一个仍在不断学习和摸索的初行者，下了些“笨功夫”和“苦功夫”。我在书中不可能穷尽所有的方法和细节，更何况技巧是非常个人化的，每个人都会有自己的方法和习惯。

我曾犹豫是否有必要把一些技术化和琐碎的内容写进书里，但是最终还是放进来了。因为，我希望尽可能还原自己的真实经历，让这本书更加接近实用性的“操作手册”，使一些经验、方法甚至教训让后来人有所借鉴。诚然，“道”和“术”其实是相辅相成的。“有术无道，止于术也”，我们不可能脱离“道”空谈“术”，方法和技巧需要有理念的支撑。许多方法和技巧是琐碎的，甚至是折磨人的，需要信念的支撑。之所以有人肯吃这份“苦”，愿意去努力克服困难做这件事，相信他们都是因为有信念和责任感，希望把中国的故事讲出去，讲好，这何尝不也是一种“道”呢？

中国在世界上全新国际话语权的确立，除了靠更好地说，最终还是要看我们做得怎么样。在习近平新时代中国特色社会主义思想的指引下，我们国家将不断取得新的成就。在此基础上，我们也将不断赢得国际社会的了解和信任，为构建新型国际关系、构建“人类命运共同体”奠定好的基础。

致谢

据说，古罗马诗人维吉尔曾这样描绘，写诗犹如母熊舔崽，慢慢舔出宝宝的模样。

本书从2015年12月开始酝酿，到2018年1月收笔，历时两年多。我和我的团队也经历了犹如舔出小熊一般的过程，在甜蜜的期待中艰苦努力，甚至是煎熬。

此刻，我要感谢团队的所有成员，每当我失去信心的时候，是他们的鼓励和支持使我能够坚持下来。我尤其得益于团队成员秉持的严谨和坦诚态度，他们的建议和批评意见，使书稿从结构到内容不断得到完善。

主要助手廖梦夏两年来收集整理了大量的素材和资料，左亦鲁、王怀胜和肖茜是人大新闻发布会团队成员，三位成员对2017年发布会和筹备工作做了细致跟踪和资料积累、整理，为本书的最终成型奠定了基础。书中经济部分得到卞永祖的参与，瓦尔代论坛部分则有宋博的贡献。郑妍和姚锦祥在每个章节修改之后，都不厌其烦地整理、校对。在本书成稿的过程中，安刚进行了细致的润色和编辑。还有许多朋友和同事提供了帮助，在此一并致谢。本书最终能与大家见面，离不开他们的辛勤付出。

也要感谢信春鹰、李连宁、阚珂、何绍仁、张玉华、赵惜兵、方虹、刘冰等同事，以及家人郝时远等。他们是本书出版前的第一批读者，提出了很多专业而又细致的修改意见。

最后，感谢五年来全国人大和外交部的其他同事给予的帮助和支持。